Jürgen Holtorf

Die Logen
der Freimaurer

Nikol Verlagsgesellschaft mbH
Hamburg

Jürgen Holtorf:
Die Logen der Freimaurer

Sonderausgabe für Nikol Verlagsgesellschaft mbH, Hamburg

Mit freundlicher Genehmigung der
Wilhelm Heyne Verlag GmbH & Co. KG, München
© by Wilhelm Heyne Verlag GmbH & Co. KG, München
Alle Rechte vorbehalten

Umschlaggestaltung: Callena Creativ GmbH, Hamburg
Abbildung auf der Umschlagvorderseite:
Callena Creativ GmbH, Hamburg
Satz: Fotosatz Völkl, Germering
Druck: GGP Media, Pößneck
Printed in Germany

ISBN 3-930656-58-2

INHALT

Vorwort 7
Ursprung, Brauchtum und geistige Kraft 15
Unterschiedliche Entwicklung
im angelsächsischen und im romanischen Raum .. 26
Schwerer Weg zur Einigkeit:
Die Freimaurerei in Deutschland 64
Verbot und Verfolgung im »Dritten Reich« 87
Die Kirche und die »getrennten Brüder« 110
Echte Freimaurer, schillernde Gestalten und
Nicht-Freimaurer 139
Andere Logen: Freimaurerähnliche Organisationen
und Bruderschaften 155
Ausblick 162

Anhang: Dokumentation 167
Literatur 198
Register 200

Es scheint wirklich den Menschen
nur eine Hoffnung zu geben:
Zwar nicht die Welt und die anderen,
aber wenigstens sich selbst einigermaßen
ändern und bessern zu können;
und auf denen, die das tun,
beruht im geheimen das Heil der Welt.

Hermann Hesse

VORWORT

Seit über 250 Jahren existieren und wirken in über 130 Ländern der Welt Freimaurerlogen. Heute sind es insgesamt etwa 40000 Logen mit rund sechs Millionen Mitgliedern. Ein beachtliches Potential für freiheitlich-humanitäres Gedankengut. Wo Freiheit und Rechtsstaatlichkeit herrschen, da gibt es auch Freimaurerlogen. Totalitäre Regime dagegen verbieten in ihrem Einflußbereich Freimaurerei. Weil sie sie fürchten müssen. Denn sie lehrt ihre Mitglieder, unerschrocken für Geistes- und Gewissensfreiheit, für Toleranz und Achtung Andersdenkender, für Pluralismus und freie Entfaltung des Individuums, für Wahrheit und Gerechtigkeit einzutreten. Das sollte in freiheitlich-demokratischen Gesellschaften hinreichend bekannt sein. Doch dem ist, wie jüngste Entwicklungen zeigen, ganz offensichtlich nicht so. Unkenntnis nährt immer wieder Mißtrauen. Seit einigen Jahren haben es die Freimaurer mit einem für sie in dieser Form neuen Mißtrauen zu tun: Man hat zwar nichts gegen ihre Idee (wie könnte man auch, es ist schließlich die Idee der Freiheit!), aber man hat etwas gegen Freimaurer. Von ihnen meint man, sie hätten undurchschaubare ›Verbindungen‹, sie übten Einfluß aus, sie seien keinesfalls nur ›Maurer für ein besseres menschliches Miteinander‹.

Die Folge: ›Unvereinbarkeits‹-Erklärungen, Angriffe auf ›gleichzeitige Zugehörigkeit‹ von Freimaurern. Den Anfang machte zu Beginn der 80er Jahre die katholische Kirche. (Ihre ›Unvereinbarkeitserklärung‹ ist im Anhang dokumentiert). Im Mutterland der Freimaurerei, in England, warfen dann auf einmal auch Parteien, Körperschaften, Presse und Polizei die Frage auf: kann die ›gleichzeitige Zugehörigkeit‹ von Männern, die nach Beruf und Aufgabe der Allgemeinheit verpflichtet sind, zu einem Bund geduldet werden, der seine eigenen Gesetze hat, der nicht jedermann zugänglich ist und der seine Mitglieder zu Verschwiegenheit verpflichtet?

Diese Fragestellung und die an sie geknüpfte Forderung,

›gleichzeitige Zugehörigkeit‹ künftig auszuschließen, erwiesen sich als viel bedrohlicher für das Logenleben als frühere Auseinandersetzungen um weltanschaulich-geistige Fragen. Denn sie zielten auf die persönliche Existenz der einzelnen Mitglieder in ihrer jeweiligen Betroffenheit ab.

Ein Blick in das Jahr 1984 – in dem diese Entwicklung ihren Höhepunkt erreichte – verdeutlicht dies:

Im September 1984 meldete die Nachrichtenagentur Reuter: »Scotland Yard untersucht die Mitgliedschaft von Beamten bei den Freimaurern.« dpa meldete: »Die Mitgliedschaft von britischen Polizisten in Freimaurerlogen ist nicht mit deren Verpflichtung zur Unparteilichkeit vereinbar.« Diese Kernaussage sei im neuesten ›Handbuch für berufliche Benimmregeln‹ enthalten, das Scotland Yard in London veröffentlicht hat. Polizisten, die Freimaurer sind, müßten ihren Dienst notfalls quittieren, schreibt der Autor, der stellvertretende Polizei-Chef von London; die Verpflichtung zur Unparteilichkeit gelte nicht nur im Berufsleben, sondern auch im Privatleben von Polizisten. Im ›Daily Express‹ las man: »Mehr als ein Jahrhundert lang wurde die Polizei beschuldigt, eine geheime Loge von Freimaurern zu sein. Heute, im allgemeinen Eingeständnis dieses Vorwurfs, will Scotland Yard klarstellen, daß es für jeden Polizisten als unklug angesehen wird, ein Freimaurer zu sein!« Schon zuvor, im Juli 1984, hatte die ›Sunday-Times‹ von einer neuen Bewegung gegen die ›freimaurerische Bedrohung‹ geschrieben. Dabei ging es um eine Kampagne, »um Freimaurer in örtlichen Verwaltungen zu demaskieren«. In Lewisham erklärte die Fraktion der Labour Party im Stadtrat, daß eine Mitgliedschaft in der Partei ›unvereinbar‹ sei mit der Zugehörigkeit zu einer Freimaurerloge. In den Stadträten von Birmingham und Chester wurden spezielle Maßregeln eingeführt, um den »Einfluß der geheimen Genossenschaft« auszuschalten. In Birmingham wurde eine Erhebung eingeleitet und eine Liste ausgelegt, um die Mitgliedschaft von Stadtpolitikern bei den Freimaurern ausfindig zu machen. Weitere ›Unvereinbarkeitserklärungen‹ folgten. Besonders die Labour Party machte sich dabei stark. Im März 1985 sprang der Funke auch auf das Europäische Parlament über. Labour-Fraktionsmitglied Pitt stellte den Antrag, EG-Beamte und Euro-Parlamentarier sollten erklären, ob sie einer Freimaurerloge angehörten. Er erklärte dazu, er sei »deeply concerned about the influence of Freemasons«. Da spukte er also recht kräftig, der befürchtete ›Einfluß‹ der Freimaurer. Und mit anfänglicher Sprachlosigkeit mußte man in der Hochburg der Freimaurerei (die ›United Grand Lodge of England‹ zählt über 8000 Logen mit über einer Million Mitgliedern, im Großraum London allein rund 300 000!) registrieren, wie wenig doch in der Gesellschaft die eigentlichen Aufgaben und Ziele der Logen, besonders aber ihre absolute Loyalität zu den staatlichen Institutionen, bekannt waren. Ziemlich unversehens sahen sich die Freimaurer in einer Falle, die sie sich selbst gestellt hatten: Es war und ist dies die Falle ihrer falschen Geheimniskrämerei.

Doch man überwand die Sprachlosigkeit schnell. Reformen im Inneren und eine neue Offenheit (»a more open policy on public relations«, so der Duke of Kent, Großmeister der englischen Großloge) wurden in Angriff genommen und zeigten alsbald Wirkung. Das alte ›Geheimhaltungs‹-Mißverständnis sollte nun durch mehr Aufklärung über die wahren Ziele der alten Bruderschaft überwunden werden.

Leicht ist das allerdings nicht. Bei der Frage »Was ist eigentlich Freimaurerei?« ringen die ›Eingeweihten‹ noch immer um klare und überzeugende Antworten.

Gleichwohl gibt es umfassende runde Erklärungen, lexikongerecht gebündelt. Etwa diese: »Letzter echter Einweihungsbund, aus den mittelalterlichen Dombauhütten entstanden, sich deren Formen bedienend. Vereinigt ohne Ansehen der Religion, der Rasse, des Standes oder der Staatsangehörigkeit Männer, die sich Brüder nennen und die durch ehrwürdige rituelle Handlungen sittliche Festigung, Pflege echter Menschlichkeit und geistige Vertiefung anstreben. Tritt ein für Toleranz, Freiheit und Menschenwürde. Gliederung in Logen und Großlogen. In allen Ländern mit freiheitlicher Verfassung verbreitet, in Diktaturen wegen des Eintretens für Geistesfreiheit verboten.«

Wohlmeinend-korrekte Lexika – wie z. B. der ›Knaur‹ –
fügen solchen Beschreibungen noch diesen Satz hinzu:»Die
Freimaurerei ist keine geheime Verbindung!«
Damit wird der Ansatzpunkt der meisten Verdächtigungen und Vorurteile berührt, die das Stichwort ›Freimaurer‹
noch immer bei vielen Menschen auslöst. Das ›Geheimhaltungs-Mißverständnis‹ ist in der langen Geschichte des Freimaurerbundes häufig bemüht worden, um Verunglimpfungen und Verfolgungen zu rechtfertigen. Gerade in Krisenzeiten, die geeignet sind, Minderheiten-Feindlichkeit in besonderem Maße zu nähren, haben die Freimaurer immer wieder
als Prügelknaben für alle schwer erklärbaren Ereignisse und
Entwicklungen herhalten müssen – und das nicht nur in Diktaturen, die zu ihrer Existenzsicherung bekanntlich nicht
ohne Feindbilder auskommen können.

Woher also das immer wiederkehrende Mißtrauen gegenüber der alten Bruderschaft, auch in Gesellschaften, die das
Recht auf Privates und Vereinigungsfreiheit (Grundgesetz
Artikel 9) hoch einschätzen und gesetzlich garantieren? Nur
Mangel an Information?

Freimaurerlogen sind in Wahrheit keine Geheimgesellschaften, sie halten nichts zum Nachteil anderer ›geheim‹.
Die Freimaurer bezeichnen sich jedoch als verschwiegene
Männer, sie schätzen Verschwiegenheit ›als eine hohe Mannestugend‹. Goethe sagt in seinem Logen-Gedicht ›Verschwiegenheit‹:

Niemand soll und wird es schauen,
was einander wir vertraut,
denn auf Schweigen und Vertrauen
ist der Tempel aufgebaut!*

---

* In Goethes Werken (herausgegeben von Eduard Scheidenmantel, Deutsches Verlagshaus Bong & Co) sind mehrere Gedichte unter dem Oberbegriff ›Loge‹ zusammengefaßt, und zwar die Titel ›Symbolum‹, ›Verschwiegenheit‹, ›Gegentoast der Schwestern‹, ›Trauerloge‹, ›Dank des Sängers‹, ›Zur Logenfeier‹ und ›Schlußgesang‹. Zu den freimaurerischen Werken Goethes wird auch seine von ihm selbst gehaltene ›Rede zum brüderlichen Andenken‹ bei der Trauerfeier für Wieland am 18. Februar 1830 gezählt. Goethe gehörte der Weimarer Loge ›Amalia‹ an.

Dieser Sachverhalt vor allem ist oft mißdeutet worden und hat zu vielen Fehleinschätzungen geführt. Dabei sind Freimaurer selbst immer nachdrücklich für die Auffassung eingetreten, daß eine Demokratie keine geheimen Gesellschaften erträgt, daß zur demokratischen Freiheit gehört, daß alle Machtverhältnisse durchschaubar sein müssen. In einer Erklärung aus Anlaß des ›P2‹-Skandals im Juni 1980 haben die Vereinigten Großlogen von Deutschland hervorgehoben: »Der Bürger will mit Recht wissen, wer Einfluß auf die Gestaltung von Staat und Gesellschaft nimmt und welche Absichten dabei im Spiele sind. Echte Geheimgesellschaften tarnen alles, was auf ihre Existenz hinweisen könnte, ihre Ziele, ihre Organisationsform, ihre Mitgliederschaft und ihre Zusammenkünfte. Ganz anders die Freimaurerlogen: Sie sind bürgerlich-rechtlich organisiert, ihre Satzungen sind beim Vereinsregister ebenso einsehbar wie ihr organisatorischer Aufbau und die Besetzung ihrer Ämter; ihre Häuser sind Stätten der Begegnung.«

Selbst das freimaurerische Gelübde ist dem Inhalt nach außerhalb der Logen bekannt. Die freimaurerische Bibliographie umfaßt einige zehntausend Titel. In Staatsbibliotheken stehen auch die Rituale gedruckt zur Verfügung. Die Formulierungen des beim Eintritt in die Loge abzulegenden Gelübdes waren ursprünglich zwar von eindringlicher, extrem anmutender Symbolik. Sie sagen im wesentlichen jedoch nur aus, daß dem Vergessen anheimfallen wird, wer sich des Vertrauens seiner Brüder unwert erweisen sollte. Heute genügt den meisten Logen ein schlichtes Versprechen.

Pfarrer Friedrich-Wilhelm Haack schreibt in seiner 1975 erschienenen Schrift ›Freimaurer‹ (Münchener Reihe des Evangelischen Presseverbandes für Bayern, Abteilung Schriftenmission): »Verschwiegenheit gehört zu den Tugenden, die vom Neuling verlangt werden. Ohne sie kann kein Vertrauen wachsen. Und ein wirklicher Bruderbund kann ohne Vertrauen nicht existieren. Geheimnisse, die man verraten könnte, gibt es nicht. Was als Geheimnis gedacht war, ist längst vielfach publiziert und in jeder besseren Universitätsbibliothek nachzulesen.« Und an anderer Stelle: »Das wirkliche und wohl auch einzige echte Geheimnis der Freimaurerei ist das jeweilige persönliche Erlebnis. Dieses Erlebnis, dem auch ein Außenstehender durch Zuschauen nicht sein ›Geheimnis‹ entlocken kann, verbindet die Logenbrüder untereinander. Ein Meister formulierte dies einmal so: ›Ich wußte ja vorher ganz genau, wie alles geht. Aber als ich dann im Kreis der Brüder stand und mir die Binde von den Augen genommen wurde, da war ich im Herzen gepackt, und die Tränen traten mir in die Augen.‹«

Über die hier erwähnte Einweihungshandlung wird ihrer sittlich-erzieherischen Wirkung wegen geschwiegen – ein Sachverhalt, der für den Kenner alter Kulturen nicht neu ist. Verschwiegenheit stärkt den Charakter und fördert die Persönlichkeit. Andererseits ist es eine leicht einsehbare Erfahrung, daß ein von der Außenwelt abgeschirmter Ort wie die Loge Stille, Kontemplation, Einkehr und Nachdenken fördert.

Viele Männerbünde praktizieren bei ihren Zusammenkünften mehr oder weniger rituell ausgeprägte Umgangsformen. Sie sind dazu angetan, eine freundschaftliche Atmosphäre zu schaffen und den Alltag mit seinen Belastungen auszuschalten. In ihrer besonderen Form sind Männerbünde ein Element der freiheitlichen Gesellschaft, denn sie stärken eigenverantwortliche Lebenshaltung und fördern zwischenmenschliche Beziehungen. Der holländische Kulturphilosoph Johan Huizinga (1872–1945) hat in seinem geistvollen Essay ›Homo ludens‹ nachgewiesen, daß im Wesen des Mannes eine tiefverwurzelte Anlage vorhanden ist, sich mit gleichgesinnten anderen Männern in besonderer Form und in einer bestimmten Ordnung zusammenzuschließen und dadurch seine menschliche Existenz um einen wesentlichen Bereich des Kulturellen und Geistigen zu erweitern.

Schon vor 200 Jahren schrieb der freimaurerische Reformator Ignaz Aurelius Feßler (1756–1839): »Man hat die Freimaurer-Brüderschaft häufig für eine *geheime* Gesellschaft erklärt und ihr als einer solchen in Kabinetten und in den Hörsälen des Staatsrechtes den Stab gebrochen. Man hätte überall recht getan, wenn sie wirklich eine geheime Gesellschaft *wäre*.

Zu dem Wesen einer geheimen Gesellschaft gehört, daß ihr *Zweck* in dem Schleier der Verborgenheit eingehüllt bleibe. Der Zweck der Freimaurer-Brüderschaft ist so *wenig* ein Geheimnis, als es der Zweck der *Kirche* oder einer anderen rechtlich vereinigten und geschlossenen Gesellschaft ist, obgleich das *Wesen* und die *Tendenz* desjenigen, was von der Gesellschaft bezweckt wird, *Fremden* ein ›Geheimnis‹ sein kann. Die Erhaltung einer geheimen Gesellschaft fordert, daß selbst ihre *Existenz* geheim bleibe. Die Existenz der Freimaurer-Brüderschaft ist ebensowenig als das Dasein einzelner Logen unbekannt.

Eine geheime Gesellschaft hat über nichts sorgfältiger zu wachen, als daß ihre *Verfassung* und ihre *Gebräuche* dem Staate verborgen werden. Keine echte Freimaurerloge hingegen wird Bedenken tragen, dem Regenten, sobald er es fordert, ihren Grundvertrag, ihre Gesetze, ja selbst ihr Symbolum vorzulegen.«*

Dennoch hat ihre Verschwiegenheit den Freimaurern immer wieder oft geradezu phantastische Verdächtigungen eingetragen. Schon am 28. April 1738 traf sie die erste Verurteilung durch die katholische Kirche. In der Bulle ›In eminenti‹ nannte Papst Clemens XII. als Grund dafür u. a. das »unverbrüchliche Stillschweigen« der Freimaurer, die »im geheimen wirken, indem sie sowohl durch einen auf die Heilige Schrift abgelegten Eid als durch Androhung schwerer Strafen zu einem unverbrüchlichen Stillschweigen verpflichtet werden«.

Freimaurer haben sich immer schwer damit getan, den Schutz ihres altüberkommenen Brauchtums vor Profanierung und die als Charaktertugend geübte Verschwiegenheit nach außen hin verständlich zu machen. In ihrem Glauben an die Einsichtsfähigkeit und die Selbstregulierungskräfte der Gesellschaft haben die Freimaurer zu vielen Gerüchten und Verdächtigungen ›vornehm geschwiegen‹.

Dazu Pfarrer Friedrich-Wilhelm Haack in seiner Schrift ›Freimaurer‹:

---
* Feßlers sämtliche Schriften über Freimaurerei, 1801, S. 129

»Was als vornehme Zurückhaltung gedacht ist, kann leicht zur Quelle böser Folgen werden!«
 Dieses Buch gibt Auskunft. Es vermittelt einen Überblick – ohne Anspruch auf Vollständigkeit – über Entstehung und Entwicklung der Freimaurer-Bruderschaft. Es nennt Details, Daten, Namen und Fakten. Es spart auch Skandale und Fehlentwicklungen nicht aus. Es ist dennoch keine ›Enthüllungs-Story‹. Es will vielmehr einen sachlichen Beitrag leisten zum Abbau des bei vielen Menschen noch immer vorhandenen Informationsdefizits über die ›Verschwörung zum Guten‹.

Hamburg, im Januar 1991 *Jürgen Holtorf*

Mein Dank gilt dem Direktor des Deutschen Freimaurer-Museums in Bayreuth, Herrn Herbert Schneider, für seine Mitarbeit bei der Beschaffung, Sichtung und kritischen Prüfung der in diesem Buch verarbeiteten historischen Zeugnisse. *J. H.*

URSPRUNG, BRAUCHTUM UND GEISTIGE KRAFT

Die äußeren Formen, das Brauchtum, das Ritual und die Symbole der Freimaurer gehen zurück auf die Steinmetzbruderschaften und Dombauhütten des Mittelalters und deren Vorläufer. Der Begriff ›Freimaurer‹ bezieht sich auf das englische ›freestone-mason‹ und bezeichnet den Baukünstler, der im Gegensatz zum ›roughstone-mason‹ den freistehenden Stein als Steinmetz bzw. Steinbildhauer kunstvoll zu bearbeiten verstand. Der ›freemason‹ mußte im übrigen, wenn er sein Handwerk frei ausüben wollte, frei sein von jeder Leibeigenschaft oder anderer feudaler Abhängigkeit. Er mußte frei geboren sein, durfte nicht von unfreien Eltern abstammen. Diese stolze Handwerksqualifikation gibt dem Begriff ›Freimaurer‹ eine zusätzliche Bedeutung.

Erstmalig taucht die Bezeichnung ›freemason‹ bereits am 9. August 1376 in einer Londoner Urkunde auf. ›Lodge‹, als Begriff schon 1278 in einer Urkunde über den Bau der Abtei von Val Royal erwähnt und ins Deutsche mit ›Loge‹ übersetzt, bezeichnete ursprünglich die ›Bauhütte‹, das Gebäude, das den Bauhandwerkern als Werkstatt, Aufenthalts- und Versammlungsraum diente. Später wurde die gleiche Bezeichnung auch im übertragenen Sinn für die Organisationsform der Bauhandwerker verwendet, die in den Dombauhütten des Mittelalters arbeiteten. Es bestanden solche Logen z. B. im 14. und 15. Jahrhundert am Yorker Münster, an der Kathedrale von Canterbury und an den Kirchen von St. Nicolas zu Aberdeen und St. Giles zu Edinburgh. In Großbritannien existieren heute noch Logen aus der maurerischen ›Vor‹-Zeit, so z. B. in Edinburgh die Loge ›St. Mary's Chapel‹ (Nr. 1), seit 1599 ohne Unterbrechung. (Siehe Abschnitt ›Schottland‹.)

Die Regierungsform der frühen Neuzeit, der Absolutismus, erkannte Privilegien außer dem Adel und dem Klerus in aller Regel nur handwerklichen Ständen zu. Sie konnten sich in Gilden oder Zünften zusammenschließen und sich eine eigene Berufsordnung geben. Die Maurer bildeten schon im Mittelalter eine Gilde, die gegenüber anderen erstaunliche Privilegien genoß. Geschützt durch eine päpstliche Bulle durften Maurer das gesamte christliche Abendland bereisen und ungehindert Grenzen passieren, und das sogar in kriegerischen Zeiten.

Verständlich, daß sie diese Sonderrechte gegenüber allen Außenstehenden sorgfältig schützten, wie sie andererseits auch die Weitergabe von Baukenntnissen und die je nach Ausbildungsstand erworbenen Arbeits- und Entlohnungsrechte gründlich kontrollierten. Die Geheimnisse ihrer Baukunst – noch heute bewundern wir die gewaltigen Glockentürme, mächtigen Kirchenschiffe und vollendet ästhetischen Verzierungen – wurden sorgsam gehütet.

Untereinander erkannte man sich an vereinbarten Erkennungszeichen (Zeichen, Wort und Handgriff), die nur eingeweihten Baumeistern zugänglich waren, so etwas wie ein ›Recht auf Arbeit‹ sicherstellten und eine leistungsgerechte Entlohnung sicherten. Im Inneren der Bauhütten, die das Eigentum der Steinmetzbruderschaften waren, wurden die kühnen Konstruktionen erdacht, die Grundrisse der großen Kirchenbauten nach alter Weisheit gezeichnet, also geistige Vorarbeit für handwerkliche Umsetzung geleistet.

Als die Zeit der großen Dombauten im 17. Jahrhundert ausklang, wurden nun merkwürdigerweise die so ausgezeichnet geschützten Organisationen der Bauleute zunehmend von Intellektuellen ›unterwandert‹ und blieben bestehen. Adlige, Offiziere, Ärzte, Schriftsteller und andere Männer, die keine handwerklichen Berufe ausübten, schlossen sich den Logen an und wurden als sogenannte ›angenommene‹ Maurer akzeptiert. Da die Logen schon damals erhebliche karitative Pflichten ihren Angehörigen gegenüber übernommen hatten, waren ihnen vermutlich auch die finanziellen Beiträge der ›angenommenen Maurer‹ zur Erfüllung ihrer Aufgaben hoch willkommen.

Von solch eher profanen Aspekten abgesehen, ist der Unterwanderungsprozeß im Grunde genommen noch immer ein

Rätsel. Der in der Geistes- und Kulturgeschichte phänomenale Vorgang beflügelt daher auch in erheblichem Maße die Phantasie. Von besonderer Faszination für den esoterischen Teil der Freimaurerei ist noch heute die ›Templer-Legende‹. Sie fußt – kurz zusammengefaßt – auf der Geschichte des einst mächtigen Tempelritter-Ordens, der zu Beginn des 14. Jahrhunderts durch König Philipp den Schönen von Frankreich und Papst Clemens V. entmachtet, zerschlagen und blutig verfolgt wurde. Der letzte Ordensgroßmeister, Jakob de Molay, starb am 18. März 1314 auf dem Scheiterhaufen. Er soll, bevor die Flammen ihn töteten, die Reinheit seines Ordens gepriesen und seine Mörder Philipp und Clemens »vor Gottes Thron gerufen« haben. Beide starben noch im gleichen Jahr: Clemens V. am 20. April, Philipp der Schöne am 29. November. Viele Tempelritter flohen vor den Häschern der Inquisition in den Untergrund europäischer Länder, insbesondere nach Schottland. Dort sollen sie auch die Geheimnisse ihres verbotenen Ordens in den Schutz der Logen eingebracht haben. In der seriösen Geschichtsschreibung ist diese Ursprungsdeutung nicht zu belegen, obgleich sich immer wieder Literaten daran versuchen. Allegorisch jedoch hat die Templer-Legende in sehr eindrucksvoller Weise die weiterführenden Erkenntnisstufen der Freimaurerei bereichert. Sie spielt in den Hochgradsystemen des Alten und Angenommenen Schottischen Ritus (AASR) und des York-Ritus eine bedeutende Rolle.

Die Unterwanderung der Werk-Logen durch intellektuelle Nicht-Maurer hat jedenfalls schon erhebliche Zeit vor dem 17. Jahrhundert eingesetzt und sich über einen langen Zeitraum erstreckt. Schon von diesem Zeitfaktor her fällt es daher schwer, eine einheitliche Motivation bei den ›angenommenen Maurern‹ auszumachen.

Elias Ashmole (1617–1692), einer der größten englischen Gelehrten, war wohl der berühmteste ›angenommene‹ Maurer seiner Zeit. Aus seinen Tagebucheintragungen geht hervor, daß er am 16. Oktober 1646 in Warrington in eine Loge aufgenommen wurde und am 10. März 1682 einer Aufnahmearbeit in London beiwohnte.

Mit dem Prozeß der ›Unterwanderung‹ wandelten sich die Logen mehr und mehr zu nur mehr geistig, symbolisch bauenden Gemeinschaften. Am 24. Juni 1717 schlossen sich in London vier solcher Freimaurerlogen zur ersten Großloge der Welt zusammen. Dieses Datum wird heute als Beginn der geistigen (spekulativen) Maurerei bezeichnet. 1722 erteilte die Großloge auf Veranlassung des Herzogs von Montagu dem Reverend James Anderson den Auftrag, anhand der noch vorhandenen alten Konstitutionen ein neues Konstitutionsbuch zusammenzustellen. Bereits ein Jahr später, 1723, erschien das Konstitutionsbuch im Buchhandel. Diese sogenannten ›Alten Pflichten‹ beinhalten das noch heute gültige Grundgesetz der Bruderschaft, das die Mitglieder zu Toleranz und Achtung gegenüber Andersdenkenden verpflichtet und sie zugleich aufruft, »dem Sittengesetz zu gehorchen«. Damit war gemeint: Alles zu tun, was Leben erhält, fördert und schützt, und alles zu vermeiden in Wort, Tat, Handlung und Gebärde, was Leben vernichtet, einschränkt oder verunstaltet. Damit bekam diese Idee des Bauens, die Gegenidee von Zerstören, ihre die gesamte Menschheit umfassende Ausprägung. In dem bedeutsamen ersten Kapitel dieser ›Alten Pflichten‹ heißt es u. a.:

»Der Maurer ist als Maurer verpflichtet, dem Sittengesetz zu gehorchen; und wenn er die Kunst recht versteht, wird er weder ein engstirniger Gottesleugner noch ein bindungsloser Freigeist sein. In alten Zeiten waren die Maurer in jedem Lande zwar verpflichtet, der Religion anzugehören, die in ihrem Lande oder Volke galt, heute jedoch hält man es für ratsamer, sie nur zu der Religion zu verpflichten, in der alle Menschen übereinstimmen, und jedem seine besonderen Überzeugungen selbst zu belassen. Sie sollen also gute und redliche Männer sein, von Ehre und Anstand, ohne Rücksicht auf ihr Bekenntnis oder darauf, welche Überzeugung sie sonst vertreten mögen. So wird die Freimaurerei zu einer Stätte der Einigung und zu einem Mittel, wahre Freundschaft unter Menschen zu stiften, die einander sonst ständig fremd geblieben wären.«

Schon in diesem ersten Kapitel der ›Alten Pflichten‹ von 1723 finden sich die zeitlos gültigen Grundsätze der Freimaurer: Religiosität ohne konfessionellen Zwang, Toleranz und Achtung gegenüber Andersdenkenden, anständige Lebensführung und schließlich der Brückenschlag zu Menschen, die ›einander sonst ständig fremd geblieben wären‹.

Diesen Hinweis aus dem ersten Kapitel der ›Alten Pflichten‹ greift der Autor des Buches ›Freimaurer in Deutschland‹, Manfred Steffens, in dem Kapitel über das Geheimnis der Freimaurer auf und nennt das einen »besonderen Zug, der den Freimaurerbund von allen anderen Gemeinschaften unterscheidet«: Man will gerade diejenigen Männer zusammenführen und auf eine gemeinsame Ordnung verpflichten, die sonst nichts gemeinsam haben, die das Leben sonst nie zusammengebracht hätte.

Leider neigen die Menschen normalerweise mehr zu dem bequemen Weg, sich Gleichgesinnten anzuschließen, von denen sie hoffen dürfen, in ihren eigenen Ansichten bestärkt zu werden, von deren gleichgerichteter Interessenlage sie sich Vorteile für sich selbst versprechen.

Zudem sind in unserer Zeit durch die Spezialisierung und Funktionsteilung der modernen Arbeitswelt neue Schranken zwischen Menschen entstanden. Menschlicher Ausgleich über partikulare Interessen hinaus wird dadurch ebenso erschwert wie das gegenseitige Verstehen. Historische Erfahrungen gerade in unserem Lande haben jedoch gelehrt, daß große Zusammenschlüsse Gleichgesinnter und der fehlende Dialog mit Andersdenkenden gefährliche Voraussetzungen für die Entstehung von Gewalt und Gesinnungsterror schaffen und die Einsicht in gesellschaftliche Zusammenhänge verschütten. Als Gemeinschaft brüderlich verbundener Menschen wollen die Freimaurerlogen heute der Gefahr der Isolierung des Einzelmenschen in der modernen Industriegesellschaft in besonderem Maße entgegenwirken. Sie folgen damit ihrer speziellen Tradition, das Trennende zu überwinden, Gegensätze abzubauen, Verständigung und Verständnis zu fördern.

Logen waren und sind – so verstanden – Modelle, und zwar

keine abstrakten Denkmodelle, sondern konkrete ›Übungsstätten‹ für das schwierige Geschäft der zwischenmenschlichen Beziehungen. Die Akzente dieser Aufgabe haben sich allerdings seit der Zeit der Gründung der Freimaurerei wesentlich verschoben. Der geschichtsnotwendige Auftrag der Freimaurerei im 18. Jahrhundert war die Befreiung des Menschen aus seiner »selbstverschuldeten Unmündigkeit« (Kant).

Dieser Aufgabe ist die Freimaurerei als bedeutende Kraft der Aufklärungszeit gerecht geworden. »Freimaurerei ist ihrem Wesen nach ebenso alt wie die bürgerliche Gesellschaft. Beide konnten nicht anders als miteinander entstehen – wenn nicht gar die bürgerliche Gesellschaft nur ein Sprößling der Freimaurerei ist« – so beschreibt Gotthold Ephraim Lessing die Bedeutung, die die Freimaurerei im 18. Jahrhundert als fortschrittliche, gestaltende Kraft, als »bedeutsamstes Sozialinstitut der moralischen Welt des 18. Jahrhunderts« (Reinhart Koselleck) besessen hat.

Freimaurerei als geistige Macht war damals geschichtlich notwendig, um in einer Zeit des Übergangs, die von politischem und religiösem Zwist bestimmt war, Schranken zwischen den Menschen, den Völkern und den Konfessionen abzubauen, ja in vielen Fällen aufzuheben, und das die Menschen Einende zu betonen.

Von den Gedanken der Aufklärung begeisterte Männer strömten förmlich in die Logen. Hier fand man sich über alle trennenden gesellschaftlichen Schranken hinweg zusammen, um als ›bloße Menschen‹ am sozialen Gerüst einer moralischen Internationale zu arbeiten. Unter dem Prinzip der Gleichheit aller Menschen fanden sich »Noblemen, Gentlemen and Workingmen« auf einer Plattform zusammen, auf der alle ständischen Unterschiede eingeebnet wurden. Der Bruder war innerhalb der Logen kein Untertan mehr, sondern Mensch unter Menschen. Er dachte, plante und handelte in der Logenarbeit als freier Mann. Die innere Gesetzlichkeit der Logen, ihre Freiheit und Unabhängigkeit waren, so schreibt der Historiker Reinhart Koselleck (»Kritik und Krise«), »nur möglich in einem Bereich, der dem Einfluß sowohl der kirchlichen Instanzen wie dem politischen Zugriff der herrschenden Staatsgewalt entzogen blieb«.

Die Logen waren ›geschlossene Gesellschaften‹. Ihre Verschwiegenheit schützte sie vor dem Zugriff des absolutistischen Staates und schloß ihre Mitglieder zugleich zu brüderlicher Gemeinsamkeit zusammen. Im umgrenzten Logenbereich verwirklichte sich zuerst die Idee der bürgerlichen Freiheit, die damals als neues Denken die Menschen faszinierte. Die »Freiheit im geheimen« wurde zum »Geheimnis der Freiheit« *(Koselleck)*.

Das neue Denken, das in den Logen seinen Ausgang nahm, war, ohne daß es dazu einer Verschwörung bedurft hätte, und auch in Anbetracht der unverändert gültigen Vorschriften der alten Maurer, sich aus allem politischen und konfessionellen Streit herauszuhalten, ein Politikum ersten Ranges. Es erfaßte ganz einfach die Menschen. Ihr Selbstbewußtsein, ihr Glaube an den Menschen und seine Fähigkeiten veranlaßte sie zum Handeln in der Welt, in der sie lebten und wirkten. Der Abbau der Standesschranken, die Selbstbefreiung des Menschen durch Erkenntnis und Wissen, in der geschützten und ›geschlossenen‹ Welt der Loge erprobt, machten viele Logenbrüder zu Trägern der Verheißung einer besseren, menschlicheren Welt. Namen wie Lessing, Herder, Wieland, Goethe, vom Stein, Hardenberg, Voltaire kennzeichnen das geistige Gewicht und die gesellschaftliche Kraft, die in den Freimaurerlogen wirksam wurden.

Freimaurer trugen den Geist der Freiheit in die Welt. Ohne daß die Logen selbst Politik gemacht hätten, wurden auch in Südamerika Freimaurer zu den Trägern der Unabhängigkeitsidee. Aus ihren Reihen gingen die großen Befreier hervor: Miranda, San Martin, Alvear, Rivadavia, Lopez, O'Higgins, de Rozas, Simon Bolivar, Caldas, Martin, Santander und andere. Ihre Leitlinie, an der sich auch spätere Freiheitskämpfer, wie z. B. einer der Einiger Italiens, Guiseppe Garibaldi, orientierten, hatte der Freimaurer La Fayette im Juli 1789 in dieser einfachen Grundforderung zusammengefaßt: »Alle Menschen werden frei geboren und sind und bleiben gleich vor dem Gesetz.«

Flächenbrandartig breiteten sich die Ideen der Freimaurer in der Welt aus, und freimaurerische Persönlichkeiten waren überall dort zu finden, wo diese Ideen verwirklicht wurden. Für die herrschenden Mächte, sofern sie nicht zu Reformen bereit waren, bedeutete das Gefahr. So kam es in vielen Ländern und zu verschiedenen Zeiten zu Freimaurerverboten und -verfolgungen. Nicht wegen einer falschen Geheimnistuerei um ihr Brauchtum wurden die Freimaurer verfolgt. Es waren ihre Ziele, die Ängste hervorriefen: Antitotalitarismus, Internationalismus, Toleranz, Geistes- und Gewissensfreiheit, die gewaltlose Durchsetzung moralischer Prinzipien gegenüber der Staatsmacht und die Ermutigung des einzelnen, aller Ungerechtigkeit entgegenzutreten.

Ihren wohl augenfälligsten Beitrag haben freimaurerische Ideale zur amerikanischen Unabhängigkeitserklärung geleistet. Vom Grundsatz der Gleichheit aller Menschen vor dem Gesetz bis zum Prinzip der Absetzbarkeit der Regierung ist sie durchdrungen vom Geist der Freimaurerei.»Kein Wunder«, schrieb eine deutsche Illustrierte 1964 über diesen Sachverhalt,»denn: 53 von den 56 Unterzeichnern der Unabhängigkeitserklärung, 50 von den 55 Mitgliedern der konstituierenden Nationalversammlung, sämtliche Gouverneure der 13 Gründerstaaten, 20 von 29 Generälen George Washingtons und 104 seiner 106 Offiziere waren aktive Freimaurer!« Der Verfasser der Unabhängigkeitserklärung, Thomas Jefferson, gehörte ebenso einer Loge an wie die ersten prominenten Staatsmänner des jungen amerikanischen Staates: George Washington, Benjamin Franklin und James Monroe.

Da bekanntlich das geistige Gut der amerikanischen Verfassung in allen freiheitlichen Ländern der westlichen Welt, so auch im Grundgesetz der Bundesrepublik Deutschland, seinen Niederschlag gefunden hat, läßt sich in der Tat resümieren, daß der freimaurerische Auftrag der äußeren Befreiung des Menschen als erfüllt betrachtet werden kann. Heute geht es der Bruderschaft nicht mehr so sehr um die Freiheit von äußeren Schranken. Heute muß Freiheit als mehr begriffen werden denn als ein Freisein von Bindungen. Heute findet Freiheit nach Auffassung des Freimaurers nur dann ihren

Sinn, wenn sie den Menschen wieder einordnet in lebendige Lebensgemeinschaften. In unserer Zeit wird Bindungslosigkeit zunehmend als Ursache inhumaner Lebensumstände begriffen.

Hier setzt die heutige Aufgabe der Freimaurer ein. Logen sehen ihr ›Angebot‹ darin, Modelle funktionierender und tätiger menschlicher Gemeinschaften darzustellen. Es geht ihnen um die Rückbindung des Menschen in die Verpflichtung einer auf der Achtung vor dem anderen beruhenden Gemeinschaft.

Galt es also für die Freimaurer im 18. Jahrhundert, der Entwicklung der freien Persönlichkeit Raum zu schaffen in einer Gesellschaft, die durch Herkommen und ständische Auffassung alle Menschen auch gegen ihren Willen in Gemeinschaften eingliederte und ihnen so einen festen Platz für das ganze Leben gab, so mühen sich die Logen heute, den freien Bürger wieder einzugliedern in Gemeinschaften, in denen er Mitverantwortung trägt und die mitzugestalten er als Verpflichtung empfindet. Freimaurer sehen Menschlichkeit gerade in unserer Zeit bedroht, in der Gemeinschaft immer mehr als reine Interessengemeinschaft verstanden wird, in der an die Stelle menschlicher Verpflichtung und Verantwortung Regelungen durch Vorschriften treten und in der Kollektive sich anschicken, das Denken des einzelnen mit zu übernehmen.

Ihrem Brauchtum, der äußeren Form, erkennen die Freimaurer dabei eine ganz entscheidende Aufgabe in der Sicherung ihres Gedankengutes und für die Möglichkeit seiner Weitergabe und Überlieferung zu: Gedanken, und seien sie noch so klug und überzeugend, gehen dahin wie Wolken im Wind. Erst in eine feste Form gebracht, können sie bewahrt und weitergegeben werden.

Folgerichtig werden daher die Hauptwahrheiten dieses Männerbundes in Bildern und sinnbildlichen Handlungen dargestellt. Der in die Loge aufgenommene Bruder lernt, daß sich die Lehren und Erkenntnisse des Bundes primär in Symbolen und rituellen Handlungsabläufen darstellen und daß er nun seinerseits durch eigenes Begreifen und eigenes

Nachdenken die Nutzanwendung der Lehren und Erkenntnisse üben muß. In letzter Konsequenz wird er sich selbst dann – in der Sprache der Maurer – als ›Werkzeug‹ des Höchsten begreifen. In diesem Prozeß erfüllt sich das vielzitierte ›Geheimnis‹ der Freimaurerei. Ein noch so gewissenhaftes Nachlesen der in Bibliotheken durchaus vorhandenen Ritualtexte der Freimaurer wird dieses wirkliche Erlebnis nie vorwegnehmen können. Zum Freimaurer wächst man in der brüderlichen Gemeinschaft der Loge heran.

Getreu ihrer handwerklichen Herkunft, vermitteln die Logen ihre Lehre in drei ›Erkenntnisstufen‹. Es sind dies die Grade des Lehrlings, des Gesellen und schließlich des Meisters.

Der *Lehrling* stellt den Menschen dar, dem neu erschlossen wird, was frühere Geschlechter erdacht, geschaffen und uns als Basis unseres Lebens übermittelt haben. Indem der Lehrling zur Mitarbeit heranwächst, reift er zum *Gesellen*. Symbolisiert der *Lehrlingsgrad* primär die Arbeit an sich selbst, so symbolisiert der *Gesellengrad* die Arbeit in der Gemeinschaft. *Meisterschaft* schließlich wird weniger als vollendeter Grad denn als Auftrag vergeben. Während jeder in gewissem Sinne sein Leben lang Lehrling und Geselle bleibt, so symbolisiert Meisterschaft das Streben nach Vollendung. Im engeren Bezug der Loge bedeutet Meisterschaft, Verantwortung und Leitung zu übernehmen. Auf diesen drei Erkenntnisstufen (»Der Lehrling schaue in sich, der Geselle schaue um sich, der Meister schaue über sich!«) fußen dann die in einigen Lehrartsystemen üblichen weiterführenden Erkenntnisstufen, auch ›Hochgrade‹ genannt. Sie vermitteln erweiterte, vertiefende Erkenntnis, bilden jedoch keine Pyramide, keine gleichsam ›vorgesetzte‹ Hierarchie. Der organisatorische Aufbau der Freimaurerei vollzieht sich nach demokratischen Regeln.

Die Logen – nach dem Schutzpatron der alten Maurer auch ›Johannislogen‹ genannt – sind zumeist als eingetragene Vereine bürgerlich-rechtlich organisiert und wählen ihren Vorsitzenden, den ›Meister vom Stuhl‹ (vgl. den englischen Begriff ›chairman‹ für ›Vorsitzender‹) oder ›Logenmeister‹.

Aus dem Kreise der Meister vom Stuhl und Logenmeister wiederum wird gewählt der Distrikts- bzw. der Provinzialmeister und schließlich der Landesgroßmeister. Der höchste Repräsentant der deutschen Freimaurer, der Großmeister der Vereinigten Großlogen von Deutschland, wird vom Konvent aller Meister vom Stuhl und Logenmeister gewählt, und zwar für eine dreijährige Amtsperiode.

UNTERSCHIEDLICHE ENTWICKLUNG IM ANGELSÄCHSISCHEN UND IM ROMANISCHEN RAUM

Wer sich mit ›Freimaurern‹ und ›Logen‹ befaßt, muß zunächst einmal sehr genau hinsehen, ehe er sich ein Urteil bildet. Beide Begriffe sind nicht gesetzlich zu schützen, ebensowenig wie etwa die Begriffe ›Christ‹ bzw. ›Kirche‹. Jeder kann sich so nennen. Und in der Tat gibt es in vielen Ländern kleine, oft obskure Vereinigungen sogenannter Freimaurer in sogenannten Logen, die mit der wirklichen Freimaurerei nicht das geringste zu tun haben, allenfalls geeignet sind, ihren guten Namen in Mißkredit zu bringen.

Doch es kommt noch komplizierter: Es arbeiten längst nicht mehr alle Großlogen nach den ›Alten Regeln‹ der Gründer, sie gelten als ›irregulär‹ und werden von den ›regulären‹ (d. h. nach den Alten Regeln arbeitenden) Großlogen nicht anerkannt. Wächterin über das für die Freimaurerei überlebenswichtige Regelprinzip (es geht u. a. um die Abgrenzung von politisierenden Großlogen!) ist die ›Muttergroßloge‹ der Welt, die ›United Grand Lodge of England‹.

Bis zum Jahre 1749 wurden außerhalb Großbritanniens nur 13 Logen gegründet, bis 1770 weitere 34. Die Initiative ging von englischen Brüdern aus, die in der Fremde die Formen ihrer Verbindung fortzuführen wünschten, oder von Ausländern, die in England Freimaurer geworden waren. Die Großloge selbst entwickelte auswärts keine Aktivitäten.

Als die aus England importierte Freimaurerei um 1730 zunächst in Frankreich und 1737 in Deutschland Fuß faßte, war sie nur ein unfertiges Gebilde, das nun mit völlig veränderten Bedingungen konfrontiert wurde. In England nahm man sie, wie sie war, und niemand verlangte von ihr eine philosophische Vertiefung oder gar Begründung. Auf dem Kontinent bestanden um 1740 und 1750 keine klaren Vorstellungen, wie eigentlich der Bund entstanden war. Daß das vielberufene Geheimnis in nichts anderem bestehen sollte als in den harmlosen Zeichen und Paßworten oder in den damals dürftigen Formeln des Rituals, leuchtete den Franzosen und Deutschen nicht ein. Sie versuchten deshalb, den verborgenen Sinn zu finden und das Geheimnis zu ergründen. Die übernommene Maurerei wurde philosophisch vertieft und entwickelt. In beiden Ländern bildete sich zudem unter dem Einfluß des maßgeblich beteiligten Hofadels eine barocke Spielart aus. Die bürgerlichen englischen Formen wurden zu einem Adelsklub umgeformt. In Deutschland und Frankreich, aber auch in Irland und England, entstanden zudem um 1740 die sogenannten »Hochgrade«. Abenteuerliche Gebilde zeigten sich. Man kam bis zu 95 Graden. Erst nach 1782, mit dem ›Wilhelmsbader Konvent‹, begann langsam eine Reform. Man ging von den okkulten Deutungen, die vielfach den Symbolen der drei sogenannten Johannisgrade gegeben wurden, wieder ab. Das englische Drei-Grade-Ritual erhielt wieder Bedeutung. Dabei waren Abweichungen unvermeidlich. Die einzelnen Großlogen kamen zu eigenen Systemen.

Auseinandergehende Auffassungen über Ursprung, Zweck und Ziele der Freimaurerei führten zu unterschiedlichen Lehrarten, verschieden nach der Geisteshaltung der Deutschen, Franzosen, Engländer oder Amerikaner. Von Lessing, Krause u. a. ist die deutsche Freimaurerei auf einen klar gefaßten Humanitätsgedanken hin entwickelt worden. Sie waren die Begründer der ›humanitär‹ ausgerichteten Freimaurerei, eines spezifisch deutschen Produkts. Während die angelsächsischen Freimaurer ihren Humanitätsbegriff aus religiöser Grundlage ableiten und die französischen aus mehr sozialen Postulaten (Menschenrechte), wurde in der deutschen ›humanitären‹ Freimaurerei ein ethischer Humanitätsgedanke entwickelt, der ohne religiöse oder politisch-soziale Ableitung zum kategorischen Bestandteil der freimaurerischen Lehre erhoben wurde.

Der Begriff der Regularität findet sich bereits in der Andersonschen Konstitution von 1723. Er wird dort jedoch, da es seinerzeit nur eine Großloge gab, das Gründen neuer Logen aber ›in der Luft lag‹, auf Logen angewandt. Eine

Loge sollte nur ›regulär‹ sein, wenn sie unter der gesetzmäßigen Autorität eines von einer Großloge gegebenen Konstitutionspatents arbeitet. Dies ist bis heute anerkannt. Auch auf den einzelnen Freimaurer wird der Begriff angewandt. Er ist ›regulär‹, wenn er in einer regulären Loge in rechtmäßiger Weise eingeweiht worden ist. Auch dies ist nicht strittig. Meinungsverschiedenheiten ergeben sich allerdings aus dem Problem der Regularität von Großlogen und damit der ihrer Jurisdiktion unterstehenden Logen. Bis zur zweiten Hälfte des 19. Jahrhunderts bestand keine Notwendigkeit für die Aufstellung irgendwelcher allgemeingültiger Richtlinien, weil sich alle damals bestehenden Großlogen in den wesentlichen Punkten einig waren:

1. Glaube an ein höchstes Wesen,
2. Mitgliedschaft nur von Männern,
3. Jurisdiktion der Großloge über die ihr unterstehenden Logen,
4. Auflegen von Bibel, Winkelmaß und Zirkel bei Arbeiten,
5. Verbot von Diskussionen über Religion und Politik in den Logen, in Respektierung der freien Überzeugung jedes einzelnen Bruders.

Das Problem tauchte erst auf, als zuerst 1871 der Grand Orient de Belgique und 1877 dann auch der Grand Orient de France unter Berufung auf die Gewissens- und Drogmenfreiheit der Freimaurerei das Symbol des »Allmächtigen Baumeisters aller Welten« als Erfordernis strichen, es den Logen freistellten, ob sie die Bindung an den A. B. a. W. und das Auflegen der Bibel beibehalten wollten oder nicht, und außerdem mit politischen und religiösen Streitfragen an die Öffentlichkeit traten. Damit entfernte man sich von den tragenden Grundsätzen, die bis dahin *alle* Freimaurer geeint hatten. Das Schisma war da. Die Folge war der Abbruch der Beziehungen durch die angelsächsische Freimaurerei, die vier Fünftel der Weltfreimaurerei umfaßt. Der größte Teil der anderen Großlogen schloß sich dem Schritt an. Seit dieser Zeit gibt es eine irreguläre Freimaurerei. Zu ihr gehören außer dem Grand Orient de France und dem Grand Orient de Belgique die vom Grand Orient de France in anderen Ländern gegründeten oder in Anlehnung an ihn arbeitenden Großlogen und die gemischten Großlogen (Droit Humain, Gran Loggia d'Italia).

Die United Grand Lodge of England hat in Abstimmung mit den Großlogen von Irland und Schottland am 4. September 1929 die ›Basic Principles for Grand Lodge Recognition‹ beschlossen und verfährt seitdem strikt nach ihnen:

Regeln

»Freimaurerei wird unter vielen unabhängigen Großlogen nach Grundsätzen oder Regeln ausgeübt gleich denen, die durch die United Grand Lodge of England während ihrer geschichtlichen Entwicklung festgelegt wurden.

Um als regulär durch die UGL von England anerkannt zu werden, muß eine Großloge die folgenden Regeln beachten:

- *Sie muß gesetzmäßig durch eine reguläre Großloge eingesetzt oder durch drei oder mehr selbständige Logen – jede von ihnen mit Patent einer regulären Großloge – gebildet worden sein.*
- *Sie muß wirklich unabhängig und autonom sein, mit unbestrittener Autorität gegenüber der Bruderschaft der Freimaurer in den drei symbolischen Graden des Lehrlings, des Gesellen und des Meisters innerhalb ihrer Jurisdiktion, und sie darf in keiner Weise einer anderen maurerischen Körperschaft unterworfen sein oder die Herrschaft mit ihr teilen.*
- *Freimaurer innerhalb ihrer Jurisdiktion müssen Männer sein, und sie oder ihre Logen dürfen keine maurerische Verbindung zu Logen haben, die Frauen als Mitglieder aufnehmen.*
- *Freimaurer innerhalb ihrer Jurisdiktion müssen an ein höchstes Wesen glauben.*
- *Alle Freimaurer innerhalb ihrer Jurisdiktion müssen ihre Verpflichtung auf oder angesichts des Buches des heiligen Gesetzes (die Bibel) oder das Buch, das von dem betreffenden Manne als heilig angesehen wird, ablegen.*

- *Die drei ›großen Lichter‹ der Freimaurerei (das Buch des heiligen Gesetzes, das Winkelmaß und der Zirkel) müssen aufgelegt sein, wenn die Großloge oder die ihr unterstellten Logen geöffnet sind.*
- *Die Diskussion über Religion und über Politik innerhalb ihrer Logen muß untersagt sein.*
- *Sie muß die Grundsätze und Lehren (die ›Alten Landmarken‹) und das Brauchtum der Bruderschaft befolgen und darauf achten, daß sie innerhalb ihrer Logen befolgt werden.*

Irreguläre oder nicht anerkannte Großlogen

Es gibt einige sich selbst so nennende maurerische Körperschaften, die diese Regeln nicht erfüllen, z. B. die nicht einen Glauben an ein höchstes Wesen verlangen oder ihren Mitgliedern als solche erlauben oder sie ermutigen, sich als solche an politischen Angelegenheiten zu beteiligen. Diese Körperschaften sind nicht durch die Großloge von England als maurerisch regulär anerkannt, und maurerischer Kontakt zu ihnen ist verboten.«

Die Vereinigten Großlogen von Deutschland haben die ›Basic Principles‹ als für sich verbindlich anerkannt. Das war Voraussetzung für die am 7. Dezember 1960 erfolgte Anerkennung der Vereinigten Großlogen von Deutschland als reguläre Großloge durch die United Grand Lodge of England.

Nun zur unterschiedlichen Entwicklung der Freimaurerei in einigen besonders wichtigen Ländern:

England

Nach der Gründung der ersten Großloge der Welt am Johannistag des Jahres 1717 im Londoner Gasthaus ›Zur Gans und zum Bratrost‹ kam der Zuwachs durch weitere Logen zuerst nur langsam in Gang.

Nachdem mit dem Herzog von Montagu, einem der reichsten Peers Englands, 1721 erstmalig ein Adliger Großmeister geworden war, wurde die Großloge auch gesellschaftlich gesichert und galt als hoffähig. Sie konnte sich von da an rasch ausbreiten. Schon 1725 zählte man 52 Logen, 1732 waren es bereits 109.

Erstaunlicherweise zeigte man sich bald in aller Öffentlichkeit; man zog in ›maurerischer Bekleidung‹, mit ledernem Schurzfell und den symbolischen Abzeichen, zur Buchhändlerhalle, wo die Versammlungen stattfanden. Man veranstaltete zeremonielle Auffahrten, nahm feierliche Grundsteinlegungen von Kirchen und öffentlichen Gebäuden vor und trug die verstorbenen Mitglieder gemeinsam zu Grabe. 1737 nahm Desaguliers den Prinzen Friedrich von Wales auf. Viele Geistliche schlossen sich dem Bunde an; man widmete sich eingehend der Wohltätigkeit. Doch kam es in dieser Zeit bereits zu kleinen Auseinandersetzungen, nicht zuletzt durch die Haltung des Herzogs von Wharton, der sich in unrechtmäßiger Weise zum Großmeister proklamieren ließ und in der Folge eine merkwürdige Rolle spielte. Zwistigkeiten ergaben sich auch aus der politischen Situation; die Tories und die Jacobiten als Anhänger der vertriebenen Stuarts trugen Politik in die Logen und versuchten, einzelne Bauhütten in das jacobitische Lager zu ziehen.

Verschiedene ›Verräterschriften‹ führten zu Anfeindungen, weckten andererseits aber auch die Neugier. Besondere Bedeutung erlangte das 1730 von Samuel Prichard unter dem Titel ›Masonry Dissected‹ veröffentlichte Ritual. Da die englische Großloge ihr Ritual nur mündlich weitergab, war die Schrift von Prichard für viele neugegründete Logen, besonders auf dem Kontinent, Arbeitsgrundlage. Davon zeugen über 30 verschiedene Auflagen und zahlreiche Übersetzungen.

In jener Zeit wurden neben einigen kleineren Gruppen vier Großlogen gegründet:

1. The Grand Lodge of England. Dieser im Jahre 1717 gegründeten Großloge wurde im Jahre 1751 von der neugegründeten Dermottschen Großloge (Nr. 3 in dieser Aufzählung) der irreführende Name ›The Moderns‹ zugewie-

sen, obwohl es sich um die ältere Großloge handelte. Sie nahm eine langsame, aber stete Entwicklung und gründete auch einige Seelogen, so 1760 an Bord des Schlachtschiffes Vanguard.
2. Die schon 1705 den hochgestellten Persönlichkeiten der Grafschaft York als ›Mittelpunkt der Vereinigung‹ dienende Loge von York proklamierte sich 1725 zur selbständigen ›Großloge von Alt-England‹, indem sie darauf pochte, als Vereinigung schon vor der Grand Lodge of England bestanden zu haben. Sie gab sich auch ein eigenes Gesetzbuch, die ›Old Rules of the Grand Lodge of York‹. Im übrigen handelte es sich hier um den seltenen Fall, daß eine Großloge von einer einzigen Loge gegründet wurde. Sie dehnte ihren Wirkungskreis nicht aus, gründete insgesamt nur wenige Logen und war von 1744 bis 1761 vermutlich ruhend. Sie erteilte den sogenannten Royal-Arch-Grad. 1761 neu belebt, gründete sie bis 1790 elf Logen und stellte dann ihre Tätigkeit ein.
3. 1751 gründeten sieben Logen unter Führung des Iren Laurence Dermott in der Taverne ›Zum Türkenkopf‹ die ›Grand Lodge of England According to the Old Institutions‹. Es ist wohl übertrieben, von einer eigentlichen Gegengründung zur Großloge von 1717 zu sprechen; vielmehr dürfte es sich so verhalten haben, daß die Mitglieder dieser Bauhütte meist kleine irische Handwerker gewesen sind, die aus ihrer irischen Heimat gewisse Besonderheiten mitgebracht und sich mit einigen oppositionellen Logen verbunden hatten. Die neue Großloge verurteilte die im Zuge von Prichards Schrift an den Gebräuchen vorgenommenen Änderungen und legte vor allem Wert auf den ›Grad des Königlichen Gewölbes‹, in dem sie die Krönung der Freimaurerei sah und den zuwenig zu beachten sie der Grand Lodge vorwarf.
Da ihre Mitglieder Neuerungen abhold waren, nannten sie sich ›The Antients‹ und gaben der älteren Grand Lodge den Namen ›The Moderns‹. 1756 gab Dermott der Großloge eine eigene Konstitution, ›Ahiman Rezon, or a Help to a Brother‹; die Großloge nahm einen schnellen

1 Werkmaurer und Steinmetzen

2 Werkzeug des Steinmetzen: Knüpfel und Schlageisen

3 Steinmetz bei der Arbeit

4 Logenhammer (Meisterhammer)

5 Ein in der Form typisches Logenglas, auch ›Kanone‹ genannt

4

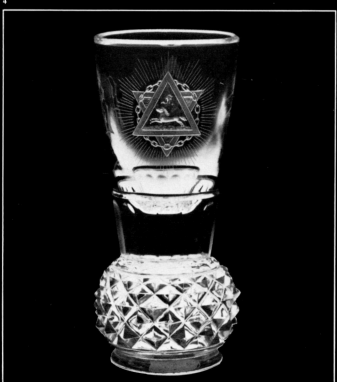

5

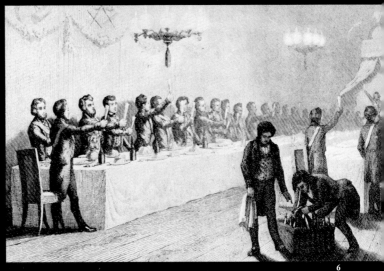

6 Kupferstich einer Tafelloge (1843)

7 Blick in eine Tempel›arbeit‹: Kettenbildung (Bruderkette) in einer Loge unserer Zeit

Aufschwung. 1766 gehörten ihr bereits 145 Logen an und vor der Vereinigung 1813 nicht weniger als 359 Bauhütten.

Im übrigen erteilte sie viele Stiftungsbriefe für Militärlogen; durch das besondere Interesse, das die Herzöge von Atholl dieser Großloge entgegenbrachten, wurde sie gelegentlich auch Atholl-Großloge genannt.
4. Während einiger Zeit existierte auch eine ›Grand Lodge South of the River Trent‹. Sie wurde gegründet von einer ›Lodge of Antiquity‹, die sich von den ›Moderns‹ abgespalten hatte, entfaltete aber keine besondere Tätigkeit und vereinigte sich 1790 wieder mit der Mutterloge.

Nach dieser recht verwirrenden Geschichte entwickelten sich die ›Antients‹ und die ›Moderns‹ dann friedlich nebeneinander.

Im Jahre 1799 wurde im Parlament ein Gesetzentwurf eingebracht, nach dem alle Vereinigungen, die einen staatlich nicht genehmigten Eid von ihren Mitgliedern forderten, für ungesetzlich erklärt werden sollten. Dadurch war der Weiterbestand der Freimaurerei ernstlich gefährdet. Die beiden Großmeister, der Earl of Moira, Progroßmeister der ›Moderns‹, und der Herzog von Atholl von den ›Antients‹, schritten gemeinsam beim Parlament dagegen ein und erreichten eine Ausnahmeverfügung für die Freimaurer.

Nun sollte es zur Vereinigung beider Großlogen kommen, die schon Dermott seinerzeit als Endziel vorgeschwebt hatte. Lord Moira setzte sich besonders dafür ein. 1809 wurde denn auch eine ›Lodge of Promulgation‹ gegründet, die sich später ›Lodge of Reconciliation‹ nannte; sie sollte die Basis für die Versöhnung schaffen. Nach mehrjähriger Arbeit war es soweit. Der Herzog von Atholl trat als Großmeister der ›Antients‹ zurück, an seine Stelle wählte man den Herzog von Sussex, den Bruder des Herzogs von Kent, der damals Großmeister der ›Moderns‹ war.

Die ›Moderns‹ waren nach kurzem Schwanken wieder zu der liberaleren Konzeption der Alten Pflichten von 1723 zurückgekehrt. Die ›Antients‹ dagegen hielten an einer von den Angehörigen der Hochkirche 1738 durchgesetzten, eingeengten Fassung der Pflichten gegenüber Gott und Religion fest. In den Einigungsverhandlungen siegte die konservative Auffassung der ›Antients‹. Am 27. Dezember 1813, dem Tag Johannis des Evangelisten, wurde in einer großartigen Versammlung, nachdem der Friede in den ›Articles of Union Between the two Grand Lodges of Freemasons in England‹ besiegelt worden war, die ›United Grand Lodge of England‹ geschaffen, mit einem Stand von insgesamt 544 Logen in England und 104 Auslandslogen.

In feierlicher Prozession hielten die beiden Großlogen in den Festtempel der Freemasons' Hall in London ihren Einzug: immer ein Würdenträger der ›Moderns‹ neben einem der ›Antients‹. Zum Schluß, Arm in Arm, die beiden Großmeister aus dem Königshaus, der Herzog von Sussex von den ›Antients‹ und sein jüngerer Bruder, der Herzog von Kent, von den ›Moderns‹. Unter Orgelklängen wurde die ›Ewige Union‹ von den beiderseitigen Großkaplänen, den Reverends Dr. Barry und Dr. Coghlan, verkündet und von der Versammlung mit lautem »So mote it be« aufgenommen. Hierauf erklärte der Herzog von Kent seine Großmeisterschaft für beendet und schlug den Herzog von Sussex als ersten Großmeister der Vereinigten Großloge vor. Die Wahl erfolgte einstimmig. Die Einigung hielt!

Seither entwickelt sich die englische Freimaurerei ständig aufwärts. Sie betrachtet sich als Hüterin der Tradition, hält zwar am Toleranzgedanken fest, läßt aber an den 1813 festgelegten Prinzipien nicht mehr rütteln.

Das zeigte sich beim Bruch mit dem ›Grand Orient de France‹. Die Engländer sehen im Glauben an den ›Allmächtigen Baumeister aller Welten‹ einen Grundstein des freimaurerischen Baues, ein ›Basic Principle‹, und konnten die Entfernung dieses Grundsatzes aus den Landmarken und damit auch die Aufnahme von Atheisten durch die französische Großloge nicht akzeptieren. Die Großlogen von Schottland und Irland, die mit der von England im Jahre 1814 einen ›International Compact‹ geschlossen hatten, vollzogen diesen Bruch nach, wie in der Folge fast alle Großlogen auf der ganzen Welt.

In England ist die Großloge eine beinahe amtliche Institution. Jedes wichtigere Geschehnis innerhalb der Logen wird in den Tageszeitungen verzeichnet, die führende Rolle spielen Mitglieder des königlichen Hauses; Georg VI. war Freimaurer und 1936/37 Großmeister von Schottland, und auch der Herzog von Edinburgh wurde in den Bund aufgenommen. Überfliegt man die Liste der Würdenträger, findet man neben Adel und Prominenz auch viele einfache Männer. Mitglieder verschiedener Konfessionen gehören den Logen an, und politische Meinungsverschiedenheiten spielen keine Rolle. Da jedes Thema, das bei einem Mitglied Anstoß erregen könnte, suspekt ist, spielen Pflege des Rituals, Vertiefung der Symbolik und karitative Betätigung die ausschlaggebende Rolle.

Der Engländer darf mehreren Logen gleichzeitig angehören; das begünstigt die Bildung von Logen aller Art. So gibt es Berufslogen, Logen von Abstinenzlern, von Rotariern, von Sammlern, von ehemaligen oder aktiven Pfadfindern, von Offizieren und Beamten bestimmter Kategorien, gemischtsprachige Logen, Logen für Engländer aus den Kolonien, andererseits Feldlogen für Truppenteile; der Lord-Mayor von London steht einer Loge für Beamte der Stadtverwaltung vor.

Daneben gibt es eine Blindenloge ›Lux in tenebris‹ und die ›Pilgrim Lodge‹ in London, die seit ihrer Gründung 1779 in deutscher Sprache arbeitet. Sie bildet mit anderen den Verband der ›Anglo Foreign Lodges‹.

Besondere Berücksichtigung verdienen die Forschungslogen, an ihrer Spitze die Loge ›Quatuor Coronati‹ No. 2076, die sich der freimaurerischen Forschung widmet, auf 40 aktive Mitglieder beschränkt ist, aber ihr Korrespondentennetz über die ganze Welt gespannt hat.

Der Zweite Weltkrieg hat zwar die Tätigkeit der Logen beeinträchtigt, aber nicht gelähmt. Einzelne Tempel wurden zerstört oder beschädigt, um so mehr widmete sich die englische Freimaurerei der Pflege der Wohlfahrt.

Die englische Großloge hat der Registerrolle nach die Zahl von 8000 Einzellogen überschritten; davon ca. 760 außerhalb des Mutterlandes. Die Zahl der englischen Brüder wird derzeit mit rd. 1,1 Millionen angegeben, über 300 000 allein im Großraum London. Großmeister ist der Duke of Kent, ein naher Verwandter der britischen Königin.

Irland

Die irische Freimaurerei dürfte aus alten Gilden hervorgegangen sein. So trägt ein Freimaurerstein in Dublin das Datum 1602. Schon früh bestand eine Beziehung zwischen Bristol und Dublin, und 1588 berichtet der erste Earl of Cork nach einer Reise durch Irland, er habe dort Werkmaurer getroffen, die Spezialsteine herstellten und nach England verschifften.

Zeitungen berichten bereits 1721 von einem Freimaurer-Meeting in Dublin, und 1725 wird zum ersten Mal eine Großloge von Irland erwähnt, die am Johannistag ein Essen abhielt, dem ein feierlicher Umzug und ein Einzug zu zeremonieller Arbeit in den Tempel folgte. Zum ersten Großmeister wurde damals der Earl of Ross gewählt. Daneben scheint sich 1726 in Munster eine zweite Großloge gebildet zu haben, die einen James O'Brian zum Großmeister wählte, sich aber 1731 wieder an die ältere Großloge anschloß.

Die von da an bestehende ›Großloge von Irland‹ basiert auf einem bereits 1728/29 durch John Pennell verfaßten, dem Andersonschen ähnlichen Konstitutionenbuch.

Die Großloge von Irland erteilte von 1713 bis 1789 nicht weniger als 707 Logen ›Warrants‹ oder ›Charters‹, darunter auch 1732 den ersten ›Warrant‹ für eine wandernde Militärloge. Eine 1804 veröffentlichte Liste führt 951 Logen auf, von denen aber 178 nicht mehr arbeiteten.

1740 kam es durch die Wahl zweier Großmeister zu einem vorübergehenden ›Schisma‹, das aber 1743 beigelegt werden konnte. In der ersten Hälfte des 19. Jahrhunderts stiftete ein gewisser Seton, der als Großsekretär seine Position zeitweise kommerzialisieren wollte, mancherlei Unruhe.

Mehrere Male wurden in Irland – nach kurzem stets wieder aufgehobene – Gesetze gegen freimaurerische Tätigkeit erlassen. Beim Entstehen des Freistaates Irland 1937 trennte sich die Großloge nicht. Mannigfaltig sind die irischen Logen im Ausland, darunter Provinzialgroßlogen in Neuseeland, Südafrika, der Kap-Provinz, Rhodesien und Natal. Heute verfügt die Großloge von Irland über 13 Provinziallogen mit 730 Logen im Mutterland und rund 100 außerhalb und rund 50000 Mitgliedern.

Auswärtige Logen gibt es in Australien, Bermuda, Ceylon, Ghana, Gibraltar, Hongkong, Indien, Jamaika, Kenia, Malaysia, Malta, Natal, Neuseeland, Nigeria, Rhodesien, Sambia, Singapur, Südafrika und Swasiland.

Schottland

Schottland hat eine sehr alte freimaurerische Tradition. Die ältesten Logen sind ›St. Mary's Chapel‹ in Edinburgh (seit 1599), ›Mother Kilwinning‹ (vor 1598), ›Melrose St. John‹ und ›Lodge of Aberdeen‹. Schon früh arbeiteten Werkmaurer in Gilden unter königlichem Protektorat. James II. gab deren Großmeisteramt dem Earl of Roslin als erbliches Amt. Diese Gilden hielten jährlich eine Versammlung in Kilwinning ab, und viele Logen fügten ihren Namen die Bezeichnung ›Kilwinning‹ hinzu.

1721 besuchte der Großmeister Desaguliers auf einer Reise durch Schottland viele Logen und hielt u. a. in Edinburgh eine Konferenz ab. 1727 wurde in der ›St. Mary's Chapel Lodge‹ der erste Nichtwerkmaurer zum Meister eingesetzt. 1735 unternahm die ›Canongate-Kilwinning Lodge‹ die ersten Schritte zur Gründung einer Großloge, die am 30. November 1736, dem Andreastag, in Edinburgh durch Abgeordnete von 34 schottischen Logen vollzogen wurde.

Seit jeher waren die Lords of Roslin die Schutzherren und Richter der Maurer von Schottland gewesen; so war auch William St. Clair of Roslin zu diesem Tag erschienen und hatte für sich und seine Erben Verzicht auf dieses Recht geleistet; ehrenhalber wählte man ihn zum ersten Großmeister.

Seither entwickelte sich die schottische Freimaurerei stetig und unauffällig.

1799 erschien ein Gesetz, das sich gegen Geheimgesellschaften richtete; es nahm die Freimaurerei ausdrücklich aus, doch mußten fortan die Namen der Logen wie deren Vorsteher sowie Tag und Ort der Versammlungen den zuständigen Behörden bekanntgegeben werden.

1815 wurde durch Dekret der Großloge ein beinahe 80 Jahre dauernder Streit beendet, den die Logen ›St. Mary's Chapel‹ und ›Kilwinning‹ um die Nr. 1 in der Logenrolle und damit um den Vorrang geführt hatten. (Die Matrikelnummern werden nach dem Anciennitätsprinzip vergeben.) Um die schon eingetretene Spaltung zu überwinden, traf man eine weise und in der Welt einmalige Entscheidung: ›Mother Kilwinning‹ mit der zwar urkundlich früheren Erwähnung, aber unterbrochener Geschichte, erhielt die Nr. 0, ›St. Mary's Chapel‹ mit dem ununterbrochenen Nachweis (vorhandene Protokollbücher seit dem 31.7.1599!) bekam die Nr. 1. So sind beide seitdem zufrieden.

1964 wurden 1013 Logen an 692 Orten mit 304587 Mitgliedern angegeben; darunter befanden sich allerdings 336 auswärtige Logen. 1961 trat die Großloge eine größere Anzahl von Logen an die neugegründete Großloge von Indien ab. 1968 wurden angeführt 1066 Logen, 655 im Mutterland und 411 außerhalb desselben. Schottische Logen bestehen u. a. in Australien, Bahamas, Bahrain, Barbados, Belgien, Bermuda, Birma, Brunei, Ceylon, Chile, Fidschi, Ghana, Gibraltar, Guyana, Hongkong, Indien, Island, Jamaika, Japan, Jordanien, Korea, Laos, Libanon, Malawi, Malaysia, Malta, Mauritius, Natal, Neufundland, Neuseeland, Nigeria, Oranje-Freistaat, Panama, Peru, Philippinen, Rhodesien, Sambia, Sierra Leone, Singapur, Südafrika, Swasiland, Tansania, Thailand, Transvaal, Trinidad und Uganda.

Die Großlogen von England, Irland und Schottland schlossen 1814 einen Allianzvertrag und treffen seither wichtige Entscheidungen, besonders in Anerkennungsfragen, im gegenseitigen Einvernehmen.

Nordamerika

In den Bundesstaaten der USA und den Provinzen Kanadas bestehen unabhängige Einzelgroßlogen, die – zusammen mit der York-Großloge von Mexiko – alljährlich einmal zu einer ›Großmeister-Konferenz von Nordamerika‹ zusammentreten. Jüngste dieser 62 Großlogen sind die 1981 verselbständigte ›Großloge von Alaska‹ und die 1989 gegründete Großloge von Hawaii.

Die wichtigste gemeinsame Einrichtung der nordamerikanischen Großmeisterkonferenz ist die ›Commission on Information for Recognition‹. Durch sie wird eine gemeinsame freimaurerische Außenpolitik der 62 Großlogen gewährleistet. Die zu den Vereinigten Großlogen von Deutschland gehörende ›American-Canadian Grandlodge‹ gehört der Konferenz als Vollmitglied an.

Auf dem heutigen Gebiet der USA wurde schon frühzeitig freimaurerisch gearbeitet; schottische, englische und irische Brüder brachten das Gedankengut mit. Logen wurden zuerst in den Häfen gegründet, in denen die Schiffe vom alten Kontinent landeten.

1704 war Jonathan Belcher aus Boston, der später als Gouverneur mehrerer Neuengland-Staaten eine große Rolle spielen sollte, in eine Londoner ›Society of Masons‹ aufgenommen worden.

1730 teilte Benjamin Franklin in seiner Zeitung Näheres über erfolgte Logengründungen mit, und die Loge in Philadelphia, in die Benjamin Franklin später aufgenommen wurde, gilt als erste amerikanische Loge.

Im gleichen Jahr, 1730, wurde von England aus ein Provinzialgroßmeister ernannt: Daniel Coxe, der vom Herzog von Norfolk ein Patent für New York, New Jersey und Pennsylvania erhielt. Diese erste Provinzialgroßloge Neuenglands ging aus der ›St. John's Lodge‹ in Boston hervor.

Die ›Antients‹ in England erteilten wenig Patente. Vier für New York City, zwei für Philadelphia und zwei für South Carolina. Die ›Moderns‹ waren dagegen großzügiger. Sie setzten vier Logen in Massachusetts ein, vier in Georgia, fünf in

Virginia, zwei in North Carolina, eine in Rhode Island, sechs in South Carolina, eine in Connecticut, eine in New York und eine in Maryland. Dazu kamen noch zwei Patente für Detroit. In Pennsylvania gab Benjamin Franklin bereits im Jahr 1734 Andersons Konstitutionenbuch, sinngemäß überarbeitet, heraus und wurde kurze Zeit darauf Großmeister. 1734 wurde auch die Befugnis von Coxe auf alle Logen in Nordamerika ausgedehnt. 1752 bildete sich in Boston eine neue Gruppe, die sich um ein Patent nach Schottland wandte; sie erhielt es auch 1756 unter dem Namen ›Lodge of St. Andrew‹ No. 182, und sie hatte ihren Sitz in der berühmten ›Green Dragon‹-Taverne in Boston, die oft als Hauptquartier des Befreiungskampfes bezeichnet worden ist.

Die Bruderschaft umfaßte damals von Maine bis Georgia 6000 Brüder in meist kleinen Logen, mit vornehmlich englischem, seltener schottischem Patent. Die ersten Logen wurden von den ›Moderns‹ gegründet, denen die ›Antients‹ folgten. In den Logen der ›Moderns‹ saßen meist die königlichen Gouverneure oder hohe Offiziere und Beamte, die den Bruch mit England nicht wünschten; in den Logen der ›Antients‹ dagegen fand man die Mehrzahl der für Unabhängigkeit Eintretenden, vornehmlich auch Kaufleute. In diesen Logen der ›Antients‹ wurde der Boden für die Unabhängigkeit vorbereitet.

Wenn aber Anhänger beider Richtungen in den Bauhütten zusammenkamen, versuchten sie, sich so brüderlich wie möglich zu begegnen.

1769 entstand die ›Massachussetts Grand Lodge‹, die ebenfalls in der ›Green Dragon‹-Taverne tagte. Großmeister dieser Großloge war Joseph Warren, der amerikanische General und Politiker. Er fiel 1775 in der Schlacht von Bunker Hill.

Viele Freimaurer spielten im amerikanischen Unabhängigkeitskampf eine Rolle: George Washington, Benjamin Franklin, James Otis, der zuerst die Menschenrechte vor Gericht verfochten hatte, Samuel Adams, der beim ›Bostoner Teesturm‹ von 1773 die ausschlaggebende Rede hielt, Alexander Hamilton, der als Mitglied der Legislative von New

York den Grundriß der Vereinigten Staaten entwarf, John Marshall, der höchste damalige Richter, und James Madison. Von Washingtons Generälen seien genannt: Nathaniel Greene, Lee, Sullivan, Lord Stirling, die beiden Putnam, der deutsche Baron Steuben, Lafayette, Montgomery, Jackson, Gist, Henry Knox, Ethan Allan und Paul Revere, der spätere Großmeister von Massachusetts; für Washington selbst war das freimaurerische Gedankengut Grundlage seines Wirkens. Als Befehlshaber der Armee umgab er sich sofort mit Brüdern, und wenn immer möglich, arbeitete man auch in Feldlogen.

Diese Feldlogen hatten die wichtige Funktion, die zusammengewürfelten Scharen der Freiheitskämpfer zu verbinden. Die berühmteste Feldloge war die ›American Union‹ No. I. Washington selbst erschien, so oft es ihm möglich war, in diesen Feldlogen.

Auch auf britischer Seite gab es eine Anzahl von Militärlogen, und es kam wiederholt vor, daß Freimaurer von Brüdern gefangengenommen wurden. Oft befand sich unter der Kriegsbeute auch das Eigentum englischer Freimaurer. Washington hatte Befehl erteilt, solches stets zurückzugeben.

Als die englische Feldloge Nr. 227 auf einem Rückzug ihre Konstitution und alle ihre Embleme zurücklassen mußte, ließ Washington diese durch einen Offizier und eine Ehrenwache zurückbringen. Im Augenblick, da diese Wache mit der weißen Fahne im britischen Lager erschien, empfing man sie mit militärischen Ehren. Ein englisches Regiment trat zur Parade an und präsentierte der vom Feinde kommenden Abordnung.

Damals waren 20 von 22 Generälen Washingtons Freimaurer, ebenso 104 von 106 Stabsoffizieren, die 13 Gouverneure der Gründerstaaten und Washingtons ganzes erstes Kabinett. Auch Jefferson und Monroe gehörten dem Bunde an.

Als nach der Räumung von Philadelphia durch die Engländer in der von Freimaurern gestifteten ›Independence Hall‹ der Generalkongreß der Kolonien wieder tagte, zog Washington am Fest des Evangelisten Johannes an der Spitze von 300 Brüdern in feierlicher Prozession zu einem maurerischen Wohltätigkeits-Gottesdienst in die Christuskirche. Bei seiner Einsetzung als Präsident der Vereinigten Staaten nahm ihm der Staatskanzler, der Großmeister der Großloge von New York, Livingston, den Eid auf die Bibel der ›St. John's Lodge‹ ab. Und als am 18. September 1793 der Grundstein zum Kapitol gelegt wurde, erschien Präsident Washington in der Bekleidung eines Ehrenmeisters seiner Loge.

Nach dem Unabhängigkeitskrieg erfolgte die stufenweise Umwandlung der Provinzialgroßlogen in die Großlogen der Bundesstaaten, wie sie heute bestehen.

Zu Beginn des 19. Jahrhunderts gab es eine ernsthafte Krise für die amerikanische Freimaurerei. 1826 entstand das Gerücht, ein gewisser William Morgan wolle ein Buch über die Freimaurerei herausgeben und darin alle Lehren, Erkennungszeichen, Rituale und Symbole darstellen. Ungeachtet der Tatsache, daß seit Prichards ›Masonry Dissected‹ immer wieder solche Schriften erschienen waren, erhob sich große Aufregung, und einige Eiferer beschlossen, Morgan zu entführen, was offenbar auch gelang. Man brachte ihn auf den Weg nach Fort Niagara in Kanada, aber unterwegs verschwand er; 1831 tauchte er angeblich in Smyrna wieder auf und soll später in Italien eines natürlichen Todes gestorben sein.

Den Freimaurern wurde daraufhin aber in die Schuhe geschoben, sie hätten ihn ermordet, und als gar noch eine zunächst nicht identifizierte Leiche an Land getrieben wurde, gab das den Gerüchten zusätzlich Auftrieb. Die Entführer erhielten Gefängnisstrafen, eine antifreimaurerische Woge rollte durch das ganze Land, gespeist aus den verschiedensten Quellen.

Dies veranlaßte viele Brüder, ihren Austritt aus den Logen zu erklären. Die Großloge von New York etwa zählte 1827 277 Logen; davon blieben 1835 nur mehr 41.

Doch auch hier schlug nach einiger Zeit das Pendel wieder auf die andere Seite aus; Präsident Andrew Jackson trat sehr entschieden für die Freimaurerei ein, und 1838 begann ein neuer Aufschwung.

Heute stellen die amerikanischen Logen mit über vier Millionen Brüdern das größte Kontingent der Freimaurer überhaupt. Versuche, eine Nationalgroßloge zu gründen, scheiterten allerdings. Die jährlichen Großmeisterkonferenzen ermöglichen jedoch eingehenden Informationsaustausch.

Die Großlogen unterhalten gemeinsam auch die ›Masonic Service Association‹, eine humanitäre, aber nicht übergeordnete Vereinigung, die vor allem nach den beiden Weltkriegen große Bedeutung erlangte. Hilfsaktionen für die notleidenden europäischen Brüder sind unvergessen.

Ein großer Teil des freimaurerischen Lebens spielt sich in den USA in der Öffentlichkeit ab. An amerikanischen Paraden nehmen die Freimaurer oft in großer Zahl, bekleidet mit dem Schurz, teil. Grundsteinlegungen für Schulen, Tempel und Spitäler werden nicht selten in freimaurerischer Form vorgenommen, und freimaurerische Gottesdienste finden in den Gotteshäusern der verschiedenen Konfessionen statt, wie man vom einzelnen Freimaurer auch erwartet, daß er gewisse Festtage in den Kirchen mitfeiert.

Die nordamerikanische Freimaurerei wirkt nicht im verborgenen, sondern nimmt auch gelegentlich zu wichtigen Fragen Stellung. So hat sich die Mehrheit der amerikanischen Großlogen scharf gegen die Tätigkeit des Ku-Klux-Klan gewandt, nicht zuletzt, weil diese Vereinigung in krassem Gegensatz zum Prinzip der Toleranz steht.

Nicht wenige amerikanische Präsidenten gehörten einer Loge an, so Madison, Monroe, Jackson und in der letzten Zeit McKinley, T. Roosevelt, Taft, Harding, F.D. Roosevelt, Truman und Gerald Ford.

So bildet das amerikanische Freimaurertum nicht nur das zahlenmäßig stärkste Glied der Weltbruderkette, es stellt zugleich eine offene Bewegung mit anerkannten Zielen dar, streng auf dem Boden der Verfassung und ohne jede Geheimnistuerei. Es ist ein Faktor im Leben der Gesellschaft.

Frankreich

Die Freimaurerei griff von England auch auf Frankreich über. Hier fand sie allerdings ganz andere Voraussetzungen. Nach dem autokratischen Regime Ludwigs XIV. herrschte nun Ludwig XV., noch ein Kind, ebenfalls absolutistisch. Die Macht der Kirche war ungebrochen, die Aristokratie größtenteils geistig uninteressiert, und die Staatsschulden wuchsen durch Mißwirtschaft. Von Gleichheit der Menschen konnte nicht die Rede sein, und die Vorbedingungen für das Gedeihen eines humanitären Bundes waren ungünstig. So trat denn zunächst der Adel in die Logen ein, aber meist aus anderen Gründen, als sich zum Bannerträger freimaurerischen Gedankenguts zu machen; immerhin schützte die Zuwahl hoher Adliger gelegentlich vor bald einsetzenden polizeilichen Verfolgungen. Aber die geistige Entwicklung der Logen ging nur sehr langsam vor sich.

Hier entwickelte sich schon der grundsätzliche Unterschied zwischen angelsächsischer und romanischer Freimaurerei. In England konnte die Freimaurerei in vollem Frieden mit Staat und Staatskirche eine ruhige Entwicklung nehmen; in den romanischen Ländern dagegen mußte sie meist gegen den Einfluß der katholischen Kirche kämpfen, die nicht nur durch ihre Bullen gegen die Bruderschaft vorging, sondern auch immer wieder versuchte, die staatlichen Institutionen zu Maßnahmen gegen den Bund zu veranlassen.

Dies führte dazu, daß in manchen romanischen Ländern politische und religiöse Fragen eine Rolle in den Logen gespielt haben. Die Freimaurerei befand sich in diesen Ländern in Abwehr, und sie reagierte anders als dort, wo der Bund in Harmonie mit Staat und Gesellschaft stand.

Die ersten Logen in Frankreich wurden entweder durch Patente der Großloge von England oder aber durch in Frankreich im Exil lebende Anhänger des schottischen Thronprätendenten Charles Stuart gegründet.

1725 existierte in Paris eine von Lord Derwentwater gegründete Loge ›St. Thomas‹. 1732 sollen in Bordeaux englische Seeoffiziere eine Loge ›L'Anglaise‹ gegründet haben; in eben diesem Jahr wurde nachweisbar am 3. April in Paris eine Loge gegründet und als ›1732 No. 90 Kingshead at Paris‹ in die Londoner Matrikel eingetragen. 1733 entstand in Valenciennes oder Mons eine Loge ›La Parfaite Union‹, endlich im Jahr 1735 unter dem Herzog von Richmond und Aubigny eine dritte französische Loge im Schloß Aubigny.

Diese drei nachweisbaren französischen Logen errichteten 1736 in Paris eine erste Großloge, zunächst als englische Provinzialloge, die sich aber bereits nach wenigen Jahren für unabhängig erklärte, da ihr England nicht die Anerkennung als ›Großloge von Frankreich‹ gewähren wollte. 1743 nannte sie sich ›English Grand Lodge of France‹, aber nur der Abstammung wegen, ohne Unterstellungsverhältnis. 1772 fand die Gründung des ›Grand Orient de France‹ durch Brüder statt, die sich von der ›Grande Loge‹ abgespalten hatten. 1773 gelang es, eine Einigungsversammlung einzuberufen, die feierlich die ›Grande Loge de France‹ auflöste und eine ›Grande Loge Nationale‹ proklamierte, aus der später der ›Grand Orient de France‹ entstand; daneben arbeitete eine Anzahl von Logen als ›Grande Loge de Clermont‹. Diese war zunächst vor allem auf dem Lande sehr aktiv, wurde dann allerdings während der Französischen Revolution langsam aufgesogen.

Nun kam ein neuer Geist in die Logen. Dafür sprechen einige Namen von Brüdern: der Enzyklopädist d'Alembert, der Dichter André Chenier, Beaumarchais, Diderot, Danton, Benjamin Franklin (damals Gesandter der 13 nordamerikanischen Staaten in Frankreich), der Maler Greuze, Helvetius, der Bildhauer Houdon, Baron Holbach, der Astronom Lalande, Lafayette, Masséna, Montesquieu, La Rochefoucauld, der Abbé Siéyès, Anwalt des dritten Standes, Talleyrand und Voltaire. Die Freimaurerei wurde so zu einem Sammelort vieler Geistesströmungen des 18. Jahrhunderts und verbreitete ihr Gedankengut unter den Spitzen der Bourgeoisie des Landes, in einem Teil des Adels, aber auch unter den vielen Klerikern, die im freimaurerischen Streben nichts sahen, was dem christlichen Glauben zuwiderlief.

Wenn auch in dieser Zeit mutige Freimaurer gegen Ausschreitungen der Justiz auftraten, ist doch festzuhalten, daß alle die Forscher, die die Freimaurerei bezichtigen wollten, durch Komplotte die nahende Revolution gefördert zu haben, dafür keinerlei Beweise gefunden haben. Sicher wollte man neuen Grundsätzen zum Durchbruch verhelfen; in den Logen wurden die Menschen- und Bürgerrechte formuliert, und in den Generalständen hatten die Freimaurer in großer Zahl Sitz und Stimme. Nie wurde aber daran gedacht, das Regime gewaltsam zu beseitigen. Die revolutionären Ereignisse führten sogar in der Folge zum zeitweisen Untergang der Freimaurerei in Frankreich. Erst im Jahre 1793 gelang es, einige Logen zu reaktivieren, aber gerade in diesem Jahr legte der Herzog von Chartres sein Amt als Großmeister mit der Begründung nieder, der freimaurerische Freiheitsbegriff sei ihm zu unklar definiert.

1795 wurde Roettiers de Monteleau, nach seiner Entlassung aus dem Kerker, zum Großmeister des ›Grand Orient‹ gewählt, und er vermochte im Jahre 1799 die Fusion mit der wiedererstandenen ›Grande Loge de France‹ herzustellen und damit neuerlich die Einheit der französischen Freimaurerei herbeizuführen.

Langsam füllten sich die Bauhütten wieder, und neben den Überlebenden aus der frühen Logenzeit waren es nun die Kreise um Napoleon, die sich in den Bund aufnehmen ließen. Napoleons angebliche Zugehörigkeit zum Freimaurerbund ist allerdings höchst umstritten, jedoch delegierte er in die Loge seine Brüder Joseph, Lucien, Louis und Jerôme, seinen Stiefsohn Beauharnais, den Erzkanzler Cambacérès, dessen ›Projekt de Code Civil‹ später die Grundlage für den ›Code Napoléon‹ bildete, sowie auch die meisten seiner Marschälle.

Auf der einen Seite bestand damals der ›Grand Orient de France‹. Er bildete die zeitlich älteste und auch heute noch stärkste französische Gruppe der Freimaurerei. Bis zum Jahre 1849 stand in seiner Verfassung keine Bestimmung, die als Voraussetzung zur Aufnahme den Glauben an einen persönlichen Gott und die Unsterblichkeit der Seele verlangte. Erst damals entschloß man sich, um den ständigen Anwürfen der Religionsfeindlichkeit zu begegnen, eine solche Bestimmung in die Verfassung aufzunehmen, so daß die neuerliche Streichung dieser religiös-dogmatischen Bindung im Jahre 1877 eigentlich nur eine Rückkehr zum alten Zustand bedeutete.

Daneben existierte der ›Suprême Conseil‹. Diese Behörde gründete bis in die Zweite Republik hinein laufend symbolische Logen, von denen noch etwa 40 unter der Jurisdiktion der heutigen ›Grande Loge de France‹ stehen. Außerdem setzte man 1822 eine ›Grande Loge Centrale‹ ein, die später in der ›Grande Loge de France‹ aufging. Napoleon bevorzugte den ›Grand Orient de France‹.

Die Entwicklung nahm sonst einen ruhigen Verlauf; unter dem Eindruck der Revolution von 1848 entstand eine ›Grande Loge Nationale de France‹, die sich aber 1851 wieder auflöste. Befürchtungen, der neue Präsident, der spätere Napoleon III., werde sich gegen die Freimaurerei stellen, erfüllten sich nicht.

Damals traten u. a. Emanuel Arago und Léon Gambetta bei; 1871 schaffte man das Großmeistertum ab und ersetzte es durch einen ›Conseil de l'Ordre‹ mit jährlich wechselndem Präsidenten.

Der ›Grand Orient de France‹ nahm dann 1877 auf Vorschlag des protestantischen Pastors Frédéric Desmons, der später Großmeister wurde, einen Passus in seine Verfassung auf, der den Glauben an Gott und die Unsterblichkeit der Seele nicht mehr zur Voraussetzung der Aufnahme machte; auch wurde die Bibel in den Logen zum Teil durch ein Buch mit weißen Blättern ersetzt. Diese Maßnahme, die im Sinne absoluter Gewissensfreiheit jedes Mitglied vom Bekenntnis zu einem bestimmten Glauben befreien wollte, rief den schärfsten Widerspruch der Großloge von England hervor, die seither den ›Grand Orient‹ nicht mehr anerkennt. Daher ist auch eine Vereinigung aller französischen Freimaurer zur Zeit kaum denkbar. Man hat dem ›Grand Orient de France‹ vielfach Beschäftigung mit der Politik während der Dritten und Vierten Republik vorgeworfen. Die meisten Logen arbeiten nach dem französischen Ritus (weißes Buch), etwa 20 nach dem Alten und Angenommenen Schottischen Ritus.

Deutsche Freimaurer weisen gern darauf hin, daß es der ›Grand Orient de France‹ war, der nach 1945 zuerst die brüderliche Hand nach Deutschland ausstreckte.

Die ›Grande Loge de France‹ hatte vor dem Zweiten Weltkrieg 238 Logen mit 14000 Brüdern; 1957 wurden nur noch 218 Logen mit rund 8850 Brüdern angegeben, was auf die Verbotszeit während des Krieges und den Verlust Indochinas zurückzuführen ist. Neueste Mitgliederzahl: 19000 Brüder in 390 Logen.

Die ›Grande Loge de France‹ anerkennt das Symbol des Allmächtigen Baumeisters aller Welten und die drei großen Lichter der Freimaurerei. Einige Logen arbeiten nach dem Rektifizierten Schottischen Ritus, eine arbeitet nach dem York-System.

Während der Kriege und danach bot die ›Grande Loge de France‹ vielen Logen im Exil und den exilierten Freimaurern vieler Völker gastliche Aufnahme. So arbeiteten unter ihrem Schutz 1923 rund 600 russische Brüder, später Spanier und, zur Zeit des Nationalsozialismus, Deutsche, Italiener, Rumänen, Polen und Jugoslawen im Exil, und zwar alle in ihrer Muttersprache.

Die ›Grande Loge de France‹ hat keinen offiziellen Verkehr mit der von England anerkannten ›Grande Loge Nationale Française‹, hatte aber häufige Kontakte mit dem ›Grand Orient‹, mit dem sie durch einen Freundschaftsvertrag verbunden war, der inzwischen aber aufgekündigt ist. Während es ihren Logen bis vor einigen Jahren freigestellt blieb, auch weiße Bücher aufzulegen, ist später das Auflegen der Bibel wieder zur Pflicht gemacht worden, und auch von den politischen Aktivitäten des ›Grande Orients‹ distanziert sich die ›Grande Loge‹ seit einigen Jahren entschieden. Gäbe es nicht auch den Grundsatz, in einem Land nur eine ›Obedienz‹ anzuerkennen, hätte heute die ›Grande Loge de France‹ alle Aussicht, als zweite reguläre Großloge in Frankreich anerkannt zu werden.

Die ›Grande Loge Nationale Française‹ wurde 1913 gegründet, und zwar durch zwei Logen des ›Grand Orient‹.

Als der ›Grand Orient‹ 1913 neue Rituale einführte, trat

diese Gruppe mit der Loge ›L'Anglaise‹ aus ihm aus, erbat und erhielt von der Großloge von England ein Patent, und beide Logen gründeten im selben Jahr zusammen die ›Grande Loge Nationale Française‹, deren Konstitution vom 4. November 1913 datiert ist. Noch 1914 wurde unter der Nr. 3 die ›St. George‹-Loge in Paris gegründet, die nach englischem Ritual arbeitet. Nach kriegsbedingter Unterbrechung der Arbeit folgten 1918 fünf Neugründungen. Aber 1923 ging die Loge ›L'Anglaise‹ wegen eines rigorosen Besuchsverbotes zur ›Grande Loge de France‹ über.

Seit Kriegsende nahm, von der Großloge von England unterstützt, die ›Grande Loge National Française‹ einen starken Aufschwung, und zahlreiche Logen sind vom ›Grand Orient‹ und der ›Grande Loge de France‹ zu ihr übergetreten. Sie nimmt nur streng nach den ›Alten Pflichten‹ Logen auf und erteilte nach 1945 zahlreiche neue Patente.

Heute ist die ›Grande Loge Nationale Française‹ nach Provinzen mit zum Teil eigenen Namen gegliedert, und zwar: Aquitanien, Austrasien, Flandern, Neustrien und Provence. Sie steht als einzige Großloge mit den drei britischen Großlogen in Verbindung und gilt als einzige reguläre Großloge Frankreichs. 1964 wurden 83 Logen mit 3500 Mitgliedern angegeben; inzwischen ist die Zahl der Logen auf 210 mit 9000 Mitgliedern gestiegen.

Die drei freimaurerischen Großlogen in Frankreich arbeiteten bis zum deutschen Einmarsch 1940 nebeneinander. Das Vichy-Regime löste 1940 alle Logen auf, zog deren Vermögen ein und versteigerte ihren Besitz.

1943 machte Giraud in Nordafrika die Gesetze gegen die Freimaurerei wieder rückgängig, und nach der Befreiung geschah im französischen Mutterland dasselbe. Alle drei Großlogen nahmen danach ihre Arbeit wieder auf. Zur Unübersichtlichkeit der Freimaurerei in Frankreich trägt noch eine vierte, zahlenmäßig unbedeutende Gruppierung mit dem Zusatz ›Opera‹ bei, die sich vor einigen Jahren abgespalten hat.

Ohne Aussicht auf eine Einigung (etwa nach deutschem Modell) existieren heute in Frankreich nebeneinander:

- die reguläre und anerkannte ›Grande Loge Nationale Française‹ mit rund 9000 Mitgliedern,
- die regulär arbeitende, aber nicht anerkannte ›Grande Loge de France‹ mit etwa 19 000 Mitgliedern,
- der irreguläre ›Grande Orient de France‹ – politisch einflußreich, links orientiert – mit rund 22 000 Mitgliedern.

Italien

Die Geschichte der Freimaurerei in Italien ist unübersichtlich. In einem Teil des heutigen Staates regierten die Päpste, die unter Androhung der Exkommunikation die von Haus aus religiösen Italiener von freimaurerischer Tätigkeit abzuhalten versuchten; dazu wurde das Land erst verhältnismäßig spät geeinigt, und da Cavour und Garibaldi Freimaurer waren, wurden der italienischen Freimaurerei oft politische Umtriebe vorgeworfen. Endlich kam es gerade in Italien zur ersten großen Auseinandersetzung zwischen einer Diktatur, dem Faschismus, und der Freimaurerei.

1733 erteilte nach traditioneller Überlieferung Lord Sackville, Herzog von Middlesex, ein Patent für die erste Loge auf italienischem Boden an der Via Maggio in Florenz unter der Leitung von Lord Henry Fox Holland. In rascher Folge wurden weitere Logen in Pisa, Livorno, Siena und Perugia, 1735 auch in Rom eröffnet; letztere mußte allerdings auf päpstlichen Druck schon 1737 ihre Pforten schließen. Darüber hinaus entsandte Papst Clemens XII. einen Inquisitor in die Toskana; diesem war allerdings dank der positiven Haltung des Herzogs Franz-Stephan zur Freimaurerei kein Erfolg beschieden. So konnten sich weitere Logen in Mailand, Verona, Turin und Padua bilden, und 1739 bestimmte England sogar einen Provinzialgroßmeister für Savoyen und Piemont.

Die Bulle ›Providas‹ von 1751 führte zu einem – allerdings wenig beachteten – Verbot der Freimaurerei in Neapel. Dort entstanden von 1754 bis 1762 mehrere Logen, 1764 wurde sogar eine Große Landesloge gegründet, die sich aber 1790 wieder auflöste. Daneben arbeiteten mehrere Logen unter der Großloge von England.

In Oberitalien ließen sich auch französische Logen nieder, die, von Stuart-Anhängern gegründet, das System der ›Strikten Observanz‹ einführten.

Von 1787 bis 1789 bestand in Rom wiederum eine Loge, und von 1799 ist noch ein Diplom der Loge ›Amour de la patrie‹ von Mailand bekannt. Sonst entwickelten sich aber alle Logen nur langsam.

Erst der französische Einmarsch im Jahr 1801 führte zu Wiederbelebung und Reorganisation. In Mailand wurde 1801 eine Loge errichtet, während sich in Mantua ein eigentliches freimaurerisches Zentrum bildete. 1809 entstand unter Joachim Murat, dem König von Neapel, ein ›Großorient‹ für Neapel; ein anderer, in Mailand, wurde von Eugène Beauharnais geleitet. Daneben arbeiteten in Piemont, Toskana und Rom auch einige Logen unter dem ›Grand Orient de France‹, so 1810 in Rom die Loge ›Marie Louise‹.

Mit Napoleons Sturz hatte diese Tätigkeit wieder ein Ende, es folgte eine neue Zeit der Verbote und Verfolgungen.

In der Folge bildeten sich zuerst in Süditalien Bewegungen mit radikalen politischen Tendenzen, darunter als radikalste die Carbonari.

Es ist oft versucht worden, die Carbonari mit der Freimaurerei in Zusammenhang zu bringen, doch ist dies nie gelungen. Auch muß festgestellt werden, daß die Freimaurerei zwar allgemein ideelle und liberale Ziele verfolgte, sich aber nie mit Bünden zusammengetan hat, die einen aktiven politischen Kampf führen wollten. Zwar gab es Freimaurer, die auch den Carbonari angehörten, wie Mazzini, und der allgemeine Anteil der italienischen Freimaurer am Risorgimento, der Einigungsbewegung, muß betont werden, denn die Logen trugen mit dazu bei, das Gefühl für nationale Einheit und Freiheit für ein größeres Italien zu wecken.

Dazu nur ein Beispiel: Wir lesen über den Zug Garibaldis nach Marsala 1860 in einer Schrift Buscalionis:»Der Zug der Tausend wurde von Bruder Mazzini inspiriert, von den Brüdern Crispi, Bertani und Lafarina ausgearbeitet. Man fuhr auf zwei Schiffen, die der Freimaurer Fauché zur Verfügung gestellt hatte; die Geldmittel hatten die Brüder Lafarina und C. M. Buscalioni beigesteuert. Befehlshaber war Br. Garibaldi, sein Unterführer Br. Brixio, und auch ihre Offiziere und Freiwilligen waren zum Großteil Freimaurer. Insgeheim wurden sie von Br. Cavour unterstützt ... Diese legendär anmutende heroische Expedition, die in der Geschichte nicht ihresgleichen hat, bedeutet für die italienische Freimaurerei eines ihrer größten Ruhmesblätter.«

1862 wurde im Zuge des Risorgimento in Turin unter Negra eine neue Großloge mit 20 Logen gegründet. An einem Kongreß in Turin 1864 nahmen 70 Logen teil. Die Oberleitung der Freimaurerei wurde dem ›Grande Oriente d'Italia‹ übertragen. Sitz war Turin und Großmeister Garibaldi, der aber bereits nach einem Jahr zurücktrat.

1867 existierten vier Großlogen: Mailand mit acht Logen, Florenz mit 139, Palermo I mit 39 Logen und Palermo II, deren Logenzahl nicht bekannt ist. Auf einem Kongreß in Florenz waren 1889 bereits 150 Logen vertreten.

Das Jahr 1870 brachte die Einigung Italiens; alle freimaurerischen Gruppen: 1. Sizilien-Neapel, 2. Toskana-Florenz, 3. Genua, 4. Lombardei-Mailand, 5. Venedig, 6. Cisalpine Republik, 7. Sardinien-Piemont-Savoyen, wurden zusammengeschlossen. Der ›Großorient‹ verlegte seinen Sitz nach Rom, Giuseppe Mazzini wurde Großmeister. Eine Konstituante wurde einberufen, die die Weisung zur Einigung gab; 1875 war die Einigung erreicht.

Beim Begräbnis Mazzinis am 17. März 1882 sah Rom zum ersten Mal die freimaurerischen Banner in seinen Straßen; in feierlichem Trauerzuge bewegten sich die Mitglieder des ›Großorients‹ von Italien von der Piazza del Popolo zum Friedhof. 1901 konnte die italienische Freimaurerei den Palazzo Giustiniani zu ihrem Sitz bestimmen, in dem sie noch heute residiert. 1908 kam es wieder zu einem ›Schisma‹, über dessen Entstehung verschiedene Meinungen zirkulieren. Ein Bruder Féra scheint sich durch eine gegen ihn ausgegangene Wahl so gekränkt gefühlt zu haben, daß er eine Spaltung hervorrief. Er warf dem ›Grande Oriente‹ vor, atheistisch eingestellt zu sein und eine Partei bilden zu wollen. Féras Gruppe

gründete am 21. März 1910 die ›Serinissima Grande Loggia d'Italia‹ mit Sitz an der Piazza del Gesù.
In sich gespalten, erlebte die italienische Freimaurerei den Sieg des Faschismus. Am 22. Oktober 1922 fand der ›Marsch auf Rom‹ statt.

Bereits vor dem ›Marsch auf Rom‹ war vom ›Grande Oriente‹ betont worden, daß die Freimaurerei nie eine Partei sein könne, sondern im Interesse des vaterländischen Gedankens über den Parteien stehen müsse. Diese Stellungnahme befriedigte naturgemäß Mussolini nicht; schon am 13. Februar 1923 wies er die Faschisten an, sich zwischen der Zugehörigkeit zur Freimaurerei und der zur faschistischen Partei zu entscheiden. Die Freimaurer Balbo, Rossi und Acerbo traten daraufhin aus dem Bunde aus. Torrigiani, der Großmeister des ›Grande Oriente‹, erklärte, daß er für Freiheit und Vaterland und gegen jede Gewalt sei; auch seiner Meinung nach seien allerdings Faschismus und Freimaurerei unvereinbar.

In den folgenden Monaten setzte eine gezielte Aktion gegen die Freimaurerei ein. Brüder wurden angegriffen, Logengebäude in Brand gesteckt und Bibliotheken zerstört, besonders in Florenz. Proteste fruchteten nichts, im Gegenteil, die Faschisten wurden angewiesen, dem Regime nicht ergebene Freimaurer anzuzeigen. Der Staat dehnte zusätzlich das Verbot der Zugehörigkeit zur Freimaurerei auch auf alle nichtfaschistischen Beamten aus. Nun wies auch der ›Grande Oriente‹ von sich aus die Brüder an, sich für eine der beiden Seiten zu entscheiden.

Am 10. Januar 1925 erschien das sogenannte Anti-Freimaurergesetz. Es richtete sich nominell gegen alle Geheimgesellschaften und verpflichtete dieselben, Gründungsakte, Satzungen und Namen der leitenden Mitglieder den Behörden bekanntzugeben; bei scharfer Strafandrohung mußte im übrigen auf Anfrage Auskunft über die laufende Tätigkeit erteilt werden.

Mussolini rechtfertigte damals das Gesetz in einem Interview mit der interessanten Begründung, in England, Amerika und Deutschland sei die Freimaurerei eine wohltätige

Institution, in Italien dagegen hoch politisch und geheim, auch in irgendeiner Form vom ›Grand Orient de France‹ abhängig und damit vaterlandsfeindlich gesinnt.

Manche Logen stellten daraufhin ihre Tätigkeit ein. Der Großorient versammelte sich am 6. September 1925 in Rom und wählte Torrigiani für weitere sechs Jahre zum Großmeister; er wurde bevollmächtigt, die Logen aufzulösen. Als man sah, daß das Gesetz, wenn auch anfänglich mit Schwierigkeiten, im Parlament durchgehen würde, wies er die Logen an, sich aufzulösen. Nur ein durch Zuwahl auf 22 Personen vergrößerter Großbeamtenrat blieb, gewissermaßen als Träger der Flamme, bestehen.

In der Absicht, die Freimaurerei auch moralisch zu diskreditieren, ließ Mussolini den sogenannten Capello-Prozeß abrollen. Capello, einer der bekanntesten italienischen Heerführer des Ersten Weltkriegs und Teilnehmer des Marsches auf Rom, hatte sich, vor die erwähnte Wahl gestellt, für die Freimaurerei entschieden; zudem äußerte er sich kritisch über den Mord der Faschisten an dem sozialistischen Abgeordneten Giacomo Matteotti. Das vergaß ihm Mussolini nicht, und als am 4. November 1925 Zaniboni einen mißglückten Anschlag auf Mussolini verübte, stellte ein Lockspitzel die Behauptung auf, daß eine Verbindung zwischen Zaniboni, Capello und der Freimaurerei bestünde. Der Prozeß wurde, da die Anklage sich auf wenig beweiskräftiges Material stützen konnte, mehrfach verschoben; Capello wurde schließlich zu 30 Jahren Gefängnis verurteilt, obwohl man ihm nichts nachweisen konnte.

Diese Aktion gab aber die Möglichkeit, alle Besitzungen der Freimaurer in Italien nach Material zu durchsuchen, dabei Namenslisten in die Hand zu bekommen und dieselben zu gebrauchen. Endlich wurde, sozusagen als Quittung für das Attentat, der Palazzo Giustiniani gestürmt, nicht mehr freigegeben und im Januar 1926 durch Gesetz als historisches Gebäude dem staatlichen Besitz einverleibt. Der Großmeister Torrigiani selbst wurde verhaftet und auf die Liparischen Inseln verbannt, von wo er nur noch zurückkehrte, um zu sterben.

Palermi andererseits, als Führer der Freimaurer-Gruppe ›Grande Loggia‹ des Palazzo Gesù, versuchte zunächst, sich mit Mussolini zu arrangieren, und entwarf neue maurerische Prinzipien, nach denen ein Italiener zuerst Italiener und dann Freimaurer zu sein hatte. Mussolini akzeptierte anfänglich pro forma diese Prinzipien. In der Folge versuchte Palermi, die vaterländische Gesinnung des ›Grande Oriente‹ als zweifelhaft anzuprangern; ein Kongreß der Mitglieder der ›Grande Loggia d'Italia‹ setzte ihn aber daraufhin ab und stieß ihn aus; die Mehrzahl der Dissidenten schloß sich dem ›Grande Oriente‹ an.

Daraufhin löste Palermi seine ›Grande Loggia‹ auf und gründete einen ›Ordre National Italien de Culture et de Bienfaisance St. Jean d'Ecosse‹. Während der faschistischen Zeit blieb er damit auch einigermaßen unbehelligt.

Nach dem Zusammenbruch des Regimes 1943 haben sich wiederum zwei Gruppen gebildet, allerdings mehr durch die Ereignisse bedingt; sie stimmten in ihren Grundprinzipien überein: Ritualpflege, keine Politik, Erfüllung der Bürgerpflichten. Bis zum Februar 1946 kamen beide Gruppen wieder miteinander in Kontakt; mit Laj als Großmeister fand, nicht zuletzt unter dem Einfluß einer amerikanischen Kommission, die die freimaurerischen Verhältnisse in Italien ergründen sollte, 1949 eine Einigung statt.

Aber noch existierte eine Splittergruppe in Bari, die sich unter den Wechselwirkungen des Krieges gebildet hatte, und Reste der ehemaligen ›Grande Loggia‹ Palermis stellten ebenfalls Ansprüche auf Anerkennung. Nach langwierigen Verhandlungen kam es 1960, unter dem starken Einfluß einer neuerlichen amerikanischen Verhandlungsdelegation, zur vorderhand endgültigen Beilegung aller Streitigkeiten.

Am 24. April 1960 schlossen sich die beiden Großlogen zusammen. Man anerkannte die Bibel als ›großes Licht‹ bestätigte feierlich den Glauben an den Allmächtigen Baumeister aller Welten und erließ eine Proklamation für Freiheit und gegen Diktatur. Für den ›Grande Oriente‹ unterfertigte Cipollone, für die ›Grande Loggia‹ Bellorio; aus den Wahlen ging als Großmeister Tron hervor.

Derzeit arbeiten unter dem ›Grande Oriente d'Italia‹ 400 Logen mit 15000 Mitgliedern; vier Logen in Bozen und Meran arbeiten in deutscher und italienischer Sprache; sechs Logen arbeiten in englischer Sprache; zwei Bauhütten bestehen in Mogadischu (Somalia). Weitere 8000 Mitglieder arbeiten in 200 Logen, die nicht dem ›Grande Oriente‹ unterstellt sind.

Der uneinheitliche Zustand der Freimaurerei in Italien wurde schlagartig einer breiten Öffentlichkeit bekannt, als es 1981 zum sogenannten ›P2‹-Skandal kam.

Am Dienstag, dem 26. Mai 1981, trat in Italien die Regierung unter dem Ministerpräsidenten Forlani zurück. Die 40. Nachkriegsregierung der italienischen Republik kam, wie manche vor ihr, über einen öffentlichen Skandal zum Sturz. Neu an diesem Skandal war allerdings, daß er durch eine sogenannte ›geheime Freimaurerloge‹ unter dem Tarn-Kürzel ›P2‹ ausgelöst worden war. Der ›Freimaurer-Skandal‹ oder ›Logen-Skandal‹ beschäftigte im Mai und Juni des Jahres 1981 in aller Welt die Medien, gab zu den abenteuerlichsten Spekulationen Anlaß und ließ selbst Blätter, die auf journalistische Reputation Wert legen, wie z. B. das zum Springer-Konzern gehörende ›Hamburger Abendblatt‹, zuweilen alle guten Regeln vergessen. Da hieß es am 29. Mai auf Seite 1 unter der Überschrift »Forlani soll neue Regierung bilden« kurz und bündig: »Das vorige Kabinett Forlani war wegen des Skandals um die kriminelle Freimaurerloge ›P2‹ zurückgetreten.«

Als der Großmeister der Vereinigten Großlogen von Deutschland noch am selben Tag der Redaktion vorhielt, man sei hier von der guten Gepflogenheit abgewichen, selbst zweifelsfrei erkannte Straftäter so lange als ›mutmaßlich‹ zu bezeichnen, wie sie nicht rechtskräftig verurteilt seien, entschuldigte man sich mündlich, und anderntags hieß es dann auch in einem größeren Bericht des gleichen Blattes aus Rom: »Der ›P2‹-Skandal hat die Phantasie aller jener Italiener angeregt, die schon seit Jahren überzeugt davon waren, daß es irgend jemanden geben müsse oder irgendeine geheimnisvolle Organisation, die schuld sind an den vielen Dingen, die im Lande verkehrt gelaufen sind. Für sie ist nun endlich die Antwort klar: Schuld ist die ›P2‹. Nun hat aber die Liste von 953 angeblichen Logenbrüdern, die Gelli* rätselhafterweise in seinem Haus zurückließ, als er sich auf die Flucht begab, eine derartige Flut zorniger und oft auch glaubwürdiger Dementis ausgelöst, daß sie in ihrer Gesamtheit nicht mehr recht überzeugt. Es gibt auch keinen Beweis dafür, daß diese ominöse Gruppe jemals zusammengetreten ist. Sicher ist nur, daß die ehrbaren und traditionsreichen Freimaurerlogen Italiens unverschuldet einen schweren Rückschlag erlitten haben.«

Den schweren Rückschlag im öffentlichen Ansehen trugen allerdings nicht nur die ›anständigen‹ Freimaurerlogen Italiens davon. Einem Flächenbrand gleich griffen Spekulationen und Verdächtigungen auf den Blätterwald nahezu aller Länder der Welt über. Auch die Hochburg der angelsächsischen Freimaurerei, die ›United Grand Lodge of England‹ (UGL) in London, blieb von journalistischen Attacken nicht verschont. Sie hatte es in der Abwehr nur wesentlich leichter als die Vereinigten Großlogen von Deutschland (VGLvD), dank der hohen Mitgliederzahl in England (1,1 Millionen Brüder), der jedermann bekannten beträchtlichen karitativen Leistungen der Freimaurerbruderschaft (Hospitäler, Schulen, Altersheime usw.) und der über Generationen engen Verbundenheit mit dem britischen Königshaus (Großmeister der UGL von England ist der Duke of Kent, naher Verwandter der Königin).

In der Bundesrepublik Deutschland hatte die Öffentlichkeitsarbeit der Gesamtvertretung der Freimaurerei angesichts der Hetzkampagnen durch die sogenannte Ludendorff-Bewegung und Verfolgung und Verbot im Dritten Reich ohnehin einen besonders schweren Stand. Daher traten die Vereinigten Großlogen von Deutschland auch bereits unmittelbar nach Aufkommen des ›P2‹-Skandals mit einer

---

* Selbsternannter ›Großmeister‹ der irregulären Gruppierung ›P2‹, die er fälschlich ›Freimaurerloge‹ nannte. Er selbst war bereits 1976 aus dem ›Grande Oriente d'Italia‹ ausgeschlossen worden.

energischen Distanzierung auf den Plan, in der deutlich gemacht wurde, daß es sich bei der römischen Gruppierung ›P2‹ nicht um eine reguläre und anerkannte Freimaurerloge handeln könne, da die absolute Abstinenz in politischen und konfessionellen Streitfragen Grundvoraussetzung für Regularität sei. Wörtlich heißt es in der Erklärung der VGLvD (Freimaurer-Korrespondenz vom 25. Mai 1981):»Freimaurer-Logen sind keine Geheimgesellschaften. Im Gegenteil: Sie treten ein für Geistesfreiheit und Toleranz, und sie anerkennen, daß die Demokratie keine geheimen Gesellschaften erträgt. Zur demokratischen Freiheit gehört nach gültigem Verständnis der regulären und anerkannten Freimaurer-Logen, daß alle Machtverhältnisse durchschaubar sein müssen. Der Bürger hat ein Recht zu wissen, wer Einfluß auf die Gestaltung von Staat und Gesellschaft nimmt und welche Absichten dabei im Spiele sind. Echte Geheimgesellschaften tarnen alles, was auf ihre Existenz hinweisen könnte, ihre Ziele, ihre Organisationsform, ihre Mitgliederschaft und ihre Zusammenkünfte. Ganz anders die Freimaurer-Logen: sie sind bürgerlich-rechtlich organisiert, ihre Satzungen sind für jedermann einsehbar, sie bekennen offen ihre humanitären Ziele, ihr Aufbau und die Besetzung ihrer Ämter sind streng demokratisch geregelt, und ihre Häuser werden offen als Stätten der Begegnung geführt.«

Das ›Geheimhaltungs-Mißverständnis‹, das die Logen ihrem speziellen Brauchtum verdanken, hatte die Freimaurerlogen unversehens wieder in die Nähe des einstigen Geheimbündelei-Paragraphen gerückt (§ 128 StGB*:»Die Teilnahme an einer Verbindung, deren Dasein, Verfassung oder Zweck vor der Staatsregierung geheimgehalten werden soll, oder in welcher gegen unbekannte Obere Gehorsam oder gegen bekannte Obere unbedingter Gehorsam versprochen wird, ist an den Mitgliedern mit Gefängnis bis zu 6 Monaten, an den Stiftern und Vorstehern der Verbindung mit Gefängnis von einem Monat bis zu einem Jahr zu bestrafen«). Sich

---
* § 128 StGB wurde durch das 8. Strafrechtsordnungsgesetz vom 25. Juni 1968 aufgehoben.

hiervon deutlich abzusetzen, war schon immer das Anliegen der regulären Freimaurerei gewesen. Der italienische Skandal, d. h., daß es dort passierte, daß sich eine völlig geheime Gruppierung nach Ausstieg aus einer regulären und anerkannten Freimaurerloge bildete, zeigt allerdings, daß das den Logen eigentümliche geschlossene System anfällig ist für ›Unterwanderung‹. Einer solchen ›Unterwanderung‹, die im ausgehenden 17. und beginnenden 18. Jahrhundert bei den Dombauhütten und Steinmetzbruderschaften als ein in der Geistes- und Kulturgeschichte einmaliger Vorgang Platz griff, verdankt allerdings die spekulative Maurerei, die Freimaurerei, ihr Entstehen. Daß das, was im Positiven ihre Entstehung ermöglichte, jetzt und künftig nicht im Negativen zur Bedrohung ihrer Existenz wird, das veranlaßte die Freimaurerei in Italien zu verstärkter Öffentlichkeitsarbeit und zu einer kritischen Neubewertung ihrer Nachwuchsarbeit, mit nachweisbarem Erfolg.

»Wer sind die geheimnisvollen Freimaurer, woher kommen sie, was erstreben sie, warum wurden sie verfolgt?« Nach dem ›P2‹-Skandal werden diese Fragen von weiten Kreisen der Bevölkerung gestellt. Der Skandal hat erkennbar Schaden gestiftet und Denkweisen hervortreten lassen, die nicht nur für die Freimaurerei gefährlich sind. Die Tageszeitung ›Die Welt‹ wies in ihrer Nummer 120 vom 25. Mai 1981 in dem Kommentar »Pankraz, der Meister und die Logenbrüder« auf die Gefahr hin, die sich aus der verbreiteten Mentalität ergibt, Geschichte nicht als schwer durchschaubaren, aber von Menschen zu verantwortenden Prozeß, sondern als das Spiel weniger geheimnisvoller ›Drahtzieher‹ zu begreifen. »Wie kommt es«, so fragte ›Die Welt‹, »daß immer wieder so viele Greuelgeschichten über die Freimaurer in Umlauf gebracht werden konnten und daß sie auch geglaubt wurden?« Der Kommentator, ›Pankraz‹, sah darin »in erster Linie einen Ablenkungsprozeß«: »Die Gegner eines wohlmeinend aufgeklärten Bürgertums, wie es sich in den Logen sammelte, waren Legion, und just sie verfügten über jene geheimen Herrschaftsinstrumente, die sie den Freimaurern unterstellten. Jesuiten, Kommunisten, Terroristen – in ihrer Moralität und in ihren Intentionen so verschieden, geboten sie doch alle über einen straff organisierten ›Apparat‹ mit ›demokratischem Zentralismus‹, d. h. mit Befehlsgewalt von oben nach unten, und sie alle neigten auch dazu, das innere Gesetz des Bundes über das allgemein verbindliche Bürgerliche Gesetz zu stellen und sich von diesem zu dispensieren. Indem sie gegen die Freimaurer polemisierten, projizierten sie auf diese Weise die eigene Verfassung nach außen und stellten somit den propagandistischen ›Gleichstand der Waffen‹ in den Augen der Öffentlichkeit her.

Die Öffentlichkeit akzeptierte das weitgehend, weil es eben sehr bequem ist, alle Übel der Welt auf eine geheime Verschwörung einiger weniger ›Großmeister‹ zurückzuführen. Die unübersichtlichen Strukturen beispielsweise einer parlamentarischen Demokratie reduzieren sich dergestalt schnell auf die aus der sozialistischen Karikatur sattsam bekannten dicken Männer im Frack, die – den Zylinderhut auf der Glatze, die Zigarre in der Fresse und die schwarzen Haare auf dem Handrücken – an den Drähten ziehen und die parlamentarischen Puppen tanzen lassen. In der nationalsozialistischen Karikatur hatten die Zylindermänner oft noch eine Freimaurerschürze vor den Bauch gebunden, und Pankraz war etwas erschreckt, wenn auch nicht überrascht, diese Accessoires auf den Karikaturseiten italienischer Zeitungen wiederzufinden. Man sollte es sich nicht allzu leicht machen. Gewiß, einige mächtige Männer stehen in schwerem Verdacht, und sie sind zusammen mit anderen Mächtigen Mitglieder einer Loge gewesen. Das reicht jedoch noch lange nicht, um schon von einer ›kriminellen Vereinigung‹ zu sprechen. Es reicht gerade dazu, jedes freie Vereinswesen außerhalb der engen politischen Bahnen in ein übles Licht zu bringen und damit zu unterbinden.«

Osteuropa

Nach langer Verbotszeit begannen sich Anfang der 90er Jahre auch in den Ländern Mittel- und Osteuropas wieder Logen zu konstituieren. Nicht vergessen war die vielfältige

Tradition bedeutender Großlogen in Ungarn, Jugoslawien, Polen, der Tschechoslowakei, in Bulgarien, Rumänien und Rußland. Wie bei der demokratischen Selbstbefreiung der Völker machte auch bei der Rekonstituierung der Freimaurerei *Ungarn* den Anfang. Am 27. Dezember 1989 setzte die Großloge von Österreich durch ihren Großmeister Franz Hausner im Beisein von Delegierten aus 16 Ländern in einer Feierstunde im Intercontinental-Hotel ›Duna‹ in Budapest die 1886 gegründete ›Symbolische Großloge von Ungarn‹ wieder ein. Sie war zuvor als alleinige Freimaurer-Repräsentanz in der Republik Ungarn behördlich genehmigt worden. Die erste Loge Ungarns wurde bereits 1749 gegründet. Zum Zeitpunkt der Vereinigung zur Symbolischen Großloge von Ungarn 1886 bestanden 46 Logen mit über 7000 Mitgliedern bestanden. Unter Admiral Horthy wurde die Freimaurerei in Ungarn schon 1920 verboten, dann 1946 wieder zugelassen und schließlich 1950 erneut per Dekret aufgelöst. 40 Jahre nach dem Verbot gab es immer noch einige Logenbrüder, die mit Begeisterung ›die Werkzeuge wieder aufnahmen‹. Für jüngeren Nachwuchs hatten neue ungarische Logen im österreichischen Grenzland gesorgt. Auch in Deutschland nahm man lebhaften Anteil am Wiedererstehen der Freimaurerei in Ungarn. Eine starke Delegation der Vereinigten Großlogen von Deutschland, an der Spitze der stellvertretende Großmeister Rainer Schicke, brachte das bei der Feier in Budapest zum Ausdruck.

Zum ersten Großmeister der wiedererstandenen Symbolischen Großloge von Ungarn wurde Dr. István Galambos gewählt.

Zu der zweiten Großlogen-Wiedergründung kam es am 23. Juni 1990 in *Jugoslawien*. Hier war es das erste Mal seit ihrem Bestehen, daß die Vereinigten Großlogen von Deutschland die Einsetzung einer Großloge im Ausland vornahmen: Der deutsche Großmeister Ernst Walter leitete in einer eindrucksvollen Feier im Kongreßzentrum ›Sava‹ in Belgrad im Beisein von Gästen aus vielen europäischen Logen die Lichteinbringung und setzte die ›Großloge Jugoslavija‹, die sich am 5. August 1940 hatte auflösen müssen, wieder ein.

Erster Großmeister wurde hier Prof. Zoran D. Nenezic, ein noch junger Freimaurer, der durch eine voluminöse wissenschaftliche Arbeit über die Freimaurerei aufgefallen war.

»Wir wollen in unserem Vielvölkerstaat, der zur Zeit einen schweren Weg zur Demokratie, zum pluralistischen Parlamentarismus und zum marktorientierten Wirtschaftssystem beschreitet, brüderlich und beharrlich auf der Grundlage der Alten Pflichten arbeiten, um damit unseren Beitrag zur Verbreitung von Toleranz, Humanität und Menschenliebe in dieser Region Europas zu leisten«, erklärte er anläßlich der Wiedergründung der jugoslawischen Gesamt-Großloge. Sie will versuchen, die Traditionen früherer autonomer Großlogen der Serben, Kroaten und Slowenen aufzunehmen und zu vereinen. Immerhin waren Freimaurer in dem Gebiet des heutigen Vielvölkerstaates schon seit 1763 aktiv.

Die z. T. exilierte Tschechoslowakische Großloge, die sich unter komplizierten politischen Umständen nach der kommunistischen Machtergreifung 1948 im Jahre 1951 selbst für ›ruhend‹ erklärt hatte, nahm am 17. November 1990 in Prag ihre Arbeit wieder auf.

1989, als sich der Prozeß der deutschen Vereinigung abzuzeichnen begann, nahmen die deutschen Großlogen erste Verbindungen zu den Orten Mitteldeutschlands auf, in denen es vor 1935 ein blühendes Logenleben gegeben hatte. Viel war davon nun nicht mehr auszumachen – nach 55jähriger Zwangspause. Die Logenhäuser, die NS-Verfolgung und Krieg überstanden hatten, waren längst enteignet, umgebaut und in neuem Besitz, teils auch verkommen und nicht mehr nutzbar, und frühere Logenbrüder, hoch betagt, fanden sich nur noch wenige. Um so rühriger knüpften die deutschen Logenbrüder jedoch an frühere Namen und Traditionen an, ließen im Vereinsregister die alten Körperschaften wieder aufleben, stellten Anträge auf Wiederzulassung, luden die Bevölkerung zu aufklärenden Veranstaltungen ein, spendeten Mittel für den Aufbau, führten karitative Aktionen – z. B. für die Modernisierung des Krankenhauses in Saßnitz auf Rügen – durch und nahmen interessierte Männer zunächst in ihre (westdeutschen) Logen auf, um örtlich wieder Logen gründen zu können. So begann sich im Jahre 1990 auch auf dem ehemaligen DDR-Boden Freimaurerei wieder zu entwickeln. In Weimar z. B. wurde Goethes Loge ›Amalia‹ am 24. Oktober 1990 (dem Jahrestag ihrer Gründung von 1764) durch Deutschlands Loge Nr. 1 ›Absalom zu den drei Nesseln‹ aus Hamburg feierlich wieder ins Leben gerufen. Man gab ihr ihren ursprünglich ersten Namen wieder: ›Anna Amalia zu den drei Rosen‹.

SCHWERER WEG ZUR EINIGKEIT: DIE FREIMAUREREI IN DEUTSCHLAND

Die deutschen Freimaurer feierten am 7. Dezember 1987 im Hamburger CCH mit über 3000 Gästen aus Europa und Übersee ihr großes Fest: Ihre Loge Nr. 1, ›Absalom zu den drei Nesseln‹, wurde 250 Jahre alt. Man ließ das Ereignis der ersten Logengründung auf deutschem Boden aufleben: Es geschah am 7. Dezember 1737 in der Taverne ›d'Angleterre‹ in der Bäckerstraße zu Hamburg. Dort versammelten sich fünf junge Männer, die in England und in Frankreich Freimaurer geworden waren, und beschlossen die Gründung der ersten deutschen Loge. Ihr Vorsitzender, der aus Berlin angereiste 21jährige preußische Münzmeister Charles Sarry, war zur Logengründung durch ein Patent der Großloge von England berechtigt. Man gab der neuen Loge den Namen ›Loge d'Hambourg‹. Sie wurde in das in London geführte Zentralregister unter der Nummer 108 eingetragen. Später benannte sie sich in ›Absalom zu den drei Nesseln‹ um.

Nicht von ungefähr geschah die erste deutsche Logengründung in Hamburg, denn im Vergleich zu den Gesetzen in den von absolutistischen Herrscherhäusern regierten deutschen Ländern war die Verfassung der Freien und Hansestadt ein Sonderfall. Hier herrschte eine freiere Luft als anderswo, hier hatte sich mehr Liberalität herausgebildet, hier dachte man weltweiter, und auch die Toleranz im Zusammenleben der Menschen war hier entwickelt – obgleich noch weit entfernt von unseren heutigen freiheitlich-demokratischen Lebensvorstellungen. Es blieb nicht aus, daß die Mächtigen den Logengründungen mit äußerstem Mißtrauen begegneten. Auch der Senat der Freien und Hansestadt Hamburg machte da keine Ausnahme. Schon wenige Monate nach der Gründung von 1737, am 7. März 1738, erließ er ein Versammlungsverbot für die Freimaurer und untersagte insbesondere seinen Staatsdienern, Logenmitglied zu werden. Doch alle staatlichen Verbote und kirchlichen Bannbullen konnten das

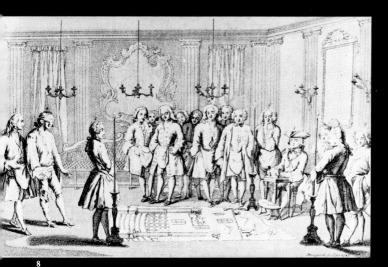

8

9

8 Kupferstich einer Aufnahmehandlung (1745 in Frankreich)

9 ...und ein Kupferstich aus einer ›Arbeit‹ im frühen 18. Jahrhundert

10   NS-Plakat für das ›Freimaurer-Museum‹ in Hannover

11   Ein Freimaurer bei der Teufelsbeschwörung. Anti-Karikatur aus dem 19. Jahrhundert.

12   Neo-Nazismus heute. Das Logenhaus in Reutlingen wurde mit meterhohen Hakenkreuzen besprüht.

13   Aufmacher des Hamburger Tageblattes vom 27. Juli 1935 (Text im Buch S. 96ff.)

Hamburger Tageblatt

2. Ausgabe

Amtliches Nachrichtenblatt aller Behörden der Freien und Hansestadt Hamburg

Nr. 202 — 7. Jahrgang A
Sonnabend, 27. Juli 1935

Zuchthaus für Hamburger Freimaurer

Meister vom Stuhl der Loge „Absalon zu den drei Nesseln" gegen Staat und Partei

Moskau hetzt weiter

Friedensheuchelei Litwinows — Ein seltsamer Gegensatz zu den Hetzreden auf dem Weltkongreß der Dritten Internationale

Von unserem Korrespondenten

Reichsstelle für Raumordnung

Ein Vortrag von Reichsminister Kerrl

14 ›Die überstaatlichen Mächte‹. Freimaurer, Juden und Reichsbanner Schwarz-Rot-Gold im Kampf gegen Nationalsozialismus und Kirche. NS-Karikatur von 1932.

15 Kaiser Wilhelm I. (1797–1888) in freimaurerischer Bekleidung. Zum Freimaurer aufgenommen wurde der Kaiser 1840.

Feuer der Freiheit, das in den Logen entzündet worden war, nicht aufhalten.

Der Hamburger Gründung folgten schon bald weitere: 1738 in Dresden und Rheinsberg, 1740 in Berlin, 1741 in Bayreuth, Leipzig, Meiningen und Breslau, 1742 in Altenburg, Frankfurt und Wien, 1743 in Marburg und Halle und eine weitere in Hamburg, 1744 in Braunschweig, 1745 in Kopenhagen, 1746 in Hannover und in Königsberg und so fort.

Ähnlich rasch breiteten sich zur gleichen Zeit Freimaurerlogen auf dem gesamten europäischen Kontinent und in Nordamerika aus, in einem – angesichts der politischen Verhältnisse und der schwierigen Kommunikationsmöglichkeiten der Zeit – ganz erstaunlichen Tempo.

Die Geschichte der Freimaurerlogen Deutschlands ist bis auf den heutigen Tag aber auch eine Geschichte der Irrungen und Wirrungen – eine Geschichte oft müßigen Streits um formale Dinge und verzweifelter Auseinandersetzung um eine bessere Organisationsform, eine Geschichte von Zweifel und Resignation, von Versuchung durch Selbstherrlichkeit, aber ebenso auch von Selbstüberwindung, von immer neu gefaßtem Mut und von unbeirrbarem Glauben an die trotz aller Anfechtung unzerstörbare Idee der alten Bruderschaft.

Ulrich von Merhart schreibt in seinem umfassenden Werk ›Weltfreimaurerei‹, Hamburg 1969: »Die Entwicklung der Freimaurerei in Deutschland ist eigene und ziemlich komplizierte Wege gegangen. Das heutige Staatsgebiet war früher in viele kleinere Länder unterteilt, deren Herrschaftsform variierte. Dementsprechend wurden auch unterschiedliche Beziehungen zu anderen Ländern gepflegt. Das erleichterte, daß sich verschiedene freimaurerische Lehrarten festsetzen konnten, und aus der Verschiedenheit dieser Lehrarten entstanden die Schwierigkeiten, die bis zu einer Einigung überwunden werden mußten. Es ist daher am einfachsten, die früheren Großlogen einzeln zu behandeln, denn mit Beginn des Dritten Reiches lösten sie sich entweder gänzlich auf oder wandelten sich zu christlichen Vereinen um. Diese Zäsur ermöglichte dann nach 1945 einen Neubeginn unter geänderten Voraussetzungen.«

Zum besseren Verständnis der späteren Einigung sei hier nun eine kurze Übersicht über sämtliche früheren deutschen Großlogen gegeben, ein Katalog der Zufälle und Besonderheiten: Da ist zunächst

Die Große National-Mutterloge ›Zu den drei Weltkugeln‹
Ihre Entstehung ist eng mit der Person Friedrichs des Großen verbunden. Dieser war am 14./15. August 1738 in Braunschweig durch Hamburger Freimaurer in den Bund aufgenommen worden.

So kam es zu dieser Aufnahme: Auf einer Reise an den Rhein hatte sich Friedrichs Vater, Friedrich Wilhelm, eines Tages bei Tische sehr abfällig über die Freimaurerei geäußert. Graf Lippe trat damals dieser Meinung entgegen und bekannte sich als Freimaurer. Das machte auf den Kronprinzen einen solchen Eindruck, daß er dem Grafen gegenüber den Wunsch äußerte, selbst Freimaurer zu werden. Da aber der König davon nichts wissen sollte, wurde Braunschweig zum Treffpunkt bestimmt, wo der Hof zum Besuch der dortigen Messe angesagt war. Die ›Loge d'Hambourg‹, die heutige Loge ›Absalom zu den drei Nesseln‹, entsandte eigens eine mit allem erforderlichen Ausstattungsmaterial versehene Delegation auf die beschwerliche Reise nach Braunschweig. Das Protokoll der Aufnahme hat die Zeitläufe überstanden und konnte zur 250-Jahr-Feier 1987 mit Stolz präsentiert werden.

In der Nacht vom 14. auf den 15. August 1738 fand die Aufnahme statt. Als die Begleitung des Kronprinzen sich zur Ruhe begeben hatte, erschien dieser mit dem Hauptmann Graf von Wartensleben, der nach ihm eingeweiht wurde, in dem zur Loge hergerichteten Zimmer. Die Arbeit wurde unter strenger Beachtung des englischen Rituals durchgeführt – der Kronprinz wurde Lehrling, dann Geselle und Meister. Daran schloß sich eine Tafelloge an. Erst um vier Uhr früh ging man auseinander, wobei der Kronprinz, den die Schönheit des Rituals und der tiefe Sinn der Symbolik stark ansprachen, Baron von Oberg und den Schriftsteller Freiherr von Bielfeld nach Schloß Rheinsberg einlud, um auch dort eine Loge gründen zu können. Diese Loge leitete zunächst von Oberg, oft auch der Kronprinz selber; sie arbeitete in französischer Sprache, aber nach englischem Ritual.

Am Hofe Friedrichs II. in Berlin übernahm es der Geheime Rat Etienne Jordan, eine eigene Loge zu gründen, die 1740 unter dem Namen ›Zu den drei Weltkugeln‹ entstand.

Als nach der Abreise Friedrichs zum Heer die Hofloge ihre Arbeiten einstellte, übersiedelten deren Mitglieder in die neue Bauhütte, die damit über einen beträchtlichen Mitgliederbestand aus Hofkreisen verfügen konnte. Sie arbeitete ursprünglich nach der englischen Lehrart.

1744 erklärte sie sich zur ›Großen National-Mutterloge ‚Zu den drei Weltkugeln'‹ und stiftete in der Folge bald eine Reihe anderer Logen, so die spätere Große Loge ›Zur Freundschaft‹. 1765 wurde J. W. Kellner von Zinnendorf Meister vom Stuhl, und unter seinem Einfluß fand auch die ›Strikte Observanz‹ Eingang, die allerdings 1780 wieder aufgegeben wurde.

Bei dieser ›Strikten Observanz‹ handelte es sich um ein im 18. Jahrhundert wirksam gewordenes Hochgradsystem, das sich auf die Tempelritter zurückführte, außer seiner pompösen Erscheinung aber nichts Bleibendes hinterlassen hat. Aus heutiger Sicht zweifellos ein Irrweg, der nur aus der Zeit und ihrem Gefallen an ›Ritterspielereien‹ zu erklären ist. Ihre Blüte hatte die ›Strikte Observanz‹ in den Jahren 1763 bis 1772.

Ihr Ende kam mit einem Großlogen-Konvent im Jahre 1782, dem ›Wilhelmsbader Konvent‹, auf dem sich die Mehrzahl der deutschen Großlogen und Logen von der ›Strikten Observanz‹ lossagte.

Im Internationalen Freimaurer-Lexikon von Lennhoff-Posner ist dazu notiert:»Der feudale Gedanke des Rittertums hatte ausgespielt, die Gedanken der bürgerlichen Revolution kündigten sich an.« Irrwege dieser oder ähnlicher Art sind der Freimaurerei in ihrer langen Geschichte nicht erspart geblieben, doch hat der Bund trotz aller gelegentlichen Auswüchse zum Mystisch-Verschrobenen hin immer wieder eine erstaunliche Selbstreinigungskraft entwickelt, immer wieder den Weg zurück zum ursprünglich-schlichten bruderschaftlichen Gedanken gefunden. Bedeutende Reformatoren wie Friedrich Ludwig Schröder (1744–1816) haben dabei den Weg gewiesen.

Nach dem Wilhelmsbader Kongreß 1782 erklärte sich auch die ›Große National-Mutterloge‹ für unabhängig und nahm ein rektifiziertes System an, in dem die Hochgrade nur mehr Erkenntnisstufen sind. 1796 wurde sie unter königliches Protektorat gestellt. An der Spitze stand ein Direktorium von sieben Mitgliedern, aus denen der sogenannte ›Innere Orient‹ seine Form gewann.

Es entwickelte sich ein Gradsystem, das die drei Johannisgrade, einen Schottengrad und die drei Grade des Inneren Orients umfaßt.

1933 zählte diese Großloge 177 Logen mit 22 700 Brüdern; sie wandelte sich dann in den ›Nationalen christlichen Orden‹ um, bis sie dennoch 1935 aufgelöst werden mußte.

Seit 1970 gehört sie, wiedererstanden, den ›Vereinigten Großlogen von Deutschland‹ (VGLvD) an. Vom 14. bis 15. September 1990 beging die ›GNML 3 WK‹ in Berlin ihre 250-Jahr-Feier.

Die Große Loge von Preußen, genannt ›Royal York zur Freundschaft‹

Am 5. Mai 1760 gründeten Franzosen in Berlin die Loge ›Aux trois Colombes‹, wenig später änderte diese ihren Namen in ›L'Amitié aux trois Colombes‹. 1765 nahm sie den Herzog Eduard August von York auf.

Daraufhin nannte sie sich ›Royal York de l'Amitié‹. Der Herzog vermittelte aus London ein Patent als Mutterloge.

1932 umfaßte diese Großloge 104 Logen mit 11 500 Mitgliedern; 1933 wandelte sie sich um in den ›Deutschchristlichen Orden Zur Freundschaft‹ – auch dies ein vergeblicher Versuch, unter den neuen Machthabern ein Überleben zu sichern. Nach 1945 schlossen sich die in Westdeutschland wiedererstandenen Logen der VGL (AF u. AM) an. In Berlin ist die Großloge ›Royal York‹ in ihrer Rechtsform noch bestehen geblieben.

Die Großloge ›Kaiser Friedrich Zur Bundestreue‹
(›Settegast‹-Logen)

Dies ist zwar eine sehr viel spätere und kurzfristige Gründung, sie sei aber mit aufgeführt, weil sie aus der Großen Loge von Preußen, genannt ›Zur Freundschaft‹, hervorgegangen ist. Hermann Settegast (1819–1908), ein hervorragender deutscher Gelehrter auf dem Gebiet der Landwirtschaft, widmete sich nach dem Rücktritt von seinem Lehramt ganz der Freimaurerei. Er wollte 1889 als Großmeister der Großen Loge von Preußen u. a. die höheren Stufen abschaffen und ›deckte‹, als ihm das nicht gelang, seine Großloge, d. h., er trat aus ihr aus. Die Gründung einer Tochterloge der Großen Loge von Hamburg, die er daraufhin versuchte, wurde in Berlin abgelehnt, und Settegast mußte es zu einem Prozeß kommen lassen, der zu seinen Gunsten entschieden wurde. An dieser Entscheidung war wichtig, daß es künftig nicht mehr Reservat der drei preußischen Großlogen war, in Preußen Logen zu gründen. Settegast gründete denn auch seine eigene Großloge; sie wurde aber, auch wenn sie zu Recht bestand, von den meisten anderen nicht anerkannt und schloß sich deshalb 1900 der Großen Loge von Hamburg an. Damit erlosch ihre Tätigkeit als Großloge.

Die Große Landesloge der Freimaurer von Deutschland (FO)

Ihr Gründer war J. W. Kellner von Zinnendorf, 1731 in Halle geboren, 1757 in die Loge ›Philadelphia zu den drei goldenen Armen‹ aufgenommen. 1758 erhielt er in Breslau die Schottengrade, und 1763 war er als Feldarzt Chef des Medizinalwesens der gesamten Armee. 1765 wurde er zum Meister vom Stuhl der ›Drei Weltkugeln‹ gewählt und war anfänglich auch Haupt der ›Strikten Observanz‹ in den preußischen Staaten. Er besorgte sich aus Schweden die sogenannten ›Eckleffschen Akten‹; dieses System führte er zunächst in der Loge ›Zur kleinen Eintracht‹ ein, wobei er nur eine Reform des Rituals beabsichtigte. Erst als man seine Vorschläge nicht annehmen wollte, ging er an die Gründung einer eigenen Großloge. So bildete sich aus den Logen ›Minerva‹ in Potsdam, ›Herkules‹ in Potsdam, ›Drei Schlüssel‹ in Berlin, ›Zum goldenen Anker‹ in Stettin u. a. 1770 eine neue Großloge, die 1773 von London anerkannt wurde, sich allerdings 1786 wieder von England löste. 1774 wurde sie dem königlichen Protektorat unterstellt, hatte 1778 bereits 34 Logen und 1782, beim Tode Zinnendorfs, 62 Johannislogen. Provinziallogen entstanden in Österreich, Schlesien, Pommern, Niedersachsen und Rußland. Als der Herzog von Södermanland 1777 das Eckleffsche Patent für Zinnendorf für ungültig erklärte, brach dieser kurzerhand den Verkehr mit Schweden ab. Dieser wurde erst wiederhergestellt, als Daniel Nettelbladt sich in Schweden bemühte, die Lücken der Eckleffschen Akten zu schließen.

Diese heikle Frage führte im übrigen später zum Rücktritt des nachmaligen Kaisers Friedrich III. als Ordensmeister. Dieser hatte nämlich verlangt, die historischen Lücken im Eckleffschen System zu schließen. Als die Forschungsarbeit ergab, daß die Eckleffschen Akten erst Mitte des 18. Jahrhunderts entstanden waren, wollte die Mehrzahl der Brüder dieses Ergebnis nicht anerkennen; darauf trat Friedrich III. zurück, da er die historische Wahrheit über die Zerstörung alter Legenden stellen wollte. Die Große Landesloge hatte 1932 173 Logen mit 22300 Brüdern, sie trennte sich aber schon frühzeitig von den anderen deutschen Großlogen und nannte sich ›Deutschchristlicher Orden‹, bis auch sie sich 1935 auflösen mußte. Heute ist die Große Landesloge ›Freimaurerischer Orden‹ (FO) Mitgliedsgroßloge der ›Vereinigten Großlogen von Deutschland‹.

Die Große Loge von Hamburg
(ehemals englische Provinzialgroßloge von Hamburg und Niedersachsen)

1737 war in Hamburg von England her die ›Loge d'Hambourg – Société de Maçons libres de la ville de Hambourg‹ gegründet worden. Sie nannte sich 1764 erstmals ›Absalom‹, später ›Absalom zu den drei Nesseln‹. Diese Loge hatte es dann übernommen, Friedrich den Großen durch eine Delegation aufzunehmen. Bereits 1740 ließ Mathias Luttmann sie in London in das Logen-Register eintragen; dadurch wurde sie englische Provinzialgroßloge und Luttmann Provinzialgroßmeister.

Im Jahre 1771 wurde übrigens Lessing in die Hamburger Loge ›Zu den drei Rosen‹ aufgenommen; Lessing bestand auf dieser Aufnahme, obwohl man ihn vorher auf die derzeit stagnierende Situation im Leben der Logen aufmerksam gemacht hatte. Wenn er auch fortan keine Loge mehr besuchte, finden sich in seinen Schriften freimaurerische Gedanken in vollendeter Erfassung und Schönheit.

1811, im Zuge der Napoleonischen Besetzung, erklärte sich die Provinzialgroßloge zur unabhängigen Großloge, um nicht vom ›Grande Orient de France‹ als Provinzialloge ›vereinnahmt‹ zu werden. England verstand diesen Schritt. 1814 wurde der Schauspieldirektor Friedrich Ludwig Schröder ihr Großmeister: Sie übernahm sein Ritual, er sorgte für ihre Anerkennung. 1900 schloß sich ihr Settegast mit seiner kurzlebigen Großloge an und gründete damit eine Provinzialgroßloge von Hamburg in Berlin. Zeitweise unterstand ihr auch die Loge ›Pilgrim‹ in London.

1932 hatte die Große Loge von Hamburg 56 Logen mit über 5000 Brüdern. Überall in der Welt stand sie in hohem Ansehen. Ihre nördlichste Tochterloge hatte sie in Hammerfest, ihre fernste in Schanghai. Bedeutende Logen in Südafrika und in Südamerika gehörten zu ihr. Unter schwierigen Begleitumständen etablierte sich noch 1935 ein ›Stellvertretender Ausschuß‹ in Valparaiso in Chile, der ihre Interessen im Exil wahrnahm. Ihr letzter Großmeister nach der Rekonstituierung 1945, Pastor Wilhelm Hintze, ließ ihr Licht symbolisch in den Gründungsakt der ersten VGL (AF u. AM) 1949 in der Paulskirche einbringen und wurde Ehrengroßmeister.

Die Großloge des Königreiches Hannover

Sie wurde 1755 als Provinzialgroßloge unter einem eigenen Provinzialgroßmeister gegründet; 1801 übernahm sie das Schröder-Ritual.

Während der Napoleonischen Kriegszüge schloß sie sich 1810 an den 1807 in Kassel gegründeten ›Großorient von Westfalen‹ an. Dann ruhte kurze Zeit die Arbeit, aber bereits 1814 kam es zu einer Wiederbelebung der alten englischen Provinzialloge von Hannover, allerdings löste sie sich 1828 von der englischen Mutter und nannte sich fortan ›Große Loge des Königreiches Hannover‹. 1856 übernahm Georg V. ihr Protektorat, allerdings mußte sie sich verpflichten, nach dem christlichen Prinzip zu arbeiten. Als 1866 das Königreich Hannover zu Preußen kam, schloß sie sich, da ihr die Selbständigkeit verwehrt wurde, der Großloge ›Zur Freundschaft‹ in Berlin an.

Die Große Mutterloge des Eklektischen Freimaurerbundes

1741 war anläßlich der Krönung Karls VII. in Frankfurt die Loge ›L'Union‹ gegründet worden. Sie fand viel Zustrom, erhielt 1743 ein Patent aus London und arbeitete abwechselnd in deutscher und französischer Sprache. 1761 übernahm Johann Peter Gogel den Hammer des Meisters vom Stuhl; er wurde 1766 Provinzialgroßmeister; daraus leitete die Loge für sich die Rechte einer Mutterloge ab.

Nachdem es in dieser Loge schon lange Unruhe gegeben hatte, gab sie 1783 nach dem Wilhelmsbader Konvent ein Manifest heraus, das die Rückkehr zu den alten Grundsätzen verlangte und vorschlug, aus allen Systemen die besten Teile auszuwählen. »In Hochachtung der Alten Pflichten wollte man aus allen Systemen das Beste und Überzeugendste herausnehmen.«

Zuerst war nur an einen ›Bund zur Aufrechterhaltung der Königlichen Kunst der geeinigten alten Freimaurerei‹ gedacht. 1783 allerdings unterstellte sie sich als Provinzialgroßloge der Großloge von England, eine Verbindung, die mit kurzer Unterbrechung bis 1822 dauerte. Damals trennte man sich von England mit der Begründung, England gründe eigene Logen in Mainz und Frankfurt.

1786 zählte der Bund bereits 25 Logen, und 1811 gab man sich ein neues Ritual, das neuenglisch und christlich war. Der ›Eklektische Bund‹ lehnte alle Hochgrade ab und machte nur kurzfristig durch Einführung des Royal-Arch-Grades eine gewisse Ausnahme.

1844 wurde das christliche Prinzip wieder aufgegeben, was einige Logen zur Abwanderung veranlaßte; 1849 wurden wieder die Alten Pflichten bestätigt und Mitgliedschaft in den Hochgraden förmlich verboten. Das gilt zum Teil noch heute für einige Logen.

1933 zählte der ›Eklektische Bund‹ 24 Logen mit 3500 Mitgliedern und löste sich mit Beginn des Dritten Reiches auf. Die ehemaligen Logen schloß sich 1949 der VGL (AF u. AM) an.

Die Große Freimaurerloge ›Zur Eintracht‹ in Darmstadt

Sie bildete sich 1846 aus Logen, die sich wegen der Aufgabe des christlichen Prinzips 1844 vom ›Eklektischen Bund‹ abgespalten hatten; ihr schlossen sich 1860 eine Reihe humanitärer Logen an. Sie kannte keine Hochgrade und betonte zunächst ihren christlichen Charakter. 1873 wurde das christliche Prinzip aber zugunsten des humanitären mit der Wiederaufnahme der Alten Pflichten verlassen. Sie arbeitete nach dem Schröder-Ritual. 1932 unterstanden ihr zehn Logen mit 900 Mitgliedern; 1933 löste sie sich auf. Die nach 1945 wiedererrichteten Logen schlossen sich 1949 der VGL (AF u. AM) an.

Die Große Landesloge von Sachsen

Sozusagen als Vorläufer gründete der Graf von Rutowsky, natürlicher Sohn König Augusts des Starken von Polen, 1738 in Dresden die Loge ›Aux trois aigles blancs‹. Im gleichen Jahr entstand durch Spaltung ›Aux trois glaives d'or‹ und 1741 durch abermalige Spaltung ›Aux trois cygnes‹, die aber im gleichen Jahre wieder in der Schwesterloge aufging. Die beiden bestehenden Logen bildeten 1741 die Großloge, die jedoch keinen Bestand hatte.

1811 erklärten sich die sächsischen Logen zur ›Großen Landesloge von Sachsen‹. Von Rackwitz wurde erster Großmeister; die Großloge bestand aus zwei Kollegien, den Vertretern der Tochterlogen und den Großbeamten. Man bearbeitete keine Hochgrade; es herrschte Ritualfreiheit, doch bearbeitete man zumeist das Schrödersche Ritual. Zunächst traten elf und später noch sieben Logen dieser Großloge bei. ›Minerva zu den drei Palmen‹ in Leipzig blieb aber selbständig, und auch ›Balduin zur Linde‹ in Leipzig spaltete sich wieder ab.

1932 hatte diese Großloge 44 Logen mit 7200 Brüdern; 1933 wandelte sie sich zum ›Deutschchristlichen Orden Sachsen‹ um, bis auch sie sich 1935 ganz auflösen mußte.

Die Großloge ›Zur Sonne‹, Bayreuth

Der Schwager Friedrichs des Großen, Markgraf Friedrich von Brandenburg-Bayreuth, gründete sie 1741; sie arbeitete auf französisch zunächst nach einem englischen, dann nach einem französischen Ritual mit Hochgraden. Zuerst Schloßloge, wurde sie zur Stadtloge und erhielt dann ihren Namen. 1744 erklärte sie sich zur Mutterloge, gründete 1757 Tochterlogen in Ansbach und Erlangen und nahm 1764 die ›Strikte Observanz‹ an. Dies bewirkte jedoch so starkes Mißbehagen in der Bruderschaft, daß sie ihre Arbeit von 1765 bis 1779 einstellte. 1791 schloß sie sich der Berliner Großloge ›Zur Freundschaft‹ an und wurde mit einem Stiftungsbrief derselben 1807 Provinzialgroßloge; 1810 machte sie sich frei und nannte sich Großloge. Sie bearbeitete nach dem humanitären Prinzip das Feßlersche Ritual, doch herrschte Ritualfreiheit. Als Bayreuth an Bayern fiel, wurde sie 1811 ›Große Provinzloge ‚Zur Sonne'‹. 1814 wurde den Staatsbeamten die Mitgliedschaft untersagt, was ihre Mitgliederzahl um 50% reduzierte.

1868 reformierte der große Schweizer Staatsrechtler Johann Caspar Bluntschli ihre Verfassung. Zuzeiten gab sie Patente nach Norwegen und Rumänien und gründete z. B. 1920 die Loge ›Lessing zu den drei Ringen‹ in der Tschechoslowakei.

1932 hatte sie 45 Logen mit 4000 Brüdern und wandelte sich um in die ›Gesellschaft zur Pflege deutscher Kultur‹. Nach Verbot im ›Dritten Reich‹ und nach Wiedererrichtung ab 1945 schlossen sich die Logen der VGL (AF u. AM) an.

Die Großloge ›Deutsche Bruderkette‹, Leipzig
1883 bildeten fünf einzelne Logen, die sich nirgends anschließen wollten, zunächst eine freie Vereinigung und 1924 unter Zuzug von drei weiteren Logen eine Großloge; sie arbeiteten nach verschiedenen Ritualen, zählten 1932 2200 Brüder und wandelten sich um zum ›Christlichen Orden deutscher Dom‹, bis sie kurz darauf ebenfalls zur Selbstauflösung gezwungen wurden.

Der Freimaurerbund zur aufgehenden Sonne (FzaS)
Dieser Bund wurde von Karl Heinrich Löberich gegründet, der von 1899 bis 1905 Mitglied einer nicht anerkannten Loge in München gewesen war und 1905 die Satzungen zu einer ›Freidenkervereinigung‹ entwarf, die aber dann als Loge geführt wurde. Es handelte sich um eine religionslose, auf monistischer Weltanschauung beruhende Freimaurerei. 1906 begann Löberich Logen zu gründen. Zuerst wurde nur in einem Grad gearbeitet, dann aber ein zweiter Grad, schließlich auch der Meistergrad eingeführt. 1910 hat der Bund bereits mehr als 1000 Mitglieder, doch bereitete von Anfang an die Frage der Regularität Schwierigkeiten. Zudem kam man auch wieder vom Monismus als unbedingte Grundlage ab. Teile spalteten sich in Böhmen ab und traten zur regulären Freimaurerei über, ebenso in der Schweiz, z. B. die Loge ›Sapere aude‹ in Zürich.

Einen Aufschwung erlebte der FzaS nach dem Ersten Weltkrieg, da er aus pazifistischer Gesinnung heraus sehr schnell den Kontakt z. B. zu französischen Freimaurern fand und daher 1921 vom ›Grand Orient de France‹ und mit Reserve auch von der ›Grande Loge de France‹ als regulär anerkannt wurde. Dementsprechend kam auch der Großmeister des FzaS zur Gründungsversammlung der ›Association Maçonique Internationale‹ (AMI). Allerdings erwuchsen gegen die Aufnahme in die AMI Widerstände, so daß der FzaS sich selbst wieder zurückzog. In der Folge kam es zu Auseinandersetzungen. Ein Teil der Brüder hatte sich bereits in Frankreich regularisieren lassen, und ein weiterer Teil spaltete sich

1930 zur Bildung der ›Symbolischen Großloge von Deutschland‹ ab. Der Rest verblieb beim FzaS. Nach dem Zweiten Weltkrieg kam in Hamburg eine Loge des FzaS, ›Frieden und Freiheit zur aufgehenden Sonne‹, wieder zum Arbeiten und unterstellte sich der VGL (AF u. AM).

Die Symbolische Großloge von Deutschland

1930 gründeten 600 aus dem FzaS ausgetretene Freimaurer mit einer Reihe von Brüdern, die aus verschiedenen Gründen ihre Logen verlassen hatten, die ›Symbolische Großloge von Deutschland‹. Der Deutsche Großlogenbund erkannte diese Großloge, deren Mitglieder meist von französischen Logen regularisiert waren, nicht an.

Die Großloge setzte sich stets für den internationalen freimaurerischen Verkehr ein, war pazifistisch und widmete sich der sozialen Frage. Ihr erster Großmeister wurde Leo Müffelmann, der, wegen seiner Internationalität und seiner Bemühungen um die Allgemeine Freimaurerliga angefeindet, seine Großloge ›Zur Sonne‹ verlassen hatte. 1932 hatte die Symbolische Großloge 26 Logen mit 1200 Brüdern.

Unabhängig hiervon gründeten deutsche Brüder 1931 in Jerusalem eine deutsche Loge und unterstellten sich der Symbolischen Großloge. Am 15. April 1933 bereits ließ Müffelmann alle deutschen Logen der Symbolischen Großloge schließen und sämtliche Unterlagen nach Palästina bringen. Dort existierte und arbeitete die ›Symbolische Großloge von Deutschland‹ als Exilgroßloge ohne Unterbrechung fort, gegen viele Widerstände im Lande in deutscher Sprache! Ihr Licht wurde 1949 in den feierlichen Gründungsakt der ersten ›Vereinigten Großloge von Deutschland (AF u. AM)‹ eingebracht und gab der neuen deutschen Großloge ein wesentliches Element der Kontinuität gleichsam als Morgengabe. Das deutsche freimaurerische Licht hat also im Exil in Palästina und in Valparaiso (Chile) gebrannt. Ein Teil der 1933 exilierten Logen wurde nach dem Krieg reaktiviert und schloß sich der VGL (AF u. AM) an.

Soweit die Übersicht über die alten deutschen Großlogen.

Einen bedeutenden Platz in der Geschichte der Freimaurerei in Deutschland nimmt das Streben nach Gemeinsamkeit und Einigung ein.

So zerrissen, so uneins, wie die deutsche politische Entwicklung in den letzten zwei Jahrhunderten war, so stellt sich auch die Geschichte der Großlogen in Deutschland dar. Sie ist unlösbar verbunden mit der deutschen Geschichte.

Ebenso alt aber wie die Sehnsucht der Deutschen nach einem eigenen Staatswesen ist auch die Sehnsucht der deutschen Freimaurer, in einer einigen Großloge, die allen Systemen Lehrartfreiheit gibt, miteinander verbunden zu sein und miteinander arbeiten zu können. Dafür aus der Fülle der Belege ein Zitat aus einem Brief, den 1801 Friedrich Ludwig Schröder, Meister vom Stuhl der Loge ›Emanuel zur Maienblume‹, Großmeister der Großen Loge von Hamburg, an Johann Friedrich Zöllner von der ›Großen National-Mutterloge zu den drei Weltkugeln‹ schrieb:

»Ich wünschte eine Vereinigung der deutschen Maurerei, und Sie lassen mir Gerechtigkeit widerfahren, wenn Sie glauben, daß ich es mit reinem Herzen, ohne alles Eigeninteresse will. Ich weiß aber, daß dies kein Werk eines Augenblicks ist; ich weiß, welchen Widerstand nicht die Freimaurer, sondern die Vorgesetzten der Systeme und Logen diesem heilsamen Plan entgegensetzen werden und auch warum sie sich ihm entgegensetzen. Und so gehe ich still und langsam den Weg, den ich mir vorgezeichnet habe, und überlasse es der Zeit und der Wahrheit, das ihrige zu tun.«

Die erste Station, der erste Schritt zu einer konkreten Einigung ist jedoch erst wesentlich später zu verzeichnen: Man schrieb das Jahr 1868, und in Berlin, am 31. Mai, gründete sich zu Pfingsten der ›Deutsche Großmeistertag‹. In den folgenden Jahren beschäftigte sich dieser Großmeistertag zunächst damit, allgemeine maurerische Grundsätze zu erarbeiten, in denen die deutschen Großlogen übereinstimmten. Ein entsprechendes Dokument, das in acht Paragraphen Zweck und Lehren der Freimaurerei umriß, lag dem 3. ›Großmeistertag‹ am 7. Juni 1870 in Hamburg vor und wurde von den dort vertretenen Großlogen gebilligt. Die

›Große Landesloge‹, die dem Hamburger Großmeistertag ferngeblieben war, lehnte das Dokument ab, während die ›Große National-Mutterloge zu den drei Weltkugeln‹ Vorbehalte machte.

Das Ereignis der Reichsgründung führte zu einer nächsten Station, zur einstimmigen Gründung des ›Deutschen Großlogenbundes‹ am 28. Mai 1871 in Frankfurt durch alle deutschen Großlogen. Gleichzeitig wurde der deutsche Kaiser Wilhelm I. gebeten, das Protektorat, das er bisher nur über die drei altpreußischen Großlogen ausgeübt hatte, nunmehr auf alle deutschen Großlogen auszudehnen.

Der Kronprinz Friedrich Wilhelm übersandte das Protokoll der Tagung seinem Vater, der die Akte seinerseits am 17. Juni 1872 dem Reichskanzler Otto von Bismarck zur Stellungnahme weitergab. Der Reichsgründer trug schwerwiegende Bedenken gegen die Übernahme des Protektorats vor, und zwar aus Rücksicht auf den Konflikt mit der katholischen Kirche. Die Akte wurde hin und her geschoben, immer wieder einmal vorgelegt und verschwand schließlich im Jahre 1877 nach mehrfacher Vorlage endgültig im Schoß der Geschichte.

Eine Art von dritter Station ist nun zu notieren, es ist der Entwurf für eine ›Deutsche National-Großloge‹. Diese kam aber aus einer Fülle von Gründen nicht zustande; sie hat nur die Literatur als Begriff bereichert. Enttäuscht von der Schwerfälligkeit der Großlogen und noch im Überschwang des nationalen Hochgefühls, endlich in einem einigen Reich zu leben, organisierte sich aber ›an der Basis‹, wie man heute sagen würde, etwas ganz anderes, nämlich der ›Verein Deutscher Freimaurer‹. Dieser Verein wollte ›übergreifend‹ Maurer aller Lehrarten und Systeme vereinigen. Er konnte zur Verbesserung der brüderlichen Verbindungen einiges tun, hat aber Einigung auf Dauer ebensowenig herbeiführen können wie kurzlebige Gründungen ähnlicher Art, etwa der ›Lessingbund Deutscher Freimaurer‹ oder der ›Einheitsbund Deutscher Freimaurer‹. Auch der ›Verein Deutscher Freimaurer‹ stellte, nachdem er vergeblich versucht hatte, einen jährlich wiederkehrenden ›Deutschen Maurertag‹ ins Leben zu rufen, seine Tätigkeit ein, verdient aber als vierte Station festgehalten zu werden, denn viel Idealismus und guter Wille sind auch in ihn investiert worden.

Streiter auf ›höchster‹ Ebene für die Einigung der Bruderschaft wurde dann in beachtlicher Weise Kronprinz Friedrich Wilhelm, der spätere Kaiser Friedrich III. Er war damals Ordensmeister der ›Großen Landesloge‹, und er hat sich bis in seine letzten Lebensjahre leidenschaftlich und hartnäckig für die Einigung der deutschen Freimaurer eingesetzt. Er hat mit bedeutenden Freimaurerpersönlichkeiten seiner Zeit, u. a. mit Johann Caspar Bluntschli, dem Großmeister der ›Großloge zur Sonne‹ in Bayreuth, über das Einigungswerk korrespondiert.

Aber auch Friedrich Wilhelm, den die Freimaurer heute gern zitieren, weil sie ihm das Wort verdanken: »Es gibt nur *eine* Freimaurerei«, scheiterte. Das Trennende in der deutschen Freimaurerei war stärker als alle im völkischen und politischen Raum beschworene Gemeinschaft der Deutschen. Die Einigungsbemühungen Friedrich Wilhelms führten sogar zu einem Konflikt zwischen ihm und seiner eigenen Großen Landesloge, und dieser Konflikt ist bis zum allzu frühen Tode des nur 99 Tage regierenden Kaisers nicht beigelegt worden.

Überliefert ist u. a. ein bemerkenswertes Ereignis: Bei einem Besuch in Hamburg empfing Friedrich Wilhelm am 20. April 1877 eine gemeinsame Delegation der ›Großen Loge von Hamburg‹ und der ›Provinzialloge von Niedersachsen‹ (von der Großen Landesloge). Er unterhielt sich mit dieser Delegation eingehend und gründlich über die Probleme der Einigung der deutschen Freimaurer und schloß mit folgendem Satz: »Sagen Sie, Abgeordnete, ihren Brüdern, ich bäte sie dringend, allerseits bemüht zu sein in wahrer, wohlverstandener Auffassung der Maurerei, überall aufklärend und einigend zu wirken, denn nur dann kann es möglich werden, das Ziel des Bundes zu erreichen; andernfalls steht der Freimaurerei in Deutschland eine traurige Zukunft bevor.«

Obgleich die vergebliche Auseinandersetzung zwischen dem königlichen Ordensmeister und seiner Großen Landesloge entmutigend gewirkt hatte, fanden sich doch in der Folgezeit immer wieder Freimaurer, die glaubten, dort erfolgreich sein zu können, wo selbst der Kronprinz des Deutschen Reiches gescheitert war.

Damit kommen wir zu einer weiteren Station auf dem Wege zur Einigung. Professor Bluntschli beriet sich am 7. März 1879 in Berlin mit Brüdern über die ›Deutsche Großloge‹ als Modell einer sehr weitgehenden Einigung und über eine konföderative Form, die er ›Bund der Vereinigten Großlogen Deutschlands‹ nennen wollte. Hier tauchen gleichzeitig zwei Begriffe auf: die ›Deutsche Großloge‹, die bald abgetan wurde, und als konföderative Form der ›Bund der Vereinigten Großlogen‹. Letzterer hielt sich als Denkmodell, als Vorstellung, als Ausgangspunkt mancher Hoffnungen noch eine ganze Zeit. Er fußte auf dem Entwurf zur Bildung der ›Vereinigten Großloge von Deutschland‹, den 1877 der Großmeister der Großloge ›Royal York‹, Christian Friedrich Ludwig Herrig, vorgelegt hatte. Man hat also vor über 100 Jahren schon zum ersten Mal den Begriff ›Vereinigte Großloge von Deutschland‹ geprägt. Auf dem ›Großlogentag‹ im Juni 1878 in Hamburg war dieser Entwurf von der Großen Landesloge allerdings mit der Begründung abgelehnt worden, die deutschen Großlogen hätten so viel Besonderes und Eigentümliches, daß eine Reform nur durchführbar sei, wenn die Fortexistenz derselben mit allen ihren Eigentümlichkeiten, Ritualen und Verfassungen nicht gefährdet werde; aber im Prinzip erklärte sich der ›Großlogentag‹ – die alljährlich wiederkehrende Zusammenkunft des ›Großlogenbundes‹ – mit einer Annäherung der Großlogen einverstanden. Eine Kommission sollte eine Vorlage beraten, deren Ausarbeitung dann Professor Bluntschli übernahm.

Auf dem nächsten Großlogentag, am 1. Juni 1879 in Frankfurt, sprachen sich die meisten deutschen Großlogen gegen die geplante nationale Großloge aus, vertagten einen endgültigen Beschluß aber wiederum auf das folgende Jahr. Bluntschli vermerkte dazu am 4. Juni 1879 in seinem Tagebuch:

»Der Geist des Partikularismus war viel stärker vertreten

als der der Nationalität ... Das Projekt ist jedenfalls zur Zeit ganz aussichtslos, und damit auch jede Reform, welche der deutschen Maurerei ein tatkräftiges Wirken ermöglicht.«

Ein Jahr später, am 16. Mai 1880, beschlossen die deutschen Großlogen einstimmig, »den Entwurf der Fünferkommission zu einer neuen Bundesverfassung der Vereinigten acht deutschen Großlogen zur Zeit ganz und gar auf sich beruhen zu lassen.« Er kam dann auch nie wieder auf die Tagesordnung.

Als stabilste Gemeinschaftseinrichtung der deutschen Freimaurer im 19. Jahrhundert hat sich der deutsche Großlogenbund erwiesen, der wenigstens nach außen hin eine gewisse Einheitlichkeit erzielte. Er hatte immerhin genau 50 Jahre Bestand: 1922, am 50. Jahrestag der Gründung des deutschen Großlogenbundes, kam es zum Austritt der drei altpreußischen Großlogen. Der so geschwächte Großlogenbund trat später noch als Rumpforganisation zusammen. Er bestand am Ende nur mehr aus den Großlogen von Hamburg, Bayreuth, Frankfurt und Darmstadt.

Als erkennbar etwa ab 1930 und dann konkret in den Jahren 1933 bis 1935 die deutsche Freimaurerei sich der existenzbedrohenden Kräfte des Nationalsozialismus erwehren mußte, stand sie uneins und zerrissen da: Elf verschiedene Großlogen, neun anerkannte und zwei nicht anerkannte, waren den sie bedrängenden Mächten nahezu hilflos ausgeliefert. Teilweise unternommene Anpassungsversuche beruhten auf unrealistischer Einschätzung der wirklichen Absichten der neuen Machthaber.

So kam dann für die deutsche Freimaurerei die große Zäsur der Verbotszeit, die im nächsten Kapitel behandelt wird. Diese Zäsur hatte landauf, landab eine spürbar aufrüttelnde Wirkung. Als die Logenbrüder nach 1945 darangehen konnten, die zerschlagene Freimaurerei wieder aufzurichten, war der Wunsch, sich eine starke Gesamtvertretung zu schaffen, überall spürbar. Unter spontaner Anerkennung einer Art von Sprengelrecht sammelten sich die Logen der verschiedenen früheren deutschen Großlogen zunächst auf Landesebene, so in Hamburg unter der tatkräftigen Förderung des letzten Großmeisters der Großen Loge von Hamburg, des Pastors Wilhelm Hintze.

Als eine Vorstufe der kommenden Einigung betrachteten viele Brüder diese regionalen Zusammenschlüsse. Sie bildeten zwischen 1945 und 1948 einen ›Großmeisterverein‹, den ›Großmeisterverein der Deutschen Großlogen‹. Im Gründungsprotokoll heißt es: »Die Federführung übernimmt bis auf weiteres die ›Landesloge für Bayern‹.« Kein Geringerer als Dr. Theodor Vogel war der Großmeister dieser ›Landesgroßloge für Bayern‹. Ihm wurde weitgehend freie Hand gegeben, nach eigenem Ermessen nun die Einigung der deutschen Freimaurer zu betreiben, und er hat diese Vollmacht mit enormer Energie und glänzendem Erfolg genutzt, bis das große Ziel erreicht war.

Hier die Stufen zu diesem Ziel: Die wichtigste war im Mai 1948 die ›Frankfurter Arbeitsgemeinschaft‹, die die allgemeine Marschroute für den Zusammenschluß aller deutschen Freimaurer in einer Großloge festlegte und bereits im Oktober desselben Jahres in Bad Kissingen konkrete Grundlagen erarbeitete.

Die Präambel der Übereinkunft von Bad Kissingen lautet: »Überzeugt von der entscheidenden Bedeutung ihrer gemeinsamen Beratungen für das Schicksal der deutschen Freimaurerei und in dem von den Vertretern aller deutschen Großlogen ausgesprochenen Bekenntnis, daß es nur eine Freimaurerei gibt, die alle auf der Oberfläche der Erde verstreuten, durch die Königliche Kunst aber verbundenen Brüder Freimaurer umfaßt, daß die deutschen Freimaurer durch Schicksal, Erleben und Erleiden unlösbar zu engster Gemeinschaft verbunden sind, daß von den alten Formen und Ritualen, den vielgestaltigen Lehren und dem eigenen Wesen der alten Großlogen nichts untergehen darf, was über Zeit und Raum gültig zu sein verdient, daß wir verpflichtet sind, die Sehnsucht vieler freimaurerischer Generationen endlich Wirklichkeit werden zu lassen, daß alle Fragen der Ordnung in einem festen, unlöslichen Zusammenschluß geregelt werden können, wenn die Fragen der Lehre nicht angetastet werden und Geist und Form der Zusammenarbeit freimaurerischen Ursprungs sind, sehen die in Bad Kissingen versammelten ehrwürdigsten Brüder einen Weg zur Einigung der deutschen Freimaurerei ...«

Heute ist kaum noch in Erinnerung, daß schon im August 1948 in Baden-Baden sehr ernst zu nehmende Verhandlungen auch mit der Großen Landesloge (FO) stattfanden, sich dem Einigungswerk anzuschließen. Federführender Sprecher der Großen Landesloge war Dr. Hans Oehmen, der Landesgroßmeister. Er unterbreitete folgende Verständigungsgrundlage: »Die ›Große Landesloge‹ hat das Recht, in allen Teilen Deutschlands Johannislogen zu gründen oder bestehende zu reaktivieren. Die nach dem System der ›Großen Landesloge‹ arbeitenden Johannislogen schließen sich der zu errichtenden Einheitsgroßloge mit allen Rechten und Pflichten an, die ›Große Landesloge‹ verzichtet auf eigene Provinzial-Großlogen, überwacht aber Lehre und Brauchtum der nach ihrem System arbeitenden Logen. Die ›Große Landesloge‹ ermöglicht den Mitgliedern von Johannislogen anderer Systeme Eintritt und Beförderung in ihren Andreas-Logen und Kapiteln, wobei ihr ein Prüfungsrecht zusteht und die Bewerber auf dem Boden eines dogmenfreien Christentums stehen müssen.« Eine in der Tat beachtliche Verhandlungsgrundlage, die aber ernsthaft nicht aufgegriffen wurde. Starke Kräfte im ›Orden‹ waren dagegen. Doch ungeachtet dieser Enttäuschung war der Einigungswille des größten Teils der deutschen Logen ungebrochen. Es kam schließlich zur Gründung der ›Vereinigten Großloge von Deutschland‹ am 19. Juni 1949 in der Paulskirche zu Frankfurt. Feierlich schlossen sich zu dieser ersten ›Vereinigten Großloge‹ zusammen:

42 Logen aus der ›Großen National-Mutterloge zu den drei Weltkugeln‹,
35 Logen aus der ›Großloge Royal York zur Freundschaft‹,
34 Logen aus der ›Großloge zur Sonne‹,
18 Logen aus der ›Großen Loge von Hamburg‹,
14 Logen aus dem ›Eklektischen Freimaurerbund‹,
 7 Logen aus der ›Großloge zur Eintracht‹,
 5 Logen aus der ›Symbolischen Großloge‹,

4 Logen aus der ›Großen Landesloge der Freimaurer von Deutschland‹,
4 Logen aus der ›Großen Landesloge von Sachsen‹,
10 Neugründungen aus der Zeit nach 1945.
Später, am 12. Juni 1952, erfolgte auch die Eingliederung der Loge des ›FzaS‹.

Das Gründungsereignis hatte eine ungeheure Signalwirkung. Es ist nicht zu trennen von der bedeutenden Persönlichkeit Theodor Vogels. »Er hat es verstanden, den Ereignissen in der maurerischen Welt ein so großes institutionelles Gewicht und derartige symbolische Kraft zu geben, daß in den folgenden Jahren der Anschluß auch der noch abseits stehenden Logen und Großlogen immer unausweichlicher wird. Die Entwicklung wurde dadurch begünstigt, daß es Bruder Vogel und seine Mitarbeiter geschickt verstanden, alle moralischen, emotionalen, sachlichen und maurerischen institutionellen Vorteile zu nutzen, die ihnen der Zusammenschluß in dieser ›Vereinigten Großloge von Deutschland‹ bot« (schreibt Manfred Steffens in ›Freimaurer in Deutschland‹).

Doch der Anschluß der beiden noch außenstehenden Großlogen, der ›Großen Landesloge der Freimaurer von Deutschland‹ und der ›Großen National-Mutterloge zu den drei Weltkugeln‹, sollte noch seine Zeit fordern. Die Verhandlungen bissen sich fest, und die Entscheidung kam schließlich erst durch spürbaren Druck von außen, von der Mutter aller Freimaurerlogen, der ›Vereinigten Großloge von England‹, zustande. Nachdem sie zunächst die Entwicklung in Deutschland abgewartet, sowohl Delegationen der ›Vereinigten Großloge‹ wie auch der GLL F. v. D. empfangen und eine Zeitlang sogar erwogen hatte, beide anzuerkennen, entschloß sie sich am 5. Dezember 1956 aber, die ›Vereinigte Großloge von Deutschland‹ endgültig und unwiderruflich anzuerkennen und damit deren Anschluß an die anerkannte Welt-Freimaurerei zu vollziehen. Sie tat jedoch noch ein übriges: Sie lud die beiden deutschen Großlogen zu einer Großmeisterkonferenz nach London ein, die am 14. Juni 1957 stattfand. Die dort anwesenden Großmeister, unter ihnen die Vertreter der skandinavischen Großlogen, mit denen die Große Landesloge aufgrund ihrer besonderen freimaurerischen Lehre eng verbunden ist, drängten die beiden deutschen Großlogen, sich nun doch endlich zu einigen, ein Wunsch, den der Großkanzler der ›Großen Landesloge von Schweden‹, von Heidenstam, in die Worte kleidete: »Brüder, ihr müßt euch einigen, ihr Alten Freien und Angenommenen Maurer und ihr von der Großen Landesloge unseres Systems, ihr müßt euch einigen, um der Jugend, um der Zukunft willen, und ihr sollt alle Hilfe haben, aber einigt euch.«

Diesem Appell mochte sich nun auch die Große Landesloge nicht mehr entziehen. Am 17. Mai 1958 billigen die ›Hauptversammlung‹ der GLL und der außerordentliche ›Großlogentag‹ der ›Vereinigten Großloge‹ die ›Magna Charta‹ der deutschen Freimaurer.*

Damit ist die vorerst letzte Station des schwierigen Weges der deutschen Freimaurer zur Einigung erreicht. Die neuen Partner entschlossen sich, die ›Vereinigten Großlogen von Deutschland, Bruderschaft der Deutschen Freimaurer‹ zu gründen. Und um bei der Abkürzung ›VGL‹ keine Verwechslung hervorzurufen, verzichtete die ›Vereinigte Großloge von Deutschland‹ auf ihren schon historischen Titel und nahm für einige Jahre die Bezeichnung ›Große Landesloge der Alten Freien und Angenommenen Maurer‹ (GLL-AFAM) an. Die ›Große Landesloge‹ verwendet den Zusatz ›Freimaurerischer Orden‹ (FO). Eine erste wesentliche Erweiterung erfährt die ›Magna Charta‹, als anläßlich des Berliner Konvents von 1970 die ›Große National-Mutterloge zu den drei Weltkugeln‹ und die seitherigen Provinzialgroßlogen der Amerikanisch-Canadischen Freimaurer (heute ›A.C.G.L.‹) und der Britischen Freimaurer (heute ›GLBFG‹) als gleichberechtigte Partner den Vereinigten Großlogen von Deutschland beitreten und nach einem bestimmten Schlüssel Sitz und Stimme im Senat erhalten.

Eine erste inhaltliche Reform der ›Magna Charta‹ wird im

---

* Den anspruchsvollen Titel ›Magna Charta‹ gab man dem Vertrag wegen seiner historischen Bedeutung.

Oktober 1979 durch den Konvent verabschiedet. Sie umfaßt im wesentlichen eine klarere Beschreibung der Gemeinschaftsaufgaben der VGLvD, eine geänderte Sitz- und Stimmverteilung im Senat, eine auf drei Jahre verlängerte Amtszeit des Großmeisters und seines Stellvertreters (ursprünglich nur einjährige Amtszeit) und wurde allgemein als weitere Verbesserung der nationalen Ordnung der deutschen Freimaurer und ihrer Gesamtvertretung verstanden. Eine vollständige Neufassung des gesamten Verfassungs- und Gesetzeswerkes hat der Konvent 1982 beschlossen. Wichtiger Baustein dabei: Die ›Magna Charta‹ ist nicht mehr (wie bis 1979 möglich gewesen und zuweilen auch schon angedroht) ›kündbar‹. Eine Partnergroßloge kann allenfalls aus den VGLvD ›austreten‹. (Das dürfte sie sich allerdings sehr wohl überlegen, denn das würde unweigerlich den Schritt in die Nicht-Anerkennung und damit in die Selbstzerstörung bedeuten!)

Die reguläre Freimaurerei Deutschlands gliedert sich so:

VEREINIGTE GROSSLOGEN VON DEUTSCHLAND

Bruderschaft der Freimaurer
Großmeister – Senat – Konvent

Großloge der Alten Freien und Angenommenen Maurer von Deutschland (GL A. F. u. A. M. v. D.) 232 Logen	*Große Landesloge der Freimaurer von Deutschland (GLL F. v. D.) 81 Logen*	*Große National-Mutterloge ›Zu den drei Weltkugeln‹ (GNML 3 WK) 26 Logen*
American-Canadian Grand Lodge A. F. + A. M. (AC GL) 44 Logen	Grand Lodge of British Freemasons in Germany (GL BFG) 14 Logen	

Fünf weitere Logen sind den VGLvD unmittelbar unterstellt. Insgesamt existieren somit in Deutschland 402 Freimaurerlogen.

VERBOT UND VERFOLGUNG IM DRITTEN REICH

Im Laufe ihrer über 250jährigen Geschichte genoß die Freimaurerei in vielen Ländern der Welt und zu allen Zeiten gesellschaftliches Ansehen. Kaiser, Könige, Fürsten und Bischöfe gehörten dem ›Weltbund der Menschlichkeit‹ ebenso an wie bedeutende Männer des Geistes, der Wissenschaft, der Künste, der Wirtschaft und der Politik. Dennoch hat es fast zu allen Zeiten vielgestaltige Angriffe gegen die Freimaurer gegeben. Aus politischen wie aus konfessionellen Gründen sahen sich die Maurer der Geistes- und Gewissensfreiheit schon bald nach ihrer ersten Großlogengründung 1717 in England Verfolgungen ausgesetzt, wo immer auch Logen gegründet wurden.

Kurfürst Karl Philipp von der Pfalz verbot seinen Staatsdienern am 21. Oktober 1737 den Eintritt in den Freimaurerbund. Das war das erste Freimaurerverbot in Deutschland. 1738 untersagte in Schweden ein königlicher Erlaß die Versammlung der Freimaurer ›bei Todesstrafe‹, Ludwig XV. von Frankreich verbot allen getreuen Untertanen den Umgang mit Freimaurern und verbannte die adligen Freimaurer vom Hof. König August II. von Polen erließ im Jahre 1739 ein allgemeines Verbot der Freimaurerei, ebenso König Philipp V. von Spanien. In Portugal wurden um diese Zeit Freimaurer allein wegen ihrer Logenzugehörigkeit zu Galeerenstrafen, ja sogar zum Feuertod verurteilt. Auch in Hamburg beschloß 1738 der sonst so freiheitlich gesinnte Senat, den Angestellten der Stadt eine Teilnahme an Logenversammlungen zu untersagen.

Mit von der Partie war die katholische Kirche: Bereits am 28. April 1738 erließ Papst Clemens XII. die erste Bulle gegen die Freimaurer, am 18. Mai 1751 Papst Benedikt XIV. die zweite. Begründung wörtlich: »Da in derlei Gesellschaften und Konventikeln Leute jeder Religion und jeder Sekte sich zusammengesellen, kann der Reinheit der katholischen

Religion ein großer Schaden zugefügt werden.« Spätere Päpste schlossen sich mit weiteren Bullen und Enzykliken gegen die Freimaurer an – in zunehmender Schärfe und mit verhängnisvollen Folgen für viele Freimaurer in katholisch regierten Ländern. Erst mit dem II. Vatikanischen Konzil (1962–1965) unter Papst Johannes XXIII. sollte sich die Grundeinstellung der katholischen Kirche mit dem Bekenntnis zur Religionsfreiheit wandeln.

Nirgends in der Geschichte jedoch wurde die Freimaurerei mit solcher Gründlichkeit verfolgt wie im Dritten Reich. Im Kaiserreich hatte das Freimaurertum in hohem Ansehen gestanden, obgleich Wilhelm II. nicht die Tradition seines Vaters und seines Großvaters fortsetzte und selbst kein Freimaurer war. Über 80000 Mitglieder zählte der Bund damals in Deutschland. Als der Erste Weltkrieg verloren und das Kaiserreich zusammengebrochen war, machte sich eine weitgehende Ratlosigkeit in Deutschland breit. Das unbegreifliche Schicksal der Nation, die allgemeine Not und Unsicherheit schufen eine Atmosphäre, in der eine allgemeine Intoleranz wuchs und in der sich dumpfer, blinder Haß entfalten konnte.

Politische Propheten wie der General Erich Ludendorff suchten die Schuld am nationalen Unglück nicht im eigenen Versagen, sie zeichneten vielmehr das Bild eines weltweiten Ränkespiels dunkler Mächte, gegen deren finsteres Treiben der ›heldenhafte Kampf des deutschen Volkes‹ vergebens gewesen war.

In primitiver nationalistischer Propaganda gerieten so verschiedenartige Gruppierungen wie Juden, Jesuiten, Kommunisten und Freimaurer in eine Schußlinie, nur weil sie weltweite Verbindungen hatten.

›Überstaatliche Mächte‹ wurden zum Schreckgespenst der Zeit, und jede Form von Internationalismus wurde mit blindem Eifer bekämpft. So baute die spätere konsequente Verfolgung des Freimaurertums durch die Machthaber des Dritten Reiches auf den Schriften Erich Ludendorffs und seiner Frau Mathilde auf.

In einer von der Evangelischen Zentralstelle für Weltan-

16 Friedrich II. (1712–1786), 1738 in Braunschweig zum Freimaurer aufgenommen, leitete selbst eine Loge und stand hinter der Gründung der Loge ›Au trois globes‹ in Berlin, aus der die noch heute existierende Große National-Mutterloge ›Zu den drei Weltkugeln‹ hervorging.

17 Josef Haydn (1732–1809), Komponist, aufgenommen im Beisein Mozarts 1785 in der Loge ›Zur wahren Eintracht‹ in Wien.

18 Franz Liszt (1811–1886), Pianist und Komponist, aufgenommen 1841 in der Loge ›Zur Einigkeit‹, Frankfurt a. Main.

19 Johann Wolfgang von Goethe (1749–1832), aufgenommen 1780 in der Loge ›Amalia‹. Die Freimaurerei verdankt Goethe u. a. das berühmte Symbolum (›Des Maurers Wandeln/ es gleicht dem Leben...‹)

20 Gotthold Ephraim Lessing (1729–1781), Dichter, aufgenommen 1771 in der Wohnung des Freiherrn von Rosenberg in Hamburg (Loge ›Zu den drei Rosen‹); schrieb u. a. ›Ernst und Falk – Gespräche für Freymäurer‹.

21 Gerhard Johann David von Scharnhorst (1755–1813), preußischer General, aufgenommen 1799 in der Loge ›Zum goldenen Zirkel‹ in Göttingen.

22 Gustav Stresemann (1878–1929), Reichskanzler, Reichsaußenminister, aufgenommen 1923 in der Loge ›Friedrich der Große‹ in Berlin.

23 Thomas Dehler (1897–1967), Bundesjustizminister, Vizepräsident des Deutschen Bundestages, aufgenommen 1926 in der Loge ›Zur Verbrüderung an der Regnitz‹ in Bamberg.

24 Max Tau (1897–1976), Schriftsteller, Friedenspreisträger des Deutschen Buchhandels, aufgenommen in der Loge ›Eidora zum Schwan‹ in St. Peter-Ording.

25 Sir Winston Churchill (1874–1965), Politiker. Aufgenommen 1901 in der United Studholme Lodge in London.

26 Sir Alexander Fleming (1881–1955), Entdecker des Penicillins, mehrfach Meister vom Stuhl, dann 1. Großschaffner der Vereinigten Großloge von England, später Großaufseher.

schauungsfragen herausgegebenen Information schildert Wilhelm Quentzer* die Ausgangslage wie folgt:

»Die psychologischen Gegebenheiten, die den ›Juden-Jesuiten-Freimaurer-Komplex‹ im letzten bestimmen, lassen sich am einfachsten im Blick auf die nationalsozialistische Propaganda verdeutlichen, in der dieses so überaus zählebige ›Vorurteil‹ bisher seine größte Schärfe erlangte und wohl auch am zielstrebigsten ausgebeutet wurde: In welchen Spielarten der Glaube an geheime Drahtzieher der Weltgeschichte auftreten mag – im Augenblick denkt die öffentliche Meinung eher an multinationale Konzerne und Geheimdienste –, immer zeigt sich als Voraussetzung eine tiefe Unzufriedenheit und Gereiztheit gegenüber politischen Entwicklungen. Die Dinge laufen nicht nach unseren eigenen Wünschen. Alles, was man an Informationen über die konventionellen Kanäle, von den Zeitungen bis zum Fernsehen, erfahren kann, scheint nicht auszureichen, das Geschehen zureichend zu erklären. In dieser Lage kommt gern die Bereitschaft auf, alles, was man auf der öffentlichen Bühne zu sehen bekommt, für ein bloßes Spiel anzusehen, das seine geheimen Drahtzieher haben muß.«

Das bekannteste Beispiel dafür lieferte wohl General Ludendorff mit seinem Windmühlenkampf gegen das, was er die ›überstaatlichen Mächte‹ nannte. Der Ursprung dieses ›Kampfes‹ lag nach Kurt Hutten (Material-Dienst der EZW, Jg. 1954) in der Niederlage des Ersten Weltkriegs. »Der General hatte sie nicht verhindern können, und er weigerte sich auch, einer Erklärung dieser Niederlage zuzustimmen, die ihn selbst als maßgebenden militärischen Führer in die Kritik einbezog. Darum suchte er nach einem Schuldigen, der hinter dem Rücken der deutschen Heerführung aus verborgenen Hintergründen heraus das Verhängnis herbeigeführt habe.« Oder, wie Manfred Steffens (›Freimaurer in Deutschland‹) formuliert: »Es konnte, so fand Ludendorff, nicht mit rechten Dingen zugegangen sein, daß ein Land, das über

---

* Information Nr. 58/74, ›Königliche Kunst in der Massengesellschaft – Freimaurerei als Gruppenphänomen‹

einen so genialen Feldherrn wie ihn verfügte, einen Krieg verliert.«

Hitler selbst hat Ludendorffs Kampf gegen die ›überstaatlichen Mächte‹ zwar aufgenommen und weitergeführt: Die Freimaurerei aber scheint er in seinem Zynismus eher für eine Art Kinderschreck gehalten zu haben. Natürlich glaube er nicht im Ernst, so erklärte er einmal Hermann Rauschning gegenüber, »an die abgrundtiefe Bosheit und Schädlichkeit dieser inzwischen verspießerten und in Deutschland immer harmlos gewesenen Vereinigung zur gegenseitigen Beförderung der eigenen Interessen« (›Gespräche mit Hitler‹).

Ludendorff hatte sich noch am 2. Mai 1923 in das Gästebuch der Loge ›Empor‹ in München mit dem markigen Spruch eingeschrieben: »Das Vaterland fordert von der nationalen Freimaurerei, harte Charaktere und Tatmenschen zu erziehen!« Wenige Jahre später (1927) erschien dann jedoch seine Schrift ›Vernichtung der Freimaurerei durch Enthüllung ihrer Geheimnisse‹, und ein Jahr darauf, am 4. Oktober 1928, wurde aus Berlin gemeldet: General Ludendorff hat vom Reichspräsidenten die ›Befreiung des Volkes von der Verbrecherpest der Freimaurerei‹ gefordert!

Wenn also der durch Ludendorff geschürte Freimaurerhaß später konsequent durch die Nationalsozialisten aufgegriffen und in eine systematische Verfolgung umgesetzt wurde, so muß doch festgestellt werden, daß sich die Nationalsozialisten nicht einfach der oft fadenscheinigen und unbewiesenen Argumente des Generals bedienten. Sie waren im Gegenteil von einer geheimen Haßbewunderung für den Freimaurerbund erfüllt. Das geht aus Äußerungen hervor, die z. B. von Himmler und auch von dem Judenvernichter Adolf Eichmann bekannt geworden sind.

Aus den antifreimaurerischen Schriften Ludendorffs, die also die Nationalsozialisten sich durchaus nicht uneingeschränkt zu eigen machten, hier einige Kostproben:

»Die Freimaurerei in Deutschland unterstützte die blutige, gegen die nordische Oberschicht gerichtete freimaurerische Revolution in Frankreich ...«

»Mit den jüdisch-freimaurerischen Schlagworten von Freiheit, Gleichheit und Brüderlichkeit werden die Völker geknechtet, Unfreiheit, Völker- und Bruderhaß erzeugt ...«

»Kaiser Wilhelm II. war, wie der Zar, nicht Freimaurer, beide verloren deshalb ihren Thron ...«

»Wie nun die freimaurerische Barmherzigkeit im großen aussieht, sehen wir täglich an der Ausplünderung des Deutschen Volkes, wie aller anderen Völker, mit Hilfe und Weisung jüdischer und verfreimaurerter Kreise unter der offiziellen Führung des Präsidenten der Vereinigten Staaten, Coolidge, und seiner freimaurerischen Helfershelfer ...«

»Genf ist für die Freimaurer ein besonders geweihter Ort. Wir kennen das Genfer Rote Kreuz aus fünf roten vollkommenen Quadraten ...«

»Die Grundlagen der Freimaurerei, ihr Mythos und, wie wir sehen werden, die Abstempelung geben die Mittel, jüdische Moralbegriffe den anderen Rassen, Völkern und einzelnen Menschen und damit auch den Deutschen aufzudrücken und ihn zu verjuden, ihn zu entsittlichen und seinen Stolz zu brechen ...«

In diesen wenigen Sätzen findet sich, was für die Ludendorff-Schriften typisch war: Geschichtsklitterung, Rassenwahn, Hetze und blinder Haß. Seine Frau Mathilde stand dem General Erich in nichts nach. Als 1927 seine Schrift ›Vernichtung der Freimaurerei durch Enthüllung ihrer Geheimnisse‹ erschienen war, schrieb sie emphatisch: »Die Freimaurerei ist durch diesen Schlag des Feldherrn vernichtet und das Deutsche Volk wieder einmal durch ihn vor dem Untergang gerettet!«

Bei den Ludendorffs wie bei den Nationalsozialisten lösten die Freimaurer einen eigentümlichen Verfolgungswahn aus. So überkam den Reichsführer SS Heinrich Himmler im Jahr 1936 ernstlich die Sorge, ausgerechnet die Freimaurerhasserin Mathilde Ludendorff könne am Ende von den Freimaurern selbst ausgesandt worden sein, um den General Ludendorff ›zu verderben‹. Er beauftragte seine ›Reichsstelle für Sippenforschung‹, Nachforschungen nach ›jüdischen Blutsteilen‹ bei Frau Mathilde anzustellen. Am 7. Mai 1936 schrieb Himmler an SS-Obergruppenführer Richard Walter Darré: »Ich bitte, die Ahnentafel der Frau des Generals Ludendorff einer eingehenden Nachprüfung unterziehen zu lassen ... Ich vermute sehr stark, daß in der Ahnentafel irgendwelche jüdischen Blutsteile auftreten werden, da sonst die Rabulistik dieser Frau, die bezeichnenderweise in ihren jüngeren Jahren eine sehr tätige internationale Pazifistin in der Schweiz war, sowie ihr ganzes abnormales persönliches und sexuelles Leben nicht erklärlich wären. Wenn ich je glaubte, daß die Freimaurerei bestimmte Leute abschickt, um andere zu verderben, so glaube ich in diesem Falle ..., daß sie geschickt worden ist, den General Ludendorff zu verderben!«

Die Antwort der ›Reichsstelle für Sippenforschung‹ vom 10. November 1936 lautet u. a.: »Im Nachgang zu meinem Bericht vom 23. Juli dieses Jahres übersende ich die im Sinne der Partei aufgestellte Ahnentafel der Mathilde Spieß, jetzt Frau des Generals Ludendorff. Ein jüdischer Bluteinschlag konnte nicht festgestellt werden. Dagegen ist es auffällig, daß unter den Vorfahren nicht weniger als neun Theologen erscheinen. Eine entsprechende Schlußfolgerung ist damit ohne weiteres gegeben ...«

Ungeachtet solcher nur aus dem Geist der Zeit zu erklärenden Distanzierungen: das Reichssicherheitshauptamt wurde zum Vollstrecker der Verschwörungsthese.*

In den Jahren 1933, 1934 und 1935 vollzog sich Schritt für Schritt die Auflösung der deutschen Großlogen und Logen. Dabei bemühten sich die Nationalsozialisten, einen halbwegs legalen Anschein zu wahren. Sie sorgten für eine förmliche Auflösung der Vereine, für die Einsetzung von Liquidatoren, ja sogar für Kaufverträge, durch die das Vermögen der Logen an staatliche Institutionen übertragen wurde. Doch ebenso kam es zu Plünderungen, Verhöhnungen und Schaustellungen, unmenschlichem Terror gegen einzelne, zu Deportationen, Folterungen und sogar auch zu Morden.

Ein bewegendes Zeitdokument ist das folgende Protokoll

---

* Johannes Rogalla von Bieberstein: ›Die These von der jüdisch-freimaurerischen Weltverschwörung‹, Wochenzeitung ›Das Parlament‹, Nr. 25/77 über den Auflösungskonvent der inzwischen auch in einen ›Orden‹ umbenannten Großen Loge von Hamburg am 30.7.1935 in ihrem schönen Logenhaus in der Welckerstraße:

»»*Die Freimaurerei ist etwas Notwendiges, das im Menschen begründet liegt‹ – sagt Br. Lessing in seinen Gesprächen über die Freimaurerei.*

Nach fast 200 Jahren deutschen Freimaurertums kam die Zeit, wo dieses Wort Lessings keine Geltung mehr haben sollte, wo die Freimaurerei aufhörte, eine Notwendigkeit zu sein, wo eine neue Gedankenwelt, gestützt auf staatliche Macht und Gesetz, die Tradition einer uns geheiligten Idee erlöschen ließ. Treu unserem Gelöbnis als Deutsche Freimaurer zog der Deutsche Orden und mit ihm alle unter seiner Leitung arbeitenden Ordensämter aus dem Staatsgebot die Konsequenzen und schloß als letzter im Reiche, treu ausharrend bis zum Ende, am 30. Juli 1935 die Türen seines Versammlungssaales hinter den letzten Brrn.

Allen, die in diesem denkwürdigen Augenblick zugegen waren, wird der Schmerz unvergeßlich sein, den wir alle empfanden. Der folgende Bericht wird deshalb jedem von uns eine bleibende und zugleich heilige Erinnerung sein, denn dieser Abend ließ noch einmal vor unserem geistigen Auge das große Werk erstehen, dem wir und unsere Vorfahren gedient haben in unerschütterlicher Treue und in heiliger Ehrfurcht vor der Größe des hohen Ideengutes, das zu verwalten uns vergönnt war.

Um 19.55 Uhr betraten die anwesenden Brr. – insgesamt 79 – unter Orgelklang den Friedrich-Ludwig-Schröder-Saal.

Nach einem besonderen, hierfür vorbereiteten Ritual eröffnete der Ehrwst. Großmstr. Br. Bröse den Convent, an dem auch die von der Geheimen Staatspolizei entsandten Herren teilnahmen. Die drei Kerzen wurden entzündet – der Korintherbrief mit seinem unvergeßlichen Text klang an unser Ohr: ›Wenn ich mit Menschen- und mit Engelzungen redete und hätte die Liebe nicht‹ – –. Das althergebrachte Gebet eröffnete den Convent. Uns liebe und vertraute Klänge und Worte versetzten einen jeden von uns in die Stunde seiner Aufnahme zu-

rück, als Br. vom Scheidt aus der Zauberflöte ›In diesen heiligen Hallen‹ in Begleitung der Orgel sang. Heilig werden sie uns immer sein und bleiben, denn in ihnen bauten wir an dem Werk der menschlichen Vollendung und damit an menschlicher Hochkultur.

Br. Bröse begrüßte die Anwesenden mit herzlichen Worten. Meister seien alle, so führte er aus, die sich heute hier versammelten. Noch einmal seien sie hier zusammengekommen, um ihre Treue zu beweisen – noch einmal leuchteten die Kerzen –. Der A. B. a. W. aber gebe allen Stärke und Kraft, diese Stunde der Trennung nie zu vergessen.

Dann eröffnete der Ehrwst. Großmstr. die Mitgliederversammlung des Deutschen Ordens. Er stellt den Antrag auf sofortige Auflösung mit der gleichzeitigen Erklärung, daß er eine Diskussion nicht zulassen werde. Es wird abgestimmt und die sofortige Auflösung einstimmig beschlossen. Darauf bittet Br. Bröse die Versammlung, einen Liquidator zu ernennen. Br. Kasten erklärt, daß niemand für dieses Amt geeigneter sei als Br. Bröse und die Anwesenden möchten ihn deshalb zum Liquidator ernennen. Es wird abgestimmt mit dem Ergebnis, daß Br. Bröse einstimmig gewählt wird. Derselbe dankt den Brr. und nimmt das Amt an mit der Bedingung, daß
1. ihm eine Generalvollmacht erteilt werde über alle Maßnahmen, die vorzunehmen er für notwendig erachte,
2. die Versammlung dem zustimme, daß der § 181 des BGB. außer Kraft gesetzt werde.

Dieser Paragraph lautet:

›Ein Vertreter kann, soweit ihm ein anderes nicht gestattet ist, im Namen des Vertretenen mit sich im eigenen Namen oder als Vertreter eines Dritten ein Rechtsgeschäft nicht vornehmen, es sei denn, daß das Rechtsgeschäft ausschließlich in der Erfüllung einer Verbindlichkeit besteht.‹

Dafür sei zu beschließen:

›Der Liquidator wird ermächtigt, sämtliche Rechtsgeschäfte für den Deutschen Orden auch mit sich im eigenen Namen

und/oder als Vertreter bzw. Liquidator der vereinigten 5 Hamburger Ordensämter abzuschließen und zu erfüllen, von den Beschränkungen des § 181 BGB. ist der Liquidator befreit.‹
Diese Fassung wird einstimmig von der Versammlung angenommen. Br. Bröse erklärt nun, nachdem die Voraussetzungen für die Liquidation geschaffen seien, den Deutschen Orden mit sofortiger Wirkung für aufgelöst.
Drei starke Schläge mit dem Hammer verkünden die Auflösung. Die Schläge verhallen seltsam resonanzlos im Raum. –
Darauf eröffnet Br. Bröse als Vorsitzender der Vereinigten 5 Ordensämter die Versammlung derselben; es wird zunächst über den zur Tagesordnung stehenden Dringlichkeitsantrag betr. Streichung des § 5 Absatz 1 und 2 des Hausgesetzes abgestimmt. Der Antrag wird einstimmig genehmigt. Als Liquidator wird auf Antrag von Br. Kasten wiederum Br. Bröse gewählt, und zwar unter den gleichen Vorbehalten wie sie für den Liquidator des Deutschen Ordens vorgesehen sind. Es wird also unter Außerachtlassung des § 181 BGB. folgende Fassung beschlossen:

›Der Liquidator wird ermächtigt, sämtliche Rechtsgeschäfte für die Vereinigten 5 Hamburger Ordensämter auch mit sich als Vertreter des Deutschen Ordens (i. V.) abzuschließen und zu erfüllen; von den Beschränkungen des § 181 BGB. ist der Liquidator befreit.‹

Hierauf befragt Br. Bröse die 5 Stuhlmeister, ob die einzelnen Ordensämter die Zustimmung ihrer Mitglieder zu dem Auflösungsbeschluß erwirkt haben. Dies wird bestätigt. Formell werden dann von jedem vorsitzenden Meister noch einmal die Mitglieder befragt, ob sie mit der Auflösung einverstanden seien, was ebenfalls bestätigt wird.
Nachdem so alle Vorbedingungen für die Auflösung geschaffen sind, werden die einzelnen Ordensämter in folgender Reihenfolge aufgelöst, und zwar mit sofortiger Wirkung:

die im Jahre 1737 gegr. Loge Absalom zu den Drei Nesseln
  (Ordensamt Absalom);

die im Jahre 1743 gegr. Loge St. Georg zur grünenden Fichte (Ordensamt St. Georg);
die im Jahre 1774 gegr. Loge Emanuel zur Maienblume (Ordensamt Emanuel);
die im Jahre 1776 gegr. Loge Ferdinande Caroline (Ordensamt Ferdinand Carl);
die im Jahre 1787 gegr. Loge Ferdinand zum Felsen (Ordensamt Ferdinand zum Felsen).

Jeder Auflösungsverkündung folgten die drei Hammerschläge.
Alle empfinden nach diesen Hammerschlägen eine furchtbare Leere, und manchem Br. werden die Augen feucht.
Orgelspiel ertönt und die herrlichen Klänge von Sullivans ›Der verklungene Ton‹ erfüllen den Raum. Verklungen ist alles, was uns lieb war, und erschüttert und doch innerlich erhoben lauschen wir dem Gesang des Brs. vom Scheidt.
In diese große innere Bewegung hinein spricht nun der Ehrwst. Großmstr. noch einmal, einen Überblick über die Freimaurerei, ihre Entstehung und ihre Bedeutung gebend. Wir hören seine Worte wie die Würdigung eines lieben Toten, und darüber hinaus, wie ein schmerzvolles Gedenken an etwas unsagbar Hohes und Schönes, das uns nun verloren sein soll. Br. Bröse beleuchtet die Verdienste der Großen Loge von Hamburg um den großen freimaurerischen Gedanken, um das deutsche Volk und das deutsche Vaterland. In echt freimaurerischer Weise schließt der Vortragende seine Ausführungen. ›Von uns selbst aber wollen wir nicht sprechen. Was wir erstrebten, was wir an Werken der Vaterlandsliebe und Menschenliebe taten, legen wir still und demütig in die Hand des Schöpfers, der von Ewigkeit zu Ewigkeit waltet und der Inbegriff der Wahrheit und Gerechtigkeit ist.‹
Unauslöschlich der Eindruck dieser Worte – anders als sonst! Jeder von uns fühlt in diesem Augenblick die starke Verbundenheit mit dem großen Meister aller Welten, aus dessen gütiger Hand auch für uns einst die Hoffnung erblühen wird – Glaube und Liebe aber halten die Herzen aller Brüder gebunden für alle Zeiten.

In der Umfrage ergreift Br. Kasten das Wort. Er weist auf die Liebe und Dankbarkeit hin, die wir alle stets unserem verehrten Großmeister entgegengebracht haben und bittet, diese stets in unserem Herzen zu tragen. Auf seine Anregung treten die Brr. in Ordnung und ein begeistertes Drei mal Drei bekräftigt alles, was wir mit Worten in diesem Augenblick nicht sagen können.
  Nun folgt der Schluß des Convents nach dem eigenen Ritual. Leise erklingt die Orgel – eine unendliche Weihe liegt über allem, als die drei Kerzen verlöschen.
  Drei Sprüche hören wir zum ersten und letzten Mal:

›Flamme an der Säule der Weisheit, Funke aus dem Diadem des A. B. a. W., leuchte fort in unseren Herzen als Leitstern unseres ferneren Lebens.

Flamme, Symbol der Stärke, kehre zurück zu ihm, der uns der Inbegriff der Allmacht und der Stärke ist.

Flamme, die Du uns den Weg zum Schönen wiesest, vereinige Dich wieder mit dem Glauben der Schönheit, die aus allen Werken Gottes strahlt.‹

Die drei Kerzen sind erloschen. – Die Brüder treten noch einmal in die Kette – ein Strom der alten herzlichen Bruderliebe geht durch die verschlungenen Hände – herzergreifend das letzte Gebet:

›Nicht weil wir unseres Dienstes an den Säulen der Weisheit, Schönheit und Stärke müde geworden sind, sondern weil unsere Regierung es zum Nutzen des Volkes erwartet, legen wir jetzt die Werkzeuge, mit denen wir und unsere Vorgänger, um Dich zu ehren, fast zwei Jahrhunderte am geistigen Dombau arbeiteten, in Deine Hände zurück ...‹

Dann ist es zu Ende! – ›Ein feste Burg‹ braust durch den Raum und so verlassen die Brüder die Stätte ihrer Arbeit.
  Als der Br. Schaffner die drei Kerzen von den Säulen

nimmt, scheint ein fernes Licht zu erstrahlen und es ist, als ob Friedrich Ludwig Schröder auf seinem Postament den Arm bewege, um die Brüder zu entlassen.

Ansprache des Großmeisters Richard Bröse

Betten wir einen lieben Angehörigen zur Ruhe, so widmen wir ihm noch einmal Worte des Dankes und überschauen den Lauf seines Lebens. Unser nunmehr aufgelöster Orden hat zu kurze Zeit bestanden, um sich zu entfalten. Von ihm können wir nicht viel mehr sagen, als daß er uns die Möglichkeit bot, uns an alter, liebgewordener Stätte zu versammeln und die durchgeistigte Freundschaft zu pflegen, die uns seit so vielen Jahren verbindet.

Anders ist es aber mit der Organisation, aus der unser Orden vor zweieinhalb Jahren hervorgegangen ist. Sie bedeutet für uns eine große und schöne Vergangenheit.

Um unseren alten, vor zweieinhalb Jahren in den Deutschen Orden umgewandelten Bund zu verstehen, müssen wir uns in die Zeit seiner Gründung zurückversetzen. Furchtbare Glaubenskriege hatten große europäische Staaten, und vor allem Deutschland, bis auf den Grund erschüttert. Von wissenschaftlicher Forschung konnte kaum noch gesprochen werden, und die Kultur war auf ein tiefes Niveau herabgesunken. Materielle und geistige Not gingen bei der großen Masse des Volkes Hand in Hand. Aberglaube, Hexenglaube mit seinen verabscheuungswürdigen Prozessen, Folter, Gewalttätigkeit, Leibeigenschaft standen in voller Blüte. Aber allmählich wurde doch die Nacht, die alles deckte, von einzelnen, schwachen Lichtstrahlen durchbrochen. Die Lehren von Comenius und anderen großen Vertretern des Humanismus wagten sich wieder schüchtern hervor und entzündeten hier und dort die Geister von Männern, die im Denken und Fühlen die Allgemeinheit überragten und drängten sie mit immer stärkerer Macht, sich in den Dienst einer mühevollen Aufklärung zu stellen. Noch aber war die Öffentlichkeit für solche Bestrebungen nicht reif und deshalb suchten und fanden die wenigen, die eine Besserung der trostlosen Verhältnisse erstrebten, die die Völker aus Dumpfheit und Verzagtheit herausreißen und für sie eine lichtere und menschenwürdigere Zeit vorbereiten wollten, Aufnahme und Schutz in den Bauhütten der Steinmetzen, aus denen die ersten, im Jahre 1717 in London gegründeten Logen ihren Ursprung hatten. Ehrfurcht vor Gott, Treue zur Regierung, Moralität, Schlichtheit und Beseitigung von Vorurteilen und Standesunterschieden waren die wichtigsten Elemente der bald formulierten Verfassung, die unter dem Namen ›Alte Pflichten‹ auch für uns bis zur letzten Stunde Gültigkeit hatten. Schon in den ersten Jahren traten Mitglieder des englischen Hochadels der neuen Gesellschaft bei, in der – für die damalige Zeit eine Ungeheuerlichkeit! – Herzöge, Wissenschaftler, Kaufleute und Handwerker alle Unterschiede der Geburt und des Standes beiseite legten, sich ›Brüder‹ nannten und nach gemeinsamen, geistigen Zielen strebten. Die Saat, die in England aufgegangen war, wurde bald nach anderen Ländern und auch nach Deutschland verpflanzt, wo im Jahre 1737 unter dem Namen ›Loge d'Hambourg‹ die erste deutsche Loge gegründet wurde, die später den Namen ›Absalom z. d. 3 Nesseln‹ annahm. Von dieser Gründung erfuhr der Kronprinz und spätere König Friedrich der Große, dessen umfassender und lebendiger Geist sich sofort für die neuen Gedanken begeisterte und der nicht ruhte, bis er durch eine Hamburger Deputation in den neuen Bund aufgenommen war. Seinem Beispiele folgten viele andere aufgeklärte oder nach Aufklärung verlangende Fürsten, Offiziere, Beamte und Männer des Bürgerstandes. Ich nenne nur den noch heute von seinem Volke verehrten und geliebten Herzog Ferdinand von Braunschweig, Blücher, Scharnhorst, den großen Staatsmann Freiherr v. Stein, ferner die Reichsgründer Kaiser Wilhelm I. und seinen Heldensohn Friedrich.

Wie sehr ferner unsere Dichter Goethe, Lessing, Herder, Wieland und manche andere von den Ideen des Bundes erfüllt und durchdrungen waren, bekunden mit aller Deutlichkeit ihre Werke. Der größte aller Tondichter aber, Mozart, widmete ihm sein unsterbliches Werk, ›Die Zauberflöte‹, das in vollendeter Weise die ganze frmr. Gedanken- und Gefühlswelt offenbart.

Schauen wir zurück, so können wir also mit berechtigtem

Stolz sagen, daß wir großen und reinen Zielen nachgegangen sind und uns in der allerbesten Gesellschaft befunden haben.

Voll Ehrfurcht gedenken wir in dieser Stunde unseres großen Friedrich Ludwig Schröder, dessen Gebeine kürzlich nach dem Ohlsdorfer Ehrenfriedhof übergeführt wurden, gedenken wir der Männer des Hamburger Senates und der Bürgerschaft, die uns angehörten und unseren Bund förderten, und der vielen Männer aus einfachen und hochangesehenen Hamburger Familien, die als Gebende und Nehmende an dieser Stelle mit ganzer Hingabe wirkten, um im Sinne des Schöpfers Liebe zu verbreiten und die schwere Kunst des Selbsterkennens, der Selbstbeherrschung und der Selbstveredlung zu lernen und zu üben.

Von uns selbst aber sprechen wir nicht. Was wir erstrebten, was wir an Werken der Vaterlandsliebe und Menschenliebe taten, legen wir still und demütig in die Hand des erhabenen Schöpfers, der von Ewigkeit zu Ewigkeit waltet und Inbegriff der Wahrheit und Gerechtigkeit ist.

Gebet

Nicht weil wir unseres Dienstes an den Säulen der Weisheit, Stärke und Schönheit überdrüssig geworden sind, sondern weil unsere Regierung es zum Nutzen unseres Volkes erwartet, legen wir jetzt die Werkzeuge, mit denen wir und unsere Vorgänger, um Dich zu ehren, fast zwei Jahrhunderte am geistigen Dombau arbeiteten, in Deine Hände zurück.

Du hast uns in Deiner Weisheit nicht vollkommen, sondern mit Fehlern und Mängeln geschaffen, aber in uns das tiefste Verlangen gelegt, uns aus eigener Kraft zu größerer Vollkommenheit emporzuarbeiten.

Trotz allem Eifer und allen Mühen war unser Tun nur Stückwerk, aber wir bitten Dich: sieh nicht auf unser unvollkommenes Werk, sondern auf den guten und reinen Willen, der uns beseelte.

Aus vollem Herzen danken wir Dir für die unendlich vielen weihevollen, erhebenden Stunden, die uns an dieser Stelle beschieden waren, und die als ein Licht in unserem Familien- und Berufsleben fortleuchteten, das auch außenstehenden

Menschen *Trost, Freude und Segen brachte. Eine tiefe und schmerzliche Trauer hat sich nun auf uns niedergesenkt. Gib uns die Kraft, sie mit Standhaftigkeit und Würde zu tragen. In Glaube, Liebe und Hoffnung beschließen wir unser Werk. Mögen diese drei, besonders aber die Liebe, bis zur Wiedervereinigung mit Dir unsere Führer sein! Gelobet seiest Du in Ewigkeit, Amen.«*

Soweit das 1935 gedruckte (!) Originalprotokoll einer ›ordnungsgemäßen‹ Logenschließung im Beisein ›der Herren der Gestapo‹.

In der deutschen Presse erschien damals auch das Bild eines Lehrers, der auf einen Wagen gepackt und in einer Art öffentlicher Schaustellung durch die Straßen der deutschen Hauptstadt gefahren worden war, weil er als Meister vom Stuhl eine Berliner Freimaurerloge geleitet hatte. In einem Weltbad an der deutschen Nordseeküste hängten SA-Leute einem angesehenen Kaufmann ein Pappschild um mit der Aufschrift ›Ich bin ein Freimaurerschwein!‹ und zerrten ihn so durch die Straßen des Ortes, um ihn der öffentlichen Verhöhnung preiszugeben. Die Auflösung der Logen wurde im August 1935 abgeschlossen. Die NS-Presse verkündete die ›restlose Beseitigung‹.

Unter der Überschrift »Das Ende der Logen« bringt z. B. die ›Rheinische Landeszeitung‹ in ihrer Nummer 216 vom Freitag, dem 9. August 1935, einen für die damaligen Presseverlautbarungen typischen Bericht, der auch die für die NS-Propaganda unvermeidliche Verbindung zum Weltjudentum herstellt. Es heißt dort wörtlich:

In der Erkenntnis, daß freimaurerischer Geist und die Ideen des Nationalsozialismus unüberbrückbare Gegensätze darstellen und für Freimaurerorganisationen im Dritten Reich kein Platz mehr ist, haben sich die in Deutschland noch bestehenden Altpreußischen Logen mit Wirkung vom 21. Juli 1935 AUFGELÖST.
Die bisher ein Sonderdasein führenden SÄCHSISCHEN *Logen, d. h. die Große Landesloge von Sachsen in Dresden und die*

Großloge ›Deutsche Bruderkette‹ in Leipzig, werden sich diesem Vorgehen anschließen und ihre Auflösung zum 10. August 1935 durchführen. Jetzt besteht in GANZ PREUSSEN KEINE FREIMAURERORGANISATION *mehr. In Kürze werden sich auch in Sachsen die letzten beiden Logen auflösen, so daß dann in Deutschland die Freimaurerei restlos beseitigt ist. Wenn man annimmt, daß die Freimaurerei in den Bauhütten oder Steinmetzbrüderschaften des Mittelalters ihren Ursprung hat, so ist das ein grundlegender Irrtum. Zwar hat sie sich der Formen dieser Gemeinschaft bedient, ihre Anfänge liegen aber wesentlich weiter zurück, sie ist so* ALT WIE DER MOSAISCHE GEDANKE *selbst. Das letzte Ziel dieser jüdisch-liberalistischen Idee ist die* WELTHERRSCHAFT DES JUDENTUMS.
Die erste und bedeutungsvollste Loge ist die 1717 gegründete GROSSLOGE IN LONDON. *Wenn aber die Freimaurerei dieses Jahr als ihr Entstehungsjahr bezeichnet, so ist das natürlich eine Irreführung. Die erste große, weltbewegende politische Aktion der Freimaurer wurde eingeleitet durch den im Jahre 1782 stattgefundenen Wilhelmsbader Kongreß. Er war beschickt von Vertretern der Freimaurerei in Deutschland, Frankreich, Italien, Skandinavien und der Schweiz. Die* FRANZÖSISCHE REVOLUTION *von 1789 wurde hier in ihren Grundlinien festgelegt.*

Das aus den Logenhäusern geplünderte Gerät und Gebrauchsgut der Freimaurer wurde zu Wanderausstellungen zusammengestellt und sollte der Bevölkerung Belege dafür vorweisen, welch gespenstischen Geheimbund man ausgelöscht habe. Von den freimaurerischen Idealen der Toleranz, der Menschenliebe, der Geistes- und Gewissensfreiheit war dabei natürlich nicht die Rede. Dafür wurden die in der Tat oft bombastischen Bezeichnungen von Hochgraden und Ordensrittern ins Lächerliche gezogen und die alten überholten Eide – Phantastereien ihrer Zeit – als Beweis verwendet, ohne daß es möglich war, diese Verzerrungen klarzustellen oder aufzuklären.

Einen Teilüberblick über die Opfer und Verluste der deutschen Freimaurer durch das NS-Regime geben nachfolgend einige Zahlen, die sich hinsichtlich der persönlichen Opfer auf die Ermittlungen von 91, hinsichtlich der wirtschaftlichen Verluste auf die Ermittlungen von 151 Freimaurerlogen beziehen.

Von 4800 in der folgenden Aufstellung enthaltenen Freimaurern – das sind etwa 6% der 80000 deutschen Freimaurer vor der NS-Herrschaft – sind zwischen 1933 und 1945

1750	eines natürlichen Todes gestorben,
62	ermordet,
238	aus Deutschland vertrieben worden,
133	sind verschollen;
254	haben Vermögensschäden erlitten,
377	Amt und Beruf verloren;
285	wurden im Beruf geschädigt,
53	ins Konzentrationslager verschleppt.

Die materiellen Verluste der deutschen Freimaurerlogen werden wie folgt beziffert:
Haus und Grundvermögen .... 47.276.000,– RM
Einrichtungen, Bibliotheken, Archive . 22.228.000,– RM
Bar-, Wertpapiervermögen .... 4.737.000,– RM
Stiftungsvermögen .... 5.871.000,– RM

Das entspricht unter Berücksichtigung der Währung, des Nutzungsschadens usw. einem Gesamtverlust von über DM 200.000.000,–. In Wiedergutmachungsverfahren ist inzwischen nur ein Teil dieses Verlustes zurückerstattet worden. Mitunter gestalteten sich die Verfahren ziemlich langwierig, da durch die verschachtelte Liquidation seitens der Gestapo eine vielfach außerordentlich schwierige Rechtslage zu klären war. So konnten z. B. die ›Vereinigten fünf Hamburger Logen‹ erst im Jahr 1969 an die Wiedererrichtung ihres 1935 von den nationalsozialistischen Machthabern zerstörten Logengebäudes in der Welckerstraße in Hamburg gehen.

Während die Auflösung der Großlogen und Logen in Deutschland, die Beschlagnahme ihrer Vermögen und die Liquidation ihres Eigentums 1935 im wesentlichen abgeschlossen war, verstärkte sich die Verfolgung freimaurerischer Persönlichkeiten im Zweiten Weltkrieg. Der Mentalität der Mächtigen entsprechend, sah man wiederum in den Freimaurern die Schuldigen für diesen Krieg. In einem ›Führererlaß‹ vom 1. März 1942 an alle Dienststellen der Wehrmacht, der Partei und des Staates heißt es z. B.: »Juden, Freimaurer und die mit ihnen verbündeten weltanschaulichen Gegner des Nationalsozialismus sind die Urheber des jetzigen gegen das Reich gerichteten Krieges. Die planmäßige geistige Bekämpfung dieser Mächte ist eine kriegsnotwendige Aufgabe.« Alfred Rosenberg, Reichsminister für die besetzten Ostgebiete, wurde damit beauftragt, durch einen besonderen Einsatzstab für die besetzten Gebiete Bibliotheken, Archive, Logenhäuser und »sonstige weltanschauliche und kulturelle Einrichtungen« nach interessantem Material zu durchforschen. Noch im letzten Kriegsjahr erschien in 6. Auflage mit einem Vorwort des SS-Obergruppenführers Dr. Kaltenbrunner eine von Dieter Schwarz für das Schulungsprogramm der SS geschriebene Broschüre unter dem Titel ›Die Freimaurerei – Weltanschauung, Organisation und Politik‹. Darin heißt es:

»Zu den geistigen Kräften, die im gegenwärtigen Krieg wie schon im ersten Weltkrieg im Lager der Gegner Deutschlands und seiner Verbündeten im geheimen wirksam sind, gehört auch das Weltfreimaurertum, auf dessen gefährliches Treiben der Führer in seinen Reden wiederholt hingewiesen hat. Wenn auch dem Wirken der freimaurerischen Organisationen in den meisten europäischen Ländern ein Ende bereitet wurde, so bleibt es doch unerläßlich, der Freimaurerei, besonders ihren Mitgliedern als den Trägern des politischen Willens dieser überstaatlichen Macht, besondere Aufmerksamkeit zu widmen.«

Die Geschichte der Freimaurerei wird in dieser SS-Schulungsschrift halbwegs sachlich dargestellt, zumindest was Daten und Fakten angeht. Geschickt verdreht Verfasser Dieter Schwarz dabei jedoch die für die NS-Machthaber eher peinlichen Ideale der Freimaurerei und die Zugehörigkeit bedeutender Persönlichkeiten des deutschen Geisteslebens. Zum Humanitätsideal heißt es da dann wörtlich: »Schon einmal wurde im Christentum das Humanitätsideal der Antike gründlich mißverstanden und abgebogen. Jetzt sehen wir die Freimaurerei sich dieses Begriffes bemächtigen und ihn in eine Völker und Rassen verleugnende Ideologie abwandeln, die im krassen Gegensatz zu den artgebundenen Vorstellungen des Altertums steht. In den programmatischen Erklärungen der Freimaurerei, soweit solche gegeben wurden, trat dieser Gegensatz allerdings wenig hervor. Den aufgeklärten Geistern jener Zeit mußte die Freimaurerei als der vorbildliche Zusammenschluß der Besten erscheinen. So treten Friedrich der Große, Goethe, Herder, Klopstock, Fichte, Lessing und viele andere in den Tempel der Logen ein.«

Diesen Sachverhalt kann also auch die NS-Propaganda nicht leugnen. Doch hält sie es hier nun mit allerlei Häme: Von Friedrich dem Großen wird geschrieben, er habe sich seit dem ersten Jahr seiner Regierung (1740) an keiner Logenzusammenkunft mehr beteiligt, Goethe sei auch nicht der begeisterte Logenbruder gewesen, als der er von Freimaurern gern hingestellt werde, Herder sei nur kurze Zeit Logenmitglied gewesen, Lessing habe sich bald zurückgezogen, und auch Fichte habe nicht aktiv am Logenleben teilgenommen. Die großen deutschen Freiheitskämpfer des Napoleonischen Zeitalters, wie Blücher, vom Stein, Gneisenau, Scharnhorst, Schenkendorf u. a., hätten gar, so meint der NS-Autor, den eigentlichen Sinn der Freimaurerei nicht begriffen und »sich vom wahren Wesen der Loge entfernt«.

In einem weiteren Kapitel der SS-Schrift wird dann eine Verantwortung der Logen für »das Eindringen der Juden in die deutsche bürgerliche Gesellschaft« konstruiert, denn bis zum Beginn des 20. Jahrhunderts hätten sämtliche deutschen Großlogen Juden als gleichberechtigte Mitglieder aufgenommen. Führende Schichten des Bürgertums seien von einem »weitgehenden Philosemitismus« beherrscht gewesen, und »Kämpfer in völkischen und rassischen Fragen« hätte man verlacht und abgetan.

Pompös heißt es dann zum Schluß:
»Nordisch ist das Weltbild des Nationalsozialismus, orientalisch-jüdisch das der Freimaurer, rassebewußt die nationalsozialistische Einstellung gegenüber der antirassischen und projüdischen des Logentums. Die Gemeinschaft des Nationalsozialismus ist das lebendige Gefüge artverwandter Volksgenossen, die Volksgemeinschaft, nicht der Kastengeist und Interessenklüngel des in den Logen organisierten Bürgertums. Der Nationalsozialismus setzt einen bedingungslosen völkischen Nationalismus dem kosmopolitischen Internationalismus der Freimaurer entgegen. Der Ausrichtung des deutschen Volkes auf die Grundbegriffe des Nationalsozialismus standen die ›Lehrarten‹ und ›Erziehungssysteme‹ der Freimaurer mit ihren artfremden Symbolen und ihrem jüdischen Tempeldienst entgegen. Es war daher unerläßlich, daß die freimaurerischen Organisationen in Deutschland zerschlagen und freimaurerische Einflußmöglichkeiten weitestgehend ausgeschaltet wurden. Stück für Stück hat die Politik des Führers Europa aus der freimaurerischen ›Weltkette‹ herausgebrochen!«

Unter den Verfolgten des Dritten Reiches waren viele Freimaurer, wenngleich sie in vielen Fällen nicht nur wegen ihres Freimaurertums, sondern vor allem wegen ihrer freiheitlichen, dem Regime entgegengesetzten Haltung verfolgt wurden.

NS-Opfer, die *auch* Freimaurer waren, sind z. B. Wilhelm Leuschner, der wegen seiner Teilnahme am Aufstand des 20. Juli 1944 vom Volksgerichtshof zum Tode verurteilt wurde, Carl von Ossietzky, der mutige Redakteur der ›Weltbühne‹ und Friedens-Nobelpreisträger, Kurt Tucholsky, der unermüdliche Mahner und Warner.

Andere hingegen, wie der Hamburger Arzt Dr. Eduard Uterharck, wurden insbesondere *wegen* ihres Freimaurertums verfolgt und verurteilt. Im deutschen Freimaurermuseum in Bayreuth wird noch die Titelseite des ›Hamburger Tageblatts‹ aufbewahrt, die am 27. Juli 1935 die dreispaltige Schlagzeile trug: »Zuchthaus für Hamburger Freimaurer!« (Siehe Abb. 13) Der darin veröffentlichte ausführliche Bericht hatte das Verfahren gegen den Meister vom Stuhl der Loge ›Absalom zu den drei Nesseln‹, Dr. Eduard Uterharck, zum Gegenstand. Verurteilt wurde der Arzt, der sich vor dem Sondergerichtshof mutig zu seiner freimaurerischen Überzeugung bekannte, wegen Vergehens gegen § 1 des Gesetzes gegen heimtückische Angriffe auf Staat und Partei vom 20. Dezember 1934. Das ›Hamburger Tageblatt‹ schrieb u. a.:

»*Der Prozeß gab einen interessanten Einblick, wie der Herr Meister nach der Auflösung der ›Großen Loge von Hamburg‹ seine Aufgabe als logentreuer Weltbürger und Bruder sah. Die überwiegende Zahl der Logen, die der Großen Loge von Hamburg angehörten, löste sich auf und entschlief nach wenig ruhmvoller Tätigkeit ganz. Fünf dieser Logen blieben aber als ›Deutscher Orden‹ bestehen. Sie blieben auch im Hause Welckerstraße sitzen. Zu ihnen gehörte ›Absalom zu den drei Nesseln‹, die jetzt nur noch ›Absalom‹ hieß und von Meister* UTERHARCK *geleitet wurde.*

Dunkler Briefwechsel mit dem Ausland

Man sollte meinen, der Meister sei zufrieden gewesen, daß man ihn ungeschoren ließ. Der Meister war anderer Meinung. Er betrachtete es als seine vordringlichste Aufgabe, die unheilvolle Tätigkeit der Logen auch weiterhin zu betreiben. Er ging dabei allerdings erheblich ungeschickter vor als seine großen Lehrmeister. Er ließ sich erwischen und mußte nun vor dem Richter zugeben, daß er dunklen Briefwechsel mit dem Auslande unterhielt und sich als Deutscher nicht schämte, deutsche Beamte, die ehrlich und fleißig ihre Pflicht tun, zu beschimpfen. Was nicht wahr ist, wird nach bewährter Logen-Methode wahr gemacht. So enthielten seine Schreiben übelste Anklagen, an denen nicht ein wahres Wort war. Um sich zu decken und die Spuren zu verwischen, schrieb er aber diese Briefe nicht selbst, sondern ließ sie VON EINEM AUSLÄNDER *schreiben. Feige und undeutsch also ist das Charakterbild des Meisters* UTERHARCK *von der Loge ›Absalom zu den drei Nesseln‹.*

Der seltsame Meister vom Stuhl

Daß er sich in der Verhandlung bemühte, die Logen im allgemeinen und seine Loge im besonderen in den glühendsten Farben der Verehrung und Hochachtung zu schildern, versteht sich am Rande. Der Richter hörte sich diese Dinge ruhig an, hatte aber kein Verständnis für das seltsame Gebaren des Meisters nach der Umbildung der Logen und verurteilte den Meister dann nach Gesetz und Recht unseres Staates zu 1 Jahr Zuchthaus. *Die Untersuchungshaft wird nicht angerechnet.*

Wir glauben, daß der Deutsche Orden aus diesem Prozeß seine Schlüsse ziehen wird. Er ist überflüssig in Deutschland und soll verschwinden. Wir brauchen keine Logen und keine getarnten Logen mehr. Sie sollen sich auflösen, aber schnellstens. Die Nationalsozialisten brauchen sie nicht mehr.

Die berüchtigte Große Loge der Juden

Das gilt ganz besonders in diesem Fall, denn die Loge ›Absalom zu den drei Nesseln‹ gehörte zu der berüchtigten Großen Loge von Hamburg, deren Wirken von besonders verderblichem Einfluß gewesen ist. Sie gehörte nicht zu den Logen mit einem zahlreichen Mitgliederkreis: 54 angeschlossene Logen besaßen zusammen nur etwa 5000 Mitglieder. Aber die ›Große Loge von Hamburg‹ erfreute sich ganz besonderer Beliebtheit bei den Juden. Das hat seinen tiefen Grund, den man nur erkennt, wenn man die verschiedenen Bestrebungen innerhalb der Freimaurerei und die Absichten der Juden in ihr kennt. Die drei altpreußischen Logen vereinigten in sich die größere Zahl von Mitgliedern, hielten sich die Juden aber wenigstens teilweise fern. In schroffem Gegensatz dazu standen die sogenannten humanitären Logen, zu denen eben die Hamburger gehörte. Sie neigten besonders den romanischen Logen zu, die wegen ihrer politischen Geheimbündelei und ihres Verschwörertums berüchtigt sind. Die Hamburger haben seinerzeit, kurz vor Ausbruch des Weltkrieges, den Antrag auf Anerkennung der serbischen Freimaurerei gestellt. Später wurde dann die politische Betätigung gerade dieser Logen in helles Licht gerückt; es scheint heute festzustehen, daß die serbischen Frei-

maurer an der Ermordung des Erzherzog-Thronfolgers von Österreich nicht unbeteiligt waren, also eine schwere Schuld am Ausbruch des Weltkrieges tragen. Das Judentum beherrschte die Große Loge von Hamburg! Welcher Art die sonstigen Brüder waren, beweist das jetzt ergangene Urteil gegen einen prominenten Meister vom Stuhl.

Soweit die ›Prozeßberichterstattung‹ einer vormals angesehenen deutschen Tageszeitung.

Das ›Heimtücke-Gesetz‹ wurde immer dann angewandt, wenn die Gestapo feststellte, daß der brüderliche Zusammenhalt unter den Freimaurern durch die Auflösung der Logen nicht unterbrochen war und sie sich dennoch trafen oder an dem kleinen, blauen Zeichen, dem ›Vergißmeinnicht‹, erkannten. Das geschah in der Zeit der Verfolgung in Gasthaus-Hinterzimmern, privaten Räumen, in Theaterkellern und in sonstigen behelfsmäßigen Unterkünften, und es erwies sich in diesen Jahren der Finsternis, in denen das freimaurerische Licht nicht brennen durfte, welche Brüder treu zu ihrem Bunde standen. Diese Kreise der Getreuen waren es, die dann 1945 dafür sorgten, daß sich die Bruderschaft allmählich wieder zusammenfand, die Tempel wieder errichtet und die Lichter wieder entzündet werden konnten. Eine schwere Zeit des Wiederaufbaus begann.

DIE KIRCHE UND DIE ›GETRENNTEN BRÜDER‹

Ohne es zu wollen, hat auch die römisch-katholische Kirche dem Nationalsozialismus Parolen für die Freimaurerverfolgung geliefert. Bereits im Jahr 1738 wurde die Bulle ›In eminenti apostulatus specula‹ von Papst Clemens XII. erlassen, mit der jedes katholische Mitglied einer Freimaurerloge mit dem Kirchenbann belegt wurde. Wenn es daraufhin nicht zu einem Massenaustritt bei den katholischen Freimaurern gekommen ist, so lag das daran, daß zur Zeit der absolutistischen Regierungen im 18. Jahrhundert sich die Fürsten das Recht vorbehielten, päpstliche Anordnungen zu verkünden oder nicht. Die Bulle ›In eminenti‹ wurde in vielen Ländern Europas nicht bekanntgemacht.

Anders in Italien. Dort wurden vielfach sogar Häuser abgerissen, in denen sich Freimaurer versammelt hatten. Die Gründe für die Bannbulle waren vielschichtig. Vordergründig genannt wurden die religiöse Toleranz der Freimaurer, ihre Verschwiegenheit und die Geheimhaltung ihres Brauchtums. Es kamen aber auch politische Gründe hinzu. Der Papst hatte ein Interesse daran, die katholische Dynastie Stuart zu unterstützen und gegen die protestantische Dynastie des Hauses Hannover zu agieren. Auch setzten sich die Freimaurer in Italien für das Risorgimento, die Einigungsbewegung, ein. Das berührte den Kirchenstaat. Liberale Bestrebungen auf kulturellem und kirchenpolitischem Gebiet hatten ihren Ursprung in den Logen. Eine Fülle von Gegensätzen führte zu mehrfacher Verurteilung durch die römisch-katholische Kirche. Pater Reinhold Sebott SJ faßt in einem Artikel für die Zeitschrift ›Stimmen der Zeit‹ vom Februar 1981 zusammen: »Von 1738 bis 1970 zähle ich ein gutes Dutzend päpstlicher Verurteilungen von größerem Gewicht. Zuletzt wurde eine solche im bis 1983 gültigen Codex Juris Canonici von 1917 im Canon 2335 ausgesprochen. Danach zieht sich ohne weiteres den Kirchenbann zu, wer einer Freimaurergesellschaft oder einer anderen Vereinigung angehört, die gegen die Kirche oder die rechtmäßigen staatlichen Gewalten wühlt.«

Auf einen absoluten Tiefpunkt sanken die Beziehungen zwischen der katholischen Kirche und der Freimaurerei gegen Ende des vergangenen Jahrhunderts durch das unheilvolle Wirken des französischen Schwindlers Leo Taxil.

Leo Taxil, eigentlich Gabriel Jogand-Pagès, 1854–1907, war ein französischer Journalist und Buchhändler. Er wurde nach seiner Erziehung durch die Jesuiten ein radikaler Freidenkerführer und veröffentlichte mehrere antiklerikale Werke. 1881 wurde er zwar als Freimaurer aufgenommen, aber nach nur dreimaligem Logenbesuch schloß man ihn wegen unsauberer Geschäfte wieder aus.

Großes Erstaunen erregte seine 1885 öffentlich angekündigte Bekehrung zur katholischen Kirche. Die Bekehrung des bisherigen Feindes wurde als gewaltiger Triumph der Sache der Kirche gewertet; der Apostolische Nuntius in Paris lud ihn ein, seine Feder in den Dienst Roms zu stellen, und niemand ahnte, daß Taxil in Wahrheit einen überdimensionalen Schwindel vorbereitete, einmal, um die gehaßte Freimaurerei zu treffen, andererseits, um einen großen geschäftlichen Fischzug zu tun. Taxil erwirkte durch hochgestellte Geistliche bald nach Beginn seiner Antifreimaurerkampagne eine Audienz bei Papst Leo XIII., der kurz zuvor die Enzyklika ›Humanum genus‹ gegen die Freimaurerei erlassen hatte, und machte ihm Mitteilung von seinen auf Vernichtung der Freimaurerei zielenden Absichten.

1885 erschien das erste seiner diesem Plan dienenden Werke, ›Die Dreipunktebrüder‹, das neben manch Richtigem aus dem freimaurerischen Ritual faustdick aufgetragenen grotesken Schwindel enthielt. Weitere Bücher gleicher Art folgten. Schon in den ›Dreipunktebrüdern‹ enthüllte Taxil, daß die Freimaurerei Teufelskult treibe, daß ihr ganzes Ritual nichts als eine Verherrlichung Luzifers darstelle. Phantastisches erzählte Taxil auch von sexuell-orgiastischen Vorgängen in Frauenlogen und vom ›Meuchelmord in der

Freimaurerei‹, dem er ein ganzes Buch widmete. Die Mitteilungen über die Audienz beim Papst, die in der katholischen Presse in sensationeller Aufmachung erschienen, erhöhten den Glauben an die Richtigkeit der Enthüllungen, die immer toller wurden. Taxil ließ eine von ihm erfundene Sophie Walder auftreten, die ›Urgroßmutter des Antichrist‹ und palladistische Großmeisterin.

Noch ein zweites weibliches Wesen wurde ersonnen, die ›Palladistin Diana Vaughan‹, angeblich 1874 als Tochter des Teufels Bitru geboren, im Alter von zehn Jahren in eine amerikanische Palladistenloge aufgenommen und dem Teufel Asmodeus angetraut. Diese nicht existierende Dame ›schrieb‹ unter dem Titel ›Memoiren einer Expalladistin‹ scheußliche Enthüllungen, die wie alle Schriften Taxils in der ganzen Welt Verbreitung fanden.

1896 fand in Trient auf Anregung Taxils ein großer Antifreimaurerkongreß statt, zu dem 36 Bischöfe, 50 bischöfliche Delegierte und mehr als 700 Interessenten, größtenteils Geistliche, erschienen. Tagelang wurde über ›Miß Vaughan‹ debattiert. Deutsche Kleriker traten gegen den Glauben an deren Existenz auf, andere, vor allem Franzosen, legten sich für Taxil ins Zeug.

Am Ostersonntag 1897 enthüllte dann Taxil anläßlich eines Vortrages über den Palladismus-Kultus im Saal der Geographischen Gesellschaft in Paris selbst den Schwindel in seinem ganzen gewaltigen Umfang, indem er die Mystifikation aufdeckte und zynisch erklärte, daß Miß Vaughan niemals existierte und er mit seinen Machenschaften die Spitzen des Klerus zwölf Jahre lang düpiert habe. Die Blamage war riesig.

Seit der Bulle ›In eminenti‹ ist – ernst zu nehmend – jedoch die Toleranz die Streitfrage zwischen Freimaurern und katholischer Kirche geblieben. Das änderte sich erst seit dem Zweiten Vatikanischen Konzil. Die Haltung der katholischen Kirche zur Religionsfreiheit wandelte sich: »Das Vatikanische Konzil erklärt, daß die menschliche Person das Recht auf religiöse Freiheit hat. Diese Freiheit besteht darin, daß alle Menschen frei sein müssen von jedem Zwang, sowohl von seiten einzelner wie gesellschaftlicher Gruppen, wie jeglicher menschlicher Gewalt, so daß in religiösen Dingen niemand gezwungen wird, gegen sein Gewissen zu handeln, noch daran gehindert wird, privat und öffentlich, als einzelner oder in Verbindung mit anderen innerhalb der gebührenden Grenzen nach seinem Gewissen zu handeln!«

Mit dem Zweiten Vatikanischen Konzil machte sich die Kirche auf zum Dialog mit allen Menschen guten Willens. Auch gegenüber den Freimaurern ergriff sie die Initiative. Eine ›Dialog-Kommission‹ wurde gebildet. Ihr gehörten von der freimaurerischen Seite für die Vereinigten Großlogen von Deutschland an: Dr. Theodor Vogel, Rolf Appel, Ernst Walter und Prof. Dr. Karl Hoede, für die schweizerische Großloge Alpina: Dr. Alfred Roesli und Franco Fumagalli, für die Großloge von Österreich: Dr. Kurt Baresch, Dr. Ferdinand Cap und Rüdiger Vonwiller. Die theologische Kommission der katholischen Kirche unter zeitweiligem Vorsitz von Kardinal König, Wien, setzte sich aus dem apostolischen Pronotar Dr. Johannes B. de Tóth, dem Theologieprofessor und päpstlichen Hausprälaten Dr. Engelbert Schwarzbauer, dem Kirchenhistoriker Prof. Dr. Wodka und dem Theologieprofessor Dr. Herbert Vorgrimler zusammen. Dieser 1968 begonnene und 1972 beendete Dialog führte am 5. Juli 1970 zu der ›Lichtenauer Erklärung‹, der zwar später von katholischer Seite keine offizielle Bedeutung zuerkannt wurde, deren inhaltliche Bedeutung jedoch von unbestreitbarem Rang ist. Sie hat folgenden Wortlaut:

»In Ehrfurcht vor dem Großen Baumeister des Universums erklären wir:

Die Freimaurer haben keine gemeinsame Gottesvorstellung. Denn die Freimaurerei ist keine Religion und lehrt keine Religion.

Freimaurerei verlangt dogmenlos eine ethische Lebenshaltung und erzieht dazu durch Symbole und Rituale.

Die Freimaurer arbeiten brüderlich gebunden in ihren selbständigen Bauhütten (Logen) unter souveränen Großlogen im Glauben an die Bruderkette, die die Erde umspannt.

Die Freimaurer huldigen dem Grundsatz der Gewissens-, Glaubens- und Geistesfreiheit und verwerfen jeden Zwang, der diese Freiheit bedroht. Sie achten jedes aufrichtige Bekenntnis und jede ehrliche Überzeugung. Sie verwerfen jegliche Diskriminierung Andersdenkender.

Die Gesetze der Großlogen der Welt untersagen den Logen die Einmischung in politische und konfessionelle Streitfragen.

I.

Im 12. und 13. Jahrhundert stehen die Prediger der Kirche vor der fatalen Notwendigkeit, sich mit den verschiedenen Sekten und religiösen Bewegungen kämpferisch auseinanderzusetzen. Die Rechtgläubigkeit gewinnt entscheidende Bedeutung. Bald aber kommt es zu der mißlichen Entwicklung, daß nicht selten innerkirchliche Reformgruppen mit außerkirchlichen in einen Topf geworfen und darin verbrannt werden. Das konfessionelle Zeitalter bestärkt dann den alten Hang neu, sehr verschiedenartige Gruppen von Menschen mit einem Schimpfnamen aburteilbar zu machen. Diese Praxis wird bis ins frühe 20. Jahrhundert beibehalten.

Sie trifft auch die Mitglieder des Freimaurerbundes, wie früher die Juden getroffen worden sind und wie – leichtfertig, aber folgerichtig – die Parallele mit dem Wort von der Freimaurerei als der Synagoge des Satans gezogen werden kann. Damit hat – ohne es zu wollen – auch die römisch-katholische Kirche dem Nationalsozialismus und dem Faschismus Parolen für die Freimaurerverfolgung geliefert.

Seit der Zeit ist im deutschsprachigen Raum Antifreimaurerei eine böse Gewohnheit jener Intellektuellen geworden, die versuchen, Schicksalsschläge für ein Land als Schuld der Freimaurer hinzustellen, um sich selbst davon freisprechen zu können. So wird eine Psychose erzeugt, gemischt aus Furcht, Haß und Verfolgungswahn, die etwa der antiklerikalen oder der antisemitischen entspricht.

II.

Wir bekennen, daß auch auf seiten der Freimaurer Fehler gemacht worden sind. Die Schuld einzelner oder von Gruppen darf aber nicht der Gesamtheit angelastet werden. Darum erwarten wir, daß die Vorurteile vergangener Jahrhunderte und deren teils schreckliche Auswirkungen nur noch der Historie angehören.

III.

Konventionalität und Vorurteil gehen Hand in Hand, und keine Konventionalität ist hartnäckiger als die religiöse. Die Folge davon ist, daß die Kluft zwischen dem konventionellen Christentum und der unheimlich schnell sich wandelnden menschlichen Gesellschaft, damit auch der Freimaurerei, unmerklich, aber stetig tiefer und bedenklicher wird. Das deutlich erkannt zu haben, ist eines der großen Verdienste des II. Vatikanischen Konzils, bedauerlicherweise ohne daß aus dieser Erkenntnis Folgerungen bezüglich der Freimaurerei gezogen worden sind.

IV.

Der heutige Mensch erfährt seine Situation als Zerrissenheit, als Selbstzerstörung und Sinnlosigkeit. Aus dieser Erfahrung erhebt sich die Frage nach einer Wirklichkeit, in der die Selbstentfremdung seiner Existenz überwunden wird, also nach einer Wirklichkeit der Toleranz, der Versöhnung und der neuen Hoffnung.

Die Krise, in der sich die menschliche Gesellschaft heute befindet, trägt einen radikalen Charakter; sie erfaßt alles. Die Menschheit, die aus dieser Krise hervorgehen wird, wird darum eine neue und andere Menschheit sein, die an der Gottesfrage nicht vorbeigehen kann. Das gilt ebenso für die Freimaurerei, auch wenn sie keine Religion ist. Dennoch fordert sie das sittliche Verantwortungsbewußtsein, das sie von den Mitgliedern verlangt, in Ehrfurcht vor dem Großen Baumeister des Universums.

V.

Was die großen Religionen immer mehr miteinander verbindet, ist die zunehmende, weltweite Bedrohung ihrer Existenz durch Verneinung der Menschenwürde und Menschenrechte und durch pseudoreligiöse Ideologien. Die Begegnungen des Papstes Paul VI. mit den Oberhäuptern anderer Religionen sind dafür Beweis. Auch die Freimaurerei steht in dieser Krise und weiß sich darum allen Kräften verbunden, die aus Überzeugung kämpfen gegen Vorurteile, Zwang, Unterdrückung und Programme, die Wahrheit vortäuschen.

VI.

Wir wissen um die alten Gegensätze, die lange genug zur Verurteilung der Freimaurer geführt haben. Es hat keinen Sinn, diese Gegensätze am Leben zu erhalten. Daher haben wir die Aufnahme eines Dialogs aufrichtig begrüßt, der bei allen bestehenden Unterschieden die Kräfte der Übereinstimmung lebendig gemacht hat. Wir haben das Ja zum Menschen als Basis des Dialogs wohl verstanden.

VII.

In dem DOKUMENT *über den Dialog mit den Nichtglaubenden heißt es:*

›Die Verschiedenheit in sich geschlossener Systeme ist dann kein Hindernis für den Dialog, wenn in einem bestimmten System Wahrheiten und Werte entdeckt werden; das aber ist auch bei der größten Meinungsverschiedenheit möglich. Auch dann, wenn die Partner einen verschiedenen Begriff der Wahrheit haben und in den Prinzipien der Vernunft nicht übereinstimmen, kann man versuchen, zu einer Übereinkunft zu gelangen.‹

Wieviel mehr als bei den Nichtglaubenden ist aber Ursache zu einem Gespräch und Hoffnung auf ein gutes Ende bei denen, die sich im Jahre 1723 die noch heute gültige, zeitlose Grundlage der ALTEN PFLICHTEN *gegeben haben:*

›Der Maurer ist als Maurer verpflichtet, dem Sittengesetz zu gehorchen, und wenn er die Kunst recht versteht, wird er weder ein engstirniger Gottesleugner noch ein bindungsloser Freigeist sein. In alten Zeiten waren die Maurer in jedem Land zwar verpflichtet, der Religion anzugehören, die in ihrem Lande oder Volke galt; heute jedoch hält man es für ratsamer, sie nur zu der Religion zu verpflichten, in der alle Menschen

übereinstimmen, und jedem seine Überzeugungen selbst zu überlassen. Sie sollen auch gute und redliche Männer sein, von Ehre und Anstand, ohne Rücksicht auf ihr Bekenntnis oder darauf, welche Überzeugungen sie sonst vertreten mögen. So wird die Freimaurerei zu einer Stätte der Einigung und zu einem Mittel, wahre Freundschaft unter Menschen zu stiften, die einander sonst ständig fremd geblieben wären.‹

VIII.

Es ist für die von der katholischen Kirche ›getrennten Brüder‹ – die Freimaurer – daher unbegreiflich, daß die Gesetze der Kirche sie verurteilen, während die Gesetze der Großlogen jedem Katholiken gestatten, Mitglied einer Freimaurerloge zu werden, ohne daß seinem Glauben und seinem Bekenntnis ein Schade oder ein Schimpf geschieht und geschehen darf.

IX.

Wir sind der Auffassung, daß die päpstlichen Bullen, die sich mit der Freimaurerei befassen, nur noch eine geschichtliche Bedeutung haben und nicht mehr in unserer Zeit stehen. Wir meinen dies auch von den Verurteilungen des Kirchenrates, weil sie sich nach dem Vorhergesagten gegenüber der Freimaurerei einfach nicht rechtfertigen von einer Kirche, die Gottes Gebot lehrt, den Bruder zu lieben.«

Den auch in dieser Erklärung verwendeten Begriff von den ›getrennten Brüdern‹ hat Alex Mellor übrigens mit seinem 1964 im Styria-Verlag Wien erschienenen Buch ›Unsere getrennten Brüder – die Freimaurer‹ geprägt.

Der Arbeit der Dialogkommission ist zu verdanken, daß am 18. Juli 1974 der Präfekt der Glaubenskongregation ein ›zweites Schreiben über die Mitgliedschaft in Freimaurervereinigungen‹ erlassen hat, in dem es heißt:

»*Mehrere Bischöfe haben an diese hl. Kongregation Anfragen gerichtet über die Rechtsverbindlichkeit und die richtige Auslegung von can. 2335 CIC, welcher die Zugehörigkeit von Katholiken zu Freimaurervereinigungen und anderen derartigen*

Verbänden unter die Strafe des Kirchenbannes (Exkommunikation) stellt.
Im Verlauf einer längeren Prüfung dieser Frage hat der Hl. Stuhl bei den Bischofskonferenzen, die mit diesem Problem besonders konfrontiert sind, mehrfach Erkundigungen eingezogen, um den Charakter und die heutige Tätigkeit dieser Vereinigungen sowie die Auffassung der Bischöfe besser kennenzulernen. Die große Verschiedenheit der eingegangenen Antworten zeigt, wie verschieden die Lage in den einzelnen Nationen ist. Daher verbietet sich für den Hl. Stuhl eine Änderung der bisher geltenden allgemeinen Gesetze; diese bleiben also in Kraft, bis von der zuständigen Päpstlichen Kommission für die Reform des Kirchlichen Gesetzbuches ein neues kirchliches Gesetz veröffentlicht wird.
Bei der Beurteilung der einzelnen Fälle ist jedoch zu bedenken, daß Strafgesetze strikt auszulegen sind. Darum kann die Ansicht der Autoren, die daran festhalten, daß der genannte can. 2335 nur diejenigen Katholiken betrifft, die Vereinigungen beitreten, welche wirklich gegen die Kirche arbeiten, als sicher gelehrt und angewandt werden.«

Geschrieben wurde dieser Brief von Kardinal Seper, dem Präfekten der Glaubenskongregation, an die Vorsitzenden der Bischofskonferenzen, in Deutschland an Kardinal Döpfner. Er wurde allgemein als wichtiger Schritt zur Versöhnung zwischen der katholischen Kirche und der Freimaurerei angesehen. Die Bischofskonferenzen Skandinaviens, Großbritanniens und der Niederlande haben die Vereinbarkeit der gleichzeitigen Zugehörigkeit zur katholischen Kirche und zum Freimaurerbund anerkannt. Anders jedoch die Deutsche Bischofskonferenz.

In der Bundesrepublik Deutschland begann ein neuer Dialog auf nationaler Ebene mit einer anders zusammengesetzten Kommission am 20. November 1974. Er endete 1980 mit einem Eklat. Ohne Schlußabstimmung mit ihren Gesprächspartnern gab die Deutsche Bischofskonferenz eine ›Erklärung‹ zum Verhältnis zur katholischer Kirche und Freimaurerei in Deutschland ab und teilte der Presse offiziell mit:

»Zwischen der kath. Kirche und der Freimaurerei von Deutschland fanden in den Jahren 1974–1980 offizielle Gespräche im Auftrag der Deutschen Bischofskonferenz und den ›Vereinigten Großlogen‹ von Deutschland statt. Dabei sollte von seiten der katholischen Kirche untersucht werden, ob sich in der Freimaurerei ein Wandel vollzogen habe und die Mitgliedschaft von Katholiken in der Freimaurerei nunmehr möglich sei. Die Gespräche verliefen in einer guten Atmosphäre, die von Offenheit und Sachlichkeit getragen war.

Dabei wurden instruktive Einblicke in die untersten drei Grade gewährt. Die katholische Kirche mußte bei der Überprüfung der ersten drei Grade grundlegende und unüberbrückbare Gegensätze feststellen.

Die Freimaurerei hat sich in ihrem Wesen nicht gewandelt. Die Zugehörigkeit stellt die Grundlagen der christlichen Existenz in Frage.

Eingehende Untersuchungen der freimaurerischen Ritualien und Grundüberlegungen wie auch ihres heutigen unveränderten Selbstverständnisses machen deutlich:

Die gleichzeitige Zugehörigkeit zur katholischen Kirche und zur Freimaurerei ist unvereinbar.«

Die Enttäuschung bei den deutschen Freimaurern war beträchtlich. Die Vereinigten Großlogen von Deutschland reagierten mit folgender Stellungnahme:

»Die katholische Kirche hat sich mit ihrem II. Vatikanischen Konzil – nach eigenem Bekunden – ›aufgemacht zum Dialog mit allen Menschen guten Willens‹. Diesem DIALOG (nicht einer ›Prüfung‹!) hat sich die deutschsprachige Freimaurerei bereits in den Jahren 1967–1972 bereitwillig gestellt. Dieser erste Dialog endete mit einer gemeinsamen Erklärung (›Lichtenauer Erklärung‹), in der den freimaurerfeindlichen Bullen ›nur noch geschichtliche Bedeutung‹ zuerkannt und ausdrücklich hervorgehoben wird, daß sich die Verurteilungen des Kirchenrechts gegenüber der Freimaurerei nicht mehr rechtfertigen lassen ›von einer Kirche, die nach Gottes Gebot lehrt, den Bruder zu lieben‹.

Die Vereinigten Großlogen von Deutschland bedauern, daß der anschließend in den Jahren 1974—1980 mit der Deutschen Bischofskonferenz weitergeführte Dialog nunmehr mit einer derart einseitigen Erklärung endet. Die VGLvD betonen ihrerseits, daß die Gesetze der Freimaurer jedem Katholiken gestatten, Freimaurer zu werden, und zwar ohne jede Beeinträchtigung oder Beeinflussung in der Ausübung seines Glaubens! Die deutschen Freimaurer bekennen sich unverändert zum Grundsatz der Glaubens- und Gewissensfreiheit und verwerfen jeden Zwang, der diese Freiheit bedroht. Sie achten und schützen jedes aufrichtige Glaubensbekenntnis und jede auf rechtsstaatlichen Grundlagen beruhende politische Überzeugung. Sie treten der Diskriminierung Andersdenkender entgegen. Die Gesetze der Großlogen untersagen ausdrücklich jede Einmischung in konfessionelle Streitfragen.

Die in der Erklärung der Deutschen Bischofskonferenz aufgestellte Behauptung, die Zugehörigkeit zum Freimaurerbund stelle ›die Grundlagen der christlichen Existenz in Frage‹, muß als Anmaßung zurückgewiesen werden. Der weitaus größte Teil der über 6 Millionen Freimaurer in der freien Welt bekennt sich zum Christentum. Mit den christlichen Kirchen vieler Länder besteht eine fruchtbare Zusammenarbeit. Die Evangelische Zentralstelle für Weltanschauungsfragen hat in einer 1973 herausgegebenen Information festgestellt, daß ›ein Einwand gegen eine Mitgliedschaft evangelischer Christen in der Freimaurerei nicht erhoben‹ werden könne. Diese sei in das freie Ermessen des einzelnen gestellt.«

Soweit die beiden Presseerklärungen, die den Medien nahezu gleichzeitig zugingen und eine Fülle von Meldungen und Berichten auslösten. Die meisten dieser spontan erschienenen Meldungen und Berichte waren in ihrer Tendenz nicht gerade freundlich für die katholische Kirche. Relativ neutrale Berichte waren etwa überschrieben: »Freimaurer und katholische Bischöfe uneins« (›Offenburger Tageblatt‹ vom 14. Mai 1980) oder auch »Freimaurer über Bischofs-Erklärung enttäuscht« (›Südkurier, Konstanz, vom 17. Mai 1980). Mehrere Zeitungen überschrieben Berichte und Kommen-

27 Charles Lindbergh (1902–1974), Flugpionier, aufgenommen 1926 in der Keystone Lodge, St. Louis.

28 Edwin Aldrin (geb. 1930), Astronaut, 2. Mann auf dem Mond, aufgenommen 1956 in der Montclair Lodge in New Jersey.

29 Irving Berlin (1888–1989), Komponist ›White Christmas‹, aufgenommen 1926 in der Munn Lodge in New York.

30 Giuseppe Garibaldi (1807–1882), Freiheitskämpfer, Staatsmann, 1844 in der Loge ›Les Amis de la Patrie‹ in Montevideo aufgenommen.

31

32

33

31 Marie Joseph Marquis de Lafayette (1757–1834), General 1779 in einer Feldloge in Morristown aufgenommen.

32 Charles de Secoudat Montesquieu (1689–1755), Philosoph, Mitbegründer einer der ersten französischen Logen (1735).

33 Napoleon I. in freimaurerischer Bekleidung in der Loge. Es ist eine Fälschung. Napoleon war kein Freimaurer.

Winkel und Zirkel mit dem Symbol des Senkbleis

tare mit »Dialog endete mit einem Rückschlag« (›Mannheimer Morgen‹, ›Fränkische Nachrichten‹, u. a. m.). Ganz kräftig schlug die ›Cellesche Zeitung‹ in einem vierspaltigen Bericht zu mit der Überschrift: »Rückfall in engstirniges Zelotentum« (›Cellesche Zeitung‹ vom 14. Mai 1980). Die erste Welle der Presseresonanz ebbte aber relativ schnell ab. Später kam es dann zu gründlicheren Betrachtungen.

In vollständigem Wortlaut ist die ›Unvereinbarkeitserklärung‹ allerdings kaum bekannt geworden.

Als zeitgeschichtlich wichtiges Dokument wird sie daher im *Anhang* dieses Buches *dokumentiert,* verbunden mit einer gründlichen *Stellungnahme* zu allen in ihr enthaltenen Behauptungen. Diese Stellungnahme besorgte der Dominikanerpater Dr. Alois Kehl, ein vorzüglicher Kenner der Freimaurerei. (Er gab dem Verfasser seine Genehmigung für den Abdruck in diesem Buch – wofür ihm an dieser Stelle Dank gesagt sei!) Zusammengefaßt sein Urteil: »Falsch dargestellt – falsch verstanden – falsch beurteilt!«

Sorgte im Jahr 1980 die einseitige ›Unvereinbarkeitserklärung‹ der Deutschen Bischofskonferenz für einige Überraschung, so gab der Vatikan selbst im Jahre 1981 Anlaß zu neuerlichen Spekulationen. Am 2. März 1981 meldete die Deutsche Presseagentur aus Rom:

Kirchen
Vatikan bekräftigt: Freimaurer werden exkommuniziert.

Vatikanstadt (dpa) – Mitglieder von Vereinigungen der Freimaurer werden nach katholischem Recht exkommuniziert. Dies bekräftigte die vatikanische Kongregation für die Glaubenslehre in einer am Montag veröffentlichten Stellungnahme.
In der grundsätzlichen Erklärung des Vatikan wird auf eine frühere Stellungnahme der Kongregation aus dem Jahr 1974 verwiesen, die vielfach ›tendenziös und falsch‹ interpretiert worden sei. Nach katholischem Recht sei Katholiken nach wie vor unter Androhung des Kirchenbanns verboten, Mitglied in Freimaurer-Organisationen zu sein.

In der Erklärung wird auch betont, daß einzelne Bischofskonferenzen an diese Richtlinie gebunden sind. Nur in Einzelfällen können Bischöfe nach der Anweisung des Vatikan eine Überprüfung dieser Richtlinie vornehmen.

Zu der Erklärung des Vatikan äußerten sich am Montag die Vereinigten Großlogen von Deutschland (VGLvD). In einer der dpa übergebenen Stellungnahme heißt es, die Erklärung zeuge von einer zunehmend intoleranten Haltung der katholischen Kirche, die zu früheren Äußerungen in krassem Widerspruch stehe.

Wenig später wurde dann der vollständige Text der Erklärung der ›Kongregation für die Glaubenslehre‹, abgegeben am 11. Februar 1981, bekannt.

Er lautet:

Erklärung der Kongregation für die Glaubenslehre

Mit dem Datum vom 19. Juli 1974 hat diese Kongregation einigen Bischofskonferenzen einen Brief geschrieben zur Interpretation von c. 2335 CIC, der den Katholiken unter Strafe der Exkommunikation den Eintritt in freimaurerische und ähnliche Organisationen verbietet.

Nachdem dieser Brief in der Öffentlichkeit Anlaß zu falschen und tendenziösen Interpretationen gegeben hat, bestätigt und erklärt diese Kongregation, ohne damit eventuellen Verfügungen des neuen Codex vorgreifen zu wollen, folgendes:
1. Die bisherige Praxis des Kirchenrechts ist in keiner Weise geändert worden und bleibt voll in Kraft.
2. Infolgedessen sind weder die Exkommunikation noch andere vorgesehene Strafen abgeschafft worden.
3. Soweit es in diesem Brief um Interpretationen geht, wie der fragliche Canon im Sinn der Kongregation zu verstehen sei, handelt es sich nur um einen Verweis auf die allgemeinen Prinzipien der Interpretation von Strafgesetzen zur Lösung persönlicher Einzelfälle, die dem Urteil der Ordinarien überlassen werden können. Es stand dagegen nicht in der

Absicht der Kongregation, es den Bischofskonferenzen zu überlassen, öffentlich ein Urteil allgemeinen Charakters abzugeben, das Abschwächungen der obigen Normen implizieren könnte.

Rom, am Sitz der Kongregation für die Glaubenslehre, 11. Februar 1981

Das Nachrichtenmagazin ›DER SPIEGEL‹* schrieb daraufhin in einem mehrseitigen Artikel über das Verhältnis der Freimaurerei zur katholischen Kirche: »Daß der Vatikan den Freimaurer-Bann jetzt bestätigte, ist nur der jüngste von zahlreichen Beweisen für den Rückmarsch der Kirchenführer ins Getto. Der Münsteraner Dogmatikprofessor Herbert Vorgrimler, einst selber als Konsultor des vatikanischen Sekretariats für die Nichtglaubenden zu Gesprächen mit deutschen Freimaurern delegiert, sieht die vatikanische Erklärung eingereiht in ›die Sammlung aberwitziger Bannflüche seit rund 150 Jahren‹. Vorgrimler: ›Die Kirche muß sich nicht wundern, wenn sie angesichts solcher Erklärungen als Gesprächspartner nicht mehr ernst genommen wird.‹«

Im ›Deutschen Allgemeinen Sonntagsblatt‹, Nr. 25 vom 21. Juni 1981, faßt Albert Ebneter in einem Artikel zum wechselhaften Verhältnis zwischen katholischer Kirche und Freimaurerei, »Der Wahnwitz Toleranz«, zusammen:

»Von ihrem Ursprung her war die Loge dem Grundsatz der Toleranz, der Religions-, Glaubens- und Gewissensfreiheit verpflichtet – nach den ›Alten Pflichten‹ sind Streitgespräche über Religion oder Politik von der Logenarbeit ausgeschlossen. – Die Päpste des 18. und 19. Jahrhunderts haben diese bürgerlichen Freiheiten bekämpft. Gregor XVI. und Pius IX. nannten sie einen ›Wahnwitz‹ (Deliramentum). Das II. Vatikanische Konzil hat sich nur unter heftigen Auseinandersetzungen zur modernen Toleranzidee durchgerungen. Gegen den Vorwurf, die Wahrheit würde damit relativiert, antworteten die Konzilväter: Mit dem Recht auf eine eigene

---
* Nummer 13 vom 13. März 1981, S. 94–100

Überzeugung wird das gleiche Recht aller Menschen anerkannt.«

Allerorten machten sich Interpreten ans Werk und gaben sich Mühe, aus der Vatikan-Erklärung außer Härte auch neue Hoffnung herauszulesen. Das deutsche Freimaurer-Magazin ›humanität‹ (Nr. 4/1981) meinte in einem ausführlichen Kommentar seines Redakteurs Jens Oberheide: »Freimaurerei und Kirche – doch nicht unvereinbar?«, gar, die Vatikan-Erklärung bewirke, daß die Unvereinbarkeitserklärung der Deutschen Katholischen Bischofskonferenz keine rechtliche Wirkung mehr habe. Der Kommentator wörtlich: »Die Erklärung beinhaltet einen deutlichen Seitenhieb auf die Deutsche Katholische Bischofskonferenz, wie sie überhaupt die Interpretationsebene aller nationalen Bischofskonferenzen in der Freimaurerfrage einengt und ausdrücklich betont, daß die Bischöfe nur in Einzelfällen nach Anweisung des Vatikans eine Überprüfung der Richtlinien vornehmen können. Nach allem, was man aus den Stellungnahmen herauslesen darf, war es ›nie Absicht der Kongregation, es den Bischofskonferenzen zu überlassen, öffentlich ein Urteil allgemeinen Charakters über die Eigenart freimaurerischer Vereinigungen abzugeben ...‹

Die Herder-Korrespondenz kommentierte: ›In der Tat weiß man zum Schluß nicht so recht, gegen wen sich die Erklärung der Glaubenskongregation nachdrücklich wendet: gegen die Bischofskonferenzen, die generell die Erlaubtheit der Mitgliedschaft von Katholiken in Freimaurervereinigungen bekunden, oder gegen die Deutsche Bischofskonferenz, die, ohne sich direkt auf can. 2335 zu beziehen, die gleichzeitige Zugehörigkeit zur Katholischen Kirche und zur Freimaurerei (auch in der gegenwärtigen Situation) für ›unvereinbar‹ erklärte und somit ein Gesamturteil über freimaurerische Vereinigungen abgab, das, wie gesagt, Rom sich selbst vorbehalten will.‹

Der Vorgang ist, wie wir aus gutunterrichteten kirchlichen Kreisen erfahren, so auszulegen, daß nunmehr die Unvereinbarkeitserklärung der Deutschen Katholischen Bischofskonferenz keine rechtliche Wirkung mehr hat.«

Solcherlei Optimismus, formuliert im Jahre 1981, bekam zwei Jahre später neue Nahrung: Im Januar 1983 veröffentlichte Rom den völlig neu gefaßten und geordneten ›Codex Iuris Canonici‹. Darin ist nun von Freimaurern nicht mehr die Rede. Von Exkommunikation ist nur mehr bedroht, wer ›kirchenfeindlichen Vereinigungen‹ angehört. Eine quasi ›automatische‹ Exkommunikation von Freimaurern gibt es nicht mehr. Gleichwohl haben es die nationalen Bischofskonferenzen offenbar in der Hand, freimaurerische Körperschaften zu ›kirchenfeindlichen‹ Institutionen erklären zu können. Pressemeldungen wie »Bannstrahl gebrochen« oder »Kirche schließt Frieden mit Freimaurern« (›Main-Echo‹ vom 5.11.1983) erwiesen sich als voreilig. Die katholische Kirche beeilte sich, alsbald klarzustellen, daß das Fortlassen der Freimaurer aus den kirchlichen Strafbestimmungen ›rein redaktionelle Gründe‹ gehabt habe. Die gleichzeitige Zugehörigkeit zur katholischen Kirche und zur Freimaurerei sei nach wie vor ausgeschlossen.

Abwartend und zurückhaltend war daher auch die Reaktion der Vereinigten Großlogen von Deutschland bei Bekanntwerden des neuformulierten Kirchenrechts. Die Praxis müsse erweisen, so hieß es, »inwieweit in der Bundesrepublik neben das konfessionsübergreifende Toleranzgebot der Freimaurerei die Chance einer konfliktfreien Glaubensausübung für katholische Freimaurer tritt«. Soviel aber zeigte sich eindeutig: Über Vorgeschichte und Grundlagen und über die Substanz der theologischen Bedenken gegen die Freimaurerei ist neu und gründlich nachgedacht worden, das Ende der Gegnerschaft wird kommen.

Zu dieser Gegnerschaft hatte Dr. Theodor Vogel, der Altgroßmeister der Vereinigten Großlogen von Deutschland, 1976 in einer quellenkundlichen Arbeit der freimaurerischen Forschungsloge ›Quatuor coronati‹, Bayreuth, geschrieben:

»Für uns eines der Phänomene der Geistesgeschichte des 18. und 19. Jahrhunderts, und damit der ungelösten Rätsel, ist und bleibt die Tatsache, daß es zu der Gegnerschaft zwischen der katholischen Kirche und dem Bund der Freimaurer kommen

konnte. Dabei fängt alles so vernünftig und vielversprechend an: Eine Bewegung, gar nicht so sehr aus der Aufklärung kommend, eigentlich mehr aus dem bewußten Bekenntnis zu Symbol und Symbolik, vereint Männer aus allen Ständen, aus allen Bekenntnissen, in allen Sprachen in einem Universalismus, der nach dem Jahrhundert der Religionskriege, nach dem Aufbruch der Wissenschaften das Primat des brüderlichen Geistes unter das Gesetz der Symbolik stellt. Der Wille zur Form als Wille zu einer höheren Wirklichkeit in einem Bruderbund muß gerade in der geistig arm gewordenen Zeit um die Wende des 18. zum 19. Jahrhundert die wertvollsten und geistvollsten Kräfte des Katholizismus anziehen.

Kardinäle und Bischöfe, Äbte und Geistliche aller Obödienzen zählen darum auch damals zu Hunderten zu den Mitgliedern der Logen. Es gibt Konvente, vor allem der Benediktiner, die geschlossen, vom Abt bis zu den Patres und Fratres, einer Loge beitreten – wie beispielsweise im Stift Melk. Es gibt hohe Geistliche, die bei ihren Aufgaben – sei es beim Bau ihrer Residenz, sei es bei der Organisation des Schulwesens in ihren Landen – Helfer und Brüder im Domkapitel finden.

Die Zeit ist reif geworden auch im Klerikertum, was insbesondere die historisch denkenden unter den Brüdern, vor allem den getreuen und inzwischen zu höherer Arbeit abberufenen Historiker Karl Hoede, immer wieder zu der verzweifelten Frage zwingt, warum in einer solchen echten, bruderschaftlichen Bindung der Geist der Zerstörung, der Ungeist politischer Haltung und Machtposition einbrechen muß, Enzykliken geschrieben und verkündet werden, um dann empörte Antwort zu finden und neues Unheil, neue Verdammung zu gebären. Karl Hoede hat es einmal ausgesprochen, und in den Verhandlungen in unserer Dialogkommission ist es immer wieder aufgeklungen: Sind die Enzykliken wirklich geschrieben worden, wirklich von klar denkenden Menschen unterschrieben worden? Wo sind die Originale und das Signum dieser Dokumente, um deren Einsichtnahme wir kämpfen, deren Vorlage auf dem Programm der Verhandlungskommission steht und von der die Kirchenhistoriker uns bis heute die Antwort noch schuldig sind?

Das Verhältnis der Freimaurerei zur katholischen Kirche erfährt eigentlich schon in den Jahren der Hitlerherrschaft eine Wandlung. Der gemeinsame Feind bringt gerade in Deutschland die beiden gegensätzlichen Kräfte in engere Nachbarschaft, läßt sie auf einmal den größeren gemeinsamen Feind erkennen und darüber viel von der ursprünglichen Gegnerschaft als unwesentlich und unwichtig erkennen. Dazu kommt das persönliche Schicksal, das die Gruppe der vom Nationalsozialismus verfolgten ›Logenbrüder‹ ebenso ins Abseits stellt wie die Angehörigen des katholischen Klerus.

So ist es kein Wunder, daß nach 1945, nach dem Erwachen und dem Ende des Nazi-Regimes, das Gespräch da und dort beginnt. In vielen Städten sitzen die Davongekommenen in den ersten Kommunikationen der jungen Demokratie zusammen, diskutieren miteinander, bringen die Pfarrer in die Kreise der Logen, die Logenbrüder zu den Gemeinden, besuchen Ordenspriester die Bauhütten. Nach und nach entdecken die von hüben und drüben Verwandtes, entsteht Freundschaft und Bemühung um Verständnis.

In den Jahren nach 1945 kommt dann die Frage auf: ›Warum eigentlich mußten wir denn Feinde sein?‹ Aus diesen ersten Verbindungen kommt es dann auch zu überörtlichen Berührungen. Von denen, die bedeutungsvoll sind, gehen entscheidende Impulse aus, von denen nachstehend einige der wichtigsten aufgeführt sein sollen.

Da ist zunächst das erste Gespräch des Großmeisters der VGL von Deutschland, Bruder Pinkerneil, mit Kardinal Bea. Es kommt durch Vermittlung des Grafen Kerssenbrock zustande, der aus altem westfälischen Geschlecht stammt. Er ist mit Begeisterung Malteserritter und überzeugt davon, daß sich Freimaurerei und katholische Kirche viel zu sagen hätten, jedenfalls mehr als bisher. Pinkerneil hat dieses Gespräch mit Kardinal Bea sehr geheimnisvoll und vertraulich behandelt und seinen Vorgänger wie seinen Nachfolger im Amt des Großmeisters kaum unterrichten können. Er stirbt und hat die Kenntnis von dem, was zwischen den beiden Männern geredet worden ist, mit ins Grab genommen. Graf Kerssenbrock hat nur als Vermittler gewirkt. Er hat hinterher davon erzählt, daß sich die Gesprächspartner sehr nahegekommen und voller Hochachtung voneinander geschieden seien.

Aufgeschlossener und lebendiger sind die Begegnungen der Freimaurer – insbesondere Kölner Logen – mit den Dominikanern auf Walberberg verlaufen. Ihr Motor auf freimaurerischer Seite ist Bruder Hans Gemünd, auf seiten der Kirche Stephan Pförtner. Wie viele gemeinsame Abende hüben und drüben lebendig geworden sind und wie nahe sich die Logen in Köln und das Kloster Walberberg gerückt sind, haben die Freunde immer voller Stolz berichtet. Sie haben ihren Niederschlag nicht nur in persönlichen Gesprächen und Begegnungen, sondern auch in der Literatur gefunden. Wirkung im Episkopat und in Rom bleibt ihnen versagt, da ihr theologischer Verfasser nicht in der Kirchenordnung geblieben ist.

Nichts ist in die Öffentlichkeit gedrungen von den Gesprächen, die Kardinal König mit Bruder Baresch in Österreich geführt hat. Sie dienen in erster Linie der Information, haben aber gerade dadurch eine Grundlage gelegt, auf die im späteren Dialog zurückgegriffen werden kann.

Die Unterhaltungen, die in dieser Zeit von Bruder Eduard Herold mit Kardinal König als dem Beauftragten des Konzils für den Dialog mit den Nichtglaubenden geführt werden, sind sachlich, für die Information ebenso förderlich. Sie kommen durch Vermittlung des Jesuitenpaters de Galli zu einem Zeitpunkt zustande, in dem sie ohne Autorisation fruchtlos bleiben müssen. Dies ist zu bedauern, aber die Kreise, die hinter diesen Versuchen stehen, haben brüderliches Verständnis dafür gehabt, daß die Freimaurerei, um nachhaltigen Erfolg zu haben, ohne Auftrag und Vollmacht der Obödienzen nicht handeln und verhandeln darf.

So sind auch andere Gespräche, die aus eifrigem Bemühen und im Laufe der Jahre mit führenden und hohen Geistlichen geführt werden, mit dem Generalvikar der Diözese Speyer, mit Professor Vorgrimler, Freiburg, u. a., im Stadium der Unverbindlichkeit und deshalb zwar nicht der Unfruchtbarkeit, aber der Fruchtlosigkeit geblieben – vielleicht mit Ausnahme der in Italien in den späten sechziger Jahren aufgenommenen, aber auch nur unverbindlichen Gespräche.

Dann ist Monsignore de Tóth aus Rom gekommen.
Prälat Dr. Johannes B. de Tóth, Ungar, entstammt einer Familie des magyarischen Landadels und absolviert die besten Schulen des Landes. Auf Vorschlag der Vorgesetzten des Diözesanseminars von Esztergom, in das er durch Neigung und Berufswahl eingetreten ist, hat der Kardinal Fürstprimas von Ungarn, Johannes Csernoch, ihn zur höheren Ausbildung nach Rom, in das päpstliche deutsch-ungarische Priesterkolleg (Collegium Germanicum et Hungaricum) geschickt.

In diesem altehrwürdigen Kolleg – gegründet von Ignatius von Loyola bzw. dem ersten ungarischen Jesuiten, István Szántó – hat er acht Jahre verbracht und die älteste römische päpstliche Universität, ›Universitas Gregoriana‹, besucht. 1933 zum Priester geweiht, wird er als Dr. phil. et theol. in die Heimatdiözese Esztergom zurückgerufen, wo er verschiedene Stellungen bekommt (u. a. Universitätskollegvorgesetzter, Archivar und Sekretär des Fürstprimas von Ungarn) und dann vom Reichsverweser und dem Fürstprimas zum Ministerialreferenten des Hl. Stuhles am ungarischen Außenamt ernannt wird.

Während des Zweiten Weltkrieges in der ungarischen Widerstandsbewegung stehend, haben die Kommunisten ihn dann zur Flucht ins Ausland gezwungen.

So kommt er nach Österreich.

Über die Freimaurerei, mit der er in Ungarn wie auf seinen Reisen ins Ausland eingehender bekannt wird, entdeckt er auch die moralische und kulturpolitische Linie, die Freimaurerei und Kirche mit Naturnotwendigkeit in dieser Gegenwart zueinander bringen muß.

Als das Vatikanische Konzil Johannes' XXIII. die neue Zeit in der katholischen Kirche einläutet, ist er überzeugt von der Idee, Freimaurerei und katholische Kirche zu einem gemeinsamen Dialog zu bringen.

In Rom wird er in der Peterskirche Archivar, später von Papst Johannes XXIII. in seiner Kathedrale, in der Lateranbasilika, zum Domherrn ernannt und dort mit dem Archiv betraut. In der Lateranbasilika ruht Papst Clemens XII., der durch seine Bulle ›In Eminenti‹ die Freimaurerei erstmals mit dem kirchlichen Bann belegte. Monsignore de Tóth hat beim Studium der Lebensgeschichte dieses Papstes merkwürdige Tatsachen entdeckt, die auf die Geschichte dieser Bulle ein problematisches Licht werfen.

Nach intensivem Studium der Freimaurerei in Deutschland, insbesondere der Schriften des Großmeisters Theodor Vogel, besucht er diesen eines Tages in Schweinfurt, streckt ihm die Hand entgegen und versucht, ihn für eine Bruderschaft des Geistes zu gewinnen, eine Aufgabe, der er sich verschrieben hat und zu der er auf der freimaurerischen Seite die Gleichgesinnten zu gewinnen begehrt.

Prälat Dr. de Tóth ist inzwischen Konsultor des Sekretariats für die Nichtglaubenden geworden, das von dem Wiener Kardinal König geleitet wird. De Tóth, beseelt von einem echten, konstruktiven Dialog mit Andersdenkenden, findet auffallend, daß die katholische Kirche eben diesen Dialog mit den Freimaurern versäumt, obwohl sie ihn sogar mit dem atheistischen, religionsfeindlichen und kirchenverfolgerischen Kommunismus sucht. Er wendet sich an Kardinal König und an Kardinal Seper, den Präfekten der Glaubenskongregation zu Rom (das ehemalige ›Heilige Offizium‹). Es wird ihm gestattet, Kontakt mit den Freimaurern aufzunehmen und zu pflegen. Unter der Aufsicht und nach den Richtlinien der Kardinäle König und Seper baut er dann die Kommission der katholischen Kirche auf, die mit der konstruktiven Dialogarbeit beginnt.«

So also war die Vorgeschichte des ersten bedeutsamen Dialogs zwischen der katholischen Kirche und der deutschsprachigen Freimaurerei, geschildert von dem Mann, der in dem Abbau der ihm so tief wesensfremden Gegnerschaft zur Kirche die Erfüllung seines Lebenswerks sah.

Von diesem ersten Dialog hatte die Öffentlichkeit – zunächst war äußerste Zurückhaltung vereinbart worden – bereits ein Jahr zuvor durch das Buch von Rolf Appel und Herbert Vorgrimler ›Kirche und Freimaurer im Dialog‹ (Josef Knecht Verlag, Frankfurt) erfahren. In diesem Werk äußerte sich Professor Herbert Vorgrimler, Jahrgang 1929, 1972

Nachfolger Karl Rahners als Ordinarius für Dogmatik und Dogmengeschichte an der Universität Münster, grundsätzlich zu den theologischen Bedenken gegenüber der Freimaurerei. Er schrieb:

»Aus der Selbstdarstellung der Freimaurerei ist ersichtlich, welche Hilfe sich die Freimaurer vom Gruppenleben, von der Symbolik und dem Ritual für ihre ›Menschwerdung‹ versprechen. Betrachtet man die katholische Kirche ›an sich‹, dann sollte man meinen, daß sie genug Möglichkeiten kennt und anbietet, wie ein Christ ›durch überkommene rituelle Handlungen menschliche Vervollkommnung‹ erstreben und als Mitglied einer bestimmten Gruppe Anregungen geben und empfangen kann.

Nun ist allerdings die Kirche ›an sich‹, wie sie sein könnte und sollte, nirgendwo verwirklicht, und so mag da oder dort ein Katholik zu der Auffassung kommen, in der Kirche finde er weder Impulse und Regulative für sein Denken, Handeln und Fühlen noch genügenden Ausdruck des Arbeitens an sich selbst in Symbolen und im Ritus. Es ist bekannt, daß manche Christen hier gegenüber ihrer Kirche legitime Bedürfnisse haben und sie in der Zuwendung zu fernöstlichen Meditationspraktiken zu erfüllen suchen. Warum nicht, in stärker gemeinschaftsbezogener Form, in der Freimaurerei? Die katholische Theologie möchte auf diese Frage zwei Dinge zu bedenken geben:
1. Es ist ein Unterschied, ob man die Freimaurerei als berechtigte und sinnvolle Ergänzung dessen ansieht, was man in Richtung auf seelische Heimat, Gruppenzugehörigkeit, ethische Vervollkommnung, Selbsterziehungstechniken usw. von der Kirche erhoffte, aber nicht erhielt und erhält, oder ob man die Freimaurerei als Ersatz für die Kirche auffaßt. Im zweiten Fall müßte man sich fragen, ob man verstanden hat, was Kirche ist und soll. Kirche ist jene Gemeinschaft, in der die Erfahrungen der Menschheit mit Gott in der menschlichen Hoffnungs- und Leidensgeschichte erhalten sind, weitergegeben, andern dienstbar gemacht werden. Kirche weist also wesentlich über – noch so

berechtigte – private Wünsche und Bedürfnisse und auch über elitäres Denken hinaus. Man braucht Kirche nicht in erster Linie, um sich weiterzubilden, ethisch voranzukommen, Gemeinschaft in der Gruppe zu erfahren, sondern man braucht Kirche, weil die Menschheit die hier erinnerten Leiden, den leidenden Gottesknecht, und die hier gespeicherten Hoffnungen auf Glück, ewiges, authentisches Leben nicht vergessen soll und darf. In diesem Dienst für andere steht einer, der zur Kirche gehören will – das ist etwas anderes als Selbstvervollkommnung, freilich auch etwas anderes als Jenseitsversicherung.

2. *Man kann die Riten und Symbole der Freimaurer als berechtigte und sinnvolle Ergänzungen der kirchlichen Liturgie und Sakramente ansehen, weil die kirchlichen Riten vielleicht zu allgemein und nichtssagend, zu wenig auf den Einzelmenschen bezogen und zu weit im spätantiken Rom und Byzanz verwurzelt sind, so daß man neben diesem etwas allgemeinen, unverbindlichen und immer noch höfisch stilisierten rituellen Brauchtum nach zusätzlichen individuellen Gesten sucht. Man kann aber auch maurerische Riten als Ersatz der Sakramente ansehen. Im zweiten Fall müßte man sich fragen, ob man verstanden hat, was Sakrament ist, nämlich Selbstvollzug der Kirche, indem sie in intensivster Konzentration um Gottes Gegenwart bittet und der Verheißung Jesu gedenkt, daß Gott solchen Bittenden gegenwärtig sein werde. Im Vertrauen auf diese Zusage Jesu sind die Sakramente für den Glaubenden Orte der Gottbegegnung, nicht nur äußerlicher Art, sondern inniger Kommunikation. Das ist etwas anderes als die sinnenfällige Wahrnehmung ethischer Grundsätze.*

Nun stellt gerade die Freimaurerei einen Appell an nachdenkliche, mündige Menschen dar, so daß man – da man ja zunächst das Gute vom Menschen zu vermuten hat und nicht Böses argwöhnen darf – annehmen muß, Interessenten an der Freimaurerei könnten unterscheiden zwischen Gruppe und Kirche, zwischen Ritual und Sakrament, und würden nicht das eine gegen das andere ausspielen. Es ist darum keineswegs nötig, aus den beiden genannten Anfragen (die auch solche der evangelischen Theologie an die Freimaurerei sind) Bedenken gegen die Freimaurerei herauszulesen.

Betrachtet man die Gottesbezeichnung der ›regulären‹ Freimaurer, die Gott als den ›Großen Baumeister aller Welten‹ verstehen und verehren, dann stellt sich theologisch die Frage, ob dies der Gott sein kann, der sich nach christlicher Überzeugung dem Geist und Herzen jedes Menschen bekundet, der den verschiedenen Menschen verschieden deutlich bewußt wird, sich unüberbietbar deutlich Jesus mitteilte. Der Wortlaut der freimaurerischen Gottesbezeichnung geht auf deistische Vorstellungen zurück und erregt darum bei manchen Christen den Verdacht der irrigen, ›häretischen‹ Gottesvorstellung. In Wirklichkeit ist es jedoch nach dem Verständnis der christlichen theologischen Tradition keineswegs so, daß jede Gottesbezeichnung alles das zugleich zum Ausdruck bringen muß, was Denken und Glauben von Gott bekunden können. Die biblische Bezeichnung Gottes als Baumeister ist durchaus geeignet, einen Aspekt im Verhältnis Gottes zur Welt zum Ausdruck zu bringen, nämlich den Glauben daran, daß alles – ohne Ausnahme – in Gott gründet und daß dem Ganzen ein Wille zur Sinnhaftigkeit und Vollendung innewohnt. Ein solcher Glaube ist nicht ›wenig‹. Er bringt das zum Ausdruck, was christliche Philosophie ergründen kann: daß keine Existenz ohne sinnvollen Plan, ohne tragenden Grund und ohne sittliche Ordnung bestehen kann und daß die Mehrheit und das Einzelwesen Mensch nicht Zufallsprodukte sein können.

Wie aber der tragende Grund beschaffen ist, wie er sich zum Menschen in seiner Geschichte verhält, sagt dieses Denken nicht. Es wird vom Christentum her ›aufgefüllt‹, da das Christentum der gläubigen Überzeugung ist, daß Gottes Verhältnis zur Welt ein Verhältnis der liebenden, bewußten, geistigen Nähe ist. Gott verhält sich nach dem christlichen Glauben zu den Menschen nicht nur wie Architekt oder Uhrmacher, sondern er gibt sich ihnen innerlichst in geistiger Kommunikation zu eigen. Er bewirkt nicht nur sein Wort an die Menschheit, sondern er bewirkt auch im Menschen die Annahme dieses Angebots. Diese christliche Auffassung hat ihr Zentrum in dem Glauben, daß das Eingehen Gottes in die Welt zu bleiben-

der Nähe seinen unüberbietbaren Höhepunkt in der Selbstübereignung Gottes an Jesus von Nazareth gefunden hat. Der gesamten Menschheit ist die Erreichung dieses Höhepunktes als Vollendung der Geschichte im Reich der Gerechtigkeit, des Friedens und der Liebe in Aussicht gestellt. So ist das Christentum davon überzeugt, daß ein ständiges Einwirken Gottes in die Welt und in die Menschheit hinein gegeben ist, nicht auf der Ebene der Physik, sondern auf der Ebene des Umgangs von Personen miteinander im Dialog der Liebe, auf der Ebene des geistigen Austauschs. Christentum besteht darum nicht in der schweigenden Verehrung eines Unbekannten und Unansprechbaren. Aber es kann diese Verehrung niemals als abwegig oder ›häretisch‹ abqualifizieren oder behaupten, dieser schweigend verehrte Unbekannte – der ›Namenlose‹, wie große Theologen des christlichen Altertums häufig sagten, das ›schweigende, dunkle Geheimnis‹, wie Theologen der Gegenwart sagen – sei nicht der eine Gott, den Jesus als seinen Vater bekannte.

Im freimaurerischen Begriff des Großen Baumeisters des Universums ist nun nichts enthalten und ausgesprochen, was dem christlichen Gottesverständnis im Wege stünde. Es gibt, wie eben angedeutet, auch im Christentum ähnliche Bezeichnungen Gottes, die eine Art umfassenden Rahmen darstellen, der vom christlichen Glauben zwar gefüllt werden will, zu ihm aber nicht im Widerspruch steht, z. B. die Begriffe ›Geheimnis‹ oder ›umfassender Horizont‹ oder ›absolute Zukunft‹. Es gibt in der ›regulären‹ Freimaurerei auch keine abfällige Bemerkung über die genauere dogmatische Interpretation des Verhältnisses Gottes zur Welt. Die Annahme einer solchen Interpretation oder einer Sprachregelung – ein Dogma ist immer eine Sprachregelung in der Gemeinschaft Kirche – ist dem Freimaurer freigestellt. Das entspricht der katholischen Auffassung, wonach der Glaube ein freier Akt einer freien Person ist und niemandem aufgenötigt werden darf; sobald die Freiheit fehlt, kann nicht mehr von Glaube die Rede sein.

Wenn Freimaurer neben der Glaubensfreiheit die Gewissensfreiheit als höchsten Wert bezeichnen, dann kann dem aus katholischer Sicht nur uneingeschränkt zugestimmt werden.

(Man sollte von Katholiken nicht mehr den törichten Einwand hören, Gott allein sei der höchste Wert. Wenn von ›Wert‹ die Rede ist, meint man das vom Menschen von sich aus Erstrebbare, für den Menschen Nützliche und Brauchbare, also immer einen Wert im Bereich dessen, in dem Geschaffenes vorkommt. In eine solche Reihe kann und darf Gott nach christlichem Gottesverständnis nicht eingeordnet werden, auch nicht als der höchste Wert in einer Kette von Werten.)

Das menschliche Gewissen ist frei und ist die höchste Norm allen menschlichen Handelns, ganz gleichgültig, in welchem Stadium der Gewissensbildung es sich befindet. Für den Christen ergibt sich das eindeutig aus den Äußerungen des Neuen Testaments über das Gewissen. Danach muß das Gewissensurteil eines Menschen auch dann absolut respektiert werden, wenn sein Gewissen sich mit Sicherheit irrt. Ein Katholik braucht das Versagen der Kirche gegenüber dem Problem abweichender Gewissensüberzeugungen (gegenüber der ›Ketzerei‹) nicht zu leugnen, und er braucht nicht zu behaupten, die Verurteilung der Gewissensfreiheit durch Gregor XVI. und Pius IX. im 19. Jahrhundert sei dem Willen Gottes und dem Verhalten Jesu gemäß gewesen.

Ebenso wäre es angesichts der Tatsache, daß die Päpste seit rund achtzig Jahren in einem mühsamen Lernprozeß einen positiven Begriff der Gewissensfreiheit gewonnen haben, unhistorisch und ungerecht, sich auf früheres Versagen und Unrecht der Kirche zu fixieren und so von ihr zu sprechen, als mißachte sie prinzipiell und immer die Freiheit des Gewissens. Ein Katholik kann aber der Überzeugung sein, daß die Bejahung der Menschenrechte in der Kirche, die Bejahung der religiösen Toleranz in der Gesellschaft und damit auch die Bejahung der Gewissensfreiheit, die Einsicht, daß die Freiheit nur soweit verwirklicht ist, als die Freiheit der Andersdenkenden verwirklicht ist, nicht durch eigene Einsicht in die Kirche gekommen ist. Er kann auf das Neue Testament schauen und sagen, die biblische Botschaft sei eine Freiheitsbotschaft, und vom Christentum her sei der Gedanke der Freiheit in die Welt gekommen. Er kann das aber nicht triumphierend sagen. Er wird zugeben müssen, daß die Kirche die Freiheit verschüttet hat und daß andere sie neu erkämpfen mußten. In diesem Sinne kann er Außenstehenden – Protestanten, Juden, Freimaurern, Sozialisten – für vielfältige Einsichten dankbar sein, für die seine Kirchenführer blind waren.

Zum Abschluß soll noch auf das Verhältnis der katholischen Kirche zur ›irregulären‹, möglicherweise atheistischen und antiklerikalen Freimaurerei eingegangen werden. Diese Frage ist auch darum wichtig, weil man der ›regulären‹ Freimaurerei, gerade wenn sie weder Religion noch Religionsersatz ist, von christlicher Seite nicht zumuten kann, für alle Zeiten auf die Aufnahme atheistischer Mitglieder zu verzichten. Es braucht, da es selbstverständlich ist, hier nicht erörtert zu werden, daß ein Katholik nicht Mitglied einer Loge werden kann, die programmatisch, z. B. in Statuten oder rituellen Texten, und praktisch dem Atheismus verpflichtet ist und sich prinzipiell antikirchlich und antiklerikal betätigt. Was das letztere angeht, so kann auch ein Katholik der begründeten Überzeugung sein, die Kirche einer bestimmten Region nehme zu viel Einfluß auf das öffentliche Leben; sie sei mit zu vielen Privilegien ausgestattet; ihre legitim erworbenen Rechte stünden heute einem glaubhaften evangelischen Zeugnis im Wege, sie müsse daher, wie das Zweite Vatikanische Konzil ausdrücklich vorsah, auch auf solche legitimen Rechte verzichten. Ein solcher Katholik wird zwar – wenn er diese Überzeugung äußert – im Normalfall mit seiner Kirchenleitung in Konflikt kommen, da die Hierarchie immer bestrebt sein wird, den kirchlichen Besitzstand zu wahren, er wird aber – dem Geist Jesu verpflichtet – auch zu einer solchen Hierarchie in kritischer Loyalität stehen. Das kann er aber nicht, wenn er sich einer von außen die Kirche angreifenden Gruppe anschließt. Auch ein berechtigter Antiklerikalismus eines Katholiken kann nicht von einem Standpunkt außerhalb der Kirche aus praktiziert werden.

Anders ist es, wenn sich eine Loge strikt an die Übereinkunft hält, Streitigkeiten religiöser und politischer Natur fernzuhalten. Nicht jeder wird eine solche Neutralisierung einer Gruppe, deren Lebensvollzüge ihm sonst sehr viel bedeuten, für sinnvoll und begrüßenswert halten. Wer sich mit dieser Neutralität jedoch anzufreunden vermag, der kann, wie auch die vatikanische Erklärung vom Juli 1974 nahelegt, Mitglied in einer Loge werden, auch wenn sie andere Mitglieder hat, die den ›Obersten Baumeister des Weltalls‹ nicht verehren, die Atheisten, Skeptiker, Zweifler sind. Eine ethische Arbeit an sich selbst ist auch im Kreis von Atheisten möglich, und eine Gelegenheit, Andersdenkende in ihren ethischen Auffassungen kennenzulernen, Toleranz üben zu lernen, ist auch für Katholiken durchaus wertvoll. Wo der Glaube nicht lächerlich gemacht und bekämpft wird, entfällt das theologische Bedenken, das einer solchen Mitgliedschaft entgegenstehen würde.

Wenn eine Loge prinzipiell atheistisch orientiert ist und sich so eine Mitgliedschaft von Katholiken von selbst verbietet, so kann das doch nicht bedeuten, daß es zwischen einer solchen Loge und der katholischen Kirche nicht Dialog und Zusammenarbeit geben kann. Das Zweite Vatikanische Konzil hat ausdrücklich niemand von allen Andersdenkenden von Dialog und Zusammenarbeit mit der Kirche und den katholischen Christen ausgeschlossen. Dementsprechend stellt das vatikanische Dokument über den Dialog mit den Nichtglaubenden fest: ›Auch unter Menschen, die durch radikale Meinungsverschiedenheiten voneinander getrennt sind, lassen sich Bereiche der Übereinkunft und Begegnung finden ... Besonders halte man sich vor Augen, daß die humanen Angelegenheiten ihre legitime Autonomie behalten und daß darum Meinungsverschiedenheiten auf religiösem Gebiet nicht notwendig ein Hindernis für das Einvernehmen in zeitlichen Anliegen sind‹, und ferner: ›Wo die Standpunkte hinsichtlich der Lehre nicht übereinstimmen können, ist schließlich ein Übereinkommen in praktischen Dingen möglich.‹ Es entspräche nicht dem christlichen Geist, wollte die katholische Kirche ihr Verhältnis zu den ›regulären‹ Logen ordnen, gegenüber den ›irregulären‹ Logen hingegen eine absolute Feindschaft aufrechterhalten oder sie gar zum Inbegriff eines pathologischen Feindbildes machen. Es entspräche nicht den vom Konzil ausgehenden Impulsen, wollte man gar nicht nach Aufgaben fragen, die sich möglicherweise im Interesse der Menschheit und einer humanen Zukunft für Katholiken und Freimaurer gemeinsam abzeichnen.«

Gemeinsame Aufgaben in der Zukunft – oder gar ein noch engeres ›Verhältnis der Nähe‹? Der holländische Jesuitenpater Michel Dierickx jedenfalls schließt sein im Bauhütten Verlag erschienenes Buch ›Freimaurerei – die große Unbekannte‹ mit dem Satz: »Wenn wir eine Voraussage wagen dürfen – was für einen Historiker doppelt gefährlich ist! –, würden wir sagen: In absehbarer Zeit, in einigen Jahren, kommt es auch zwischen der katholischen Kirche und der Freimaurerei zur Ökumene!«

ECHTE FREIMAURER, SCHILLERNDE GESTALTEN UND NICHT-FREIMAURER

Wer war und wer ist Freimaurer? Diese häufig gestellte Frage setzt die Logenbrüder, trotz der bedeutenden Reihe von Persönlichkeiten, die dem Bund angehört haben, zuweilen in Verlegenheit. Ihr vom Respekt gegenüber der freien Entscheidung des einzelnen geprägtes ungeschriebenes Gesetz besagt: Es ist jedem selbst überlassen, sich zu seiner Zugehörigkeit zum Freimaurerbund zu bekennen oder nicht. Daher fällt es leichter, Namen bereits verstorbener Persönlichkeiten aufzuzählen als gegenwärtig lebender. Dennoch zeigt die ansehnliche ›Ahnengalerie‹ der Freimaurerei, wie breit das Spektrum äußerst unterschiedlicher Männer ist, die Freimaurer wurden – ob Kaiser oder Dichter, ob Künstler oder Politiker, ob Forscher oder Journalisten, ob Händler oder Soldaten.

Nachfolgend – in alphabetischer Anordnung – eine willkürlich gegriffene Auflistung von Namen, darunter auch Zeitgenossen. Sie soll die vielseitige Mischung von Charakteren verdeutlichen, die in der Ordnung der Bruderschaft ein einigendes Band gefunden haben:

Aldrin, Edwin, geb. 1930, Astronaut, amerikanischer Freimaurer, landete als zweiter Mensch 1969 auf dem Mond.
Atatürk, Mustafa Kemal Pascha, 1881–1938, Vater der modernen Türkei. Bis zu seinem Tode 1938 Mitglied der ›Machedonia Resorta et Veritas Loge‹.
Bechstein, Ludwig, 1801–1860, deutscher Schriftsteller und Dichter, bekannt durch seine Märchen, aufgenommen 1842 in Meiningen in die Loge ›Charlotte zu den drei Nelken‹.
Benesch, Dr. Eduard, 1884–1948, einer der Begründer der modernen Tschechoslowakei. Aufgenommen 1924 in die ›Jan Amos Komensky Loge Nr. 1‹ in Prag, 1927 Mitglied der Loge ›Pravda Vitzezi‹.

Berlin, Irving, 1888−1989, ungekrönter König der leichten Muse. Aufgenommen am 12. Mai 1926 in die ›Munn Lodge No. 190‹, New York.

Bernhard, Henry, 1896−1960, Politiker und Journalist, Sekretär Stresemanns. Aufgenommen am 19. März 1925 in die Loge ›Friedrich der Große Nr. 618‹, Berlin.

Blücher, Gebhard L. von Wahlstadt, 1742−1819, preußischer Feldmarschall. Aufgenommen 1782 in die Loge ›Augusta zur goldenen Krone‹ in Stargard, von 1802−1806 Meister vom Stuhl der Loge ›Zu den drei Balken‹ in Münster.

Die Grundeinstellung des ›Marschall Vorwärts‹ zur Idee einer brüderlichen Welt geht aus einer Ansprache hervor, die er am 18. September 1813 vor den Brüdern der Loge ›Zur goldenen Mauer‹ in Bautzen hielt:

»Ich habe von Jugend auf die Waffen für mein Vaterland geführt und bin darin grau geworden. Ich habe den Tod in seinen fürchterlichsten Gestalten gesehen und sehe ihn noch täglich vor Augen. Ich habe Hütten rauchen und ihre Bewohner nackt und bloß davongehen sehen, und ich konnte nicht helfen. So bringt es das Treiben und Toben der Menschen in ihrem leidenschaftlichen Zustande mit sich. Aber gern sehnt sich der bessere Mensch aus diesem wilden Gedränge heraus, und segnend preise ich die Stunde, wo ich mich im Geiste mit treuen Brüdern in jene höheren Regionen versetzen kann, wo ein reineres, helleres Licht uns entgegenstrahlt. Heilig ist mir daher die Maurerei, der ich bis im Tode treulich anhängen werde, und jeder Bruder wird meinem Herzen stets teuer und wert sein.« (Nach einer Pause, die Hand ans Herz legend und mit niedergebeugtem Haupte:) »Gott sei mir gnädig!«

Blum, Robert, 1807−1848, deutscher demokratischer Politiker, Abgeordneter in der Paulskirche in Frankfurt a. M. 1848, aufgenommen 1836 in die Loge ›Balduin zur Linde‹, Leipzig. Als Barrikadenkämpfer im Oktober 1848 gefangengenommen und am 9. November in Wien erschossen.

Blumauer, Aloys, 1755−1798, Exjesuit, österreichischer Dichter (Kettenlied: ›Wir folgen dem schönsten der

Triebe‹); aufgenommen 1781 in Wien in die Loge ›Zur wahren Eintracht‹.

Bluntschli, Johann Caspar, 1808–1881, deutscher Rechtslehrer, geb. Schweizer, aufgenommen in die Loge ›Modestia cum Libertate‹ in Zürich. 1864 schloß er sich der Heidelberger Loge ›Ruprecht zu den fünf Rosen‹ an, wurde später Großmeister der Großloge ›Zur Sonne‹, Bayreuth. 1865 Rundschreiben an Papst Pius IX. gegen dessen Enzyklika.

Börne, Ludwig, 1786–1837, deutscher politischer Schriftsteller, aufgenommen 1809 in Frankfurt a. M. in die Loge ›Zur aufgehenden Morgenröthe‹.

Bolivar, Simon, 1783–1830, Führer der lateinamerikanischen Unabhängigkeitsbewegung, Freiheitsheld des südamerikanischen Kontinents; Freund A. v. Humboldts.

Bourgeois, Leon Victor, 1851–1925, französischer Ministerpräsident, 1. Vorsitzender des Völkerbundsrats, aufgenommen 1880 in die Loge ›Sincerité‹ in Reims.

Brachvogel, Albert Emil, 1824–1878, dramatischer Dichter und Romanschriftsteller, aufgenommen 1857 in Berlin in die Loge ›Friedrich Wilhelm zur Morgenröte‹.

Brehm, Alfred, 1829–1884, Zoologe (›Brehms Tierleben‹), aufgenommen 1861 in Leipzig in die Loge ›Apollo‹.

Byrd, Richard E., 1888–1957, Admiral, Polarforscher, aufgenommen am 19. März 1921 in die ›Federal Lodge No. 1‹, Washington, angenommen am 18. September 1928 in der ›Kane Lodge No. 454‹, New York. Gründete 1935 mit 60 Brüdern, die sich unter seinen 82 Expeditionsteilnehmern befanden, in der Antarktis die ›Antarctic Lodge No. 777‹. Mit seinem Piloten Bernt Balchem warf er über beiden Polen Freimaurerflaggen ab.

Carus, Viktor, 1823–1903, Zoologe, erster Übersetzer der Schriften Darwins ins Deutsche, Professor der vergleichenden Anatomie in Leipzig. Wurde 1861 Mitglied der Leipziger Loge ›Minerva zu den drei Palmen‹.

Caspari, Otto, 1841–1916, Professor der Philosophie in Heidelberg, Mitglied der Loge ›Ruprecht zu den fünf Rosen‹ in Heidelberg (Aufklärungsschrift: ›Die Bedeutung der Freimaurerei für das geistige Leben‹).

Cavour, Camillo Benso, Graf von, 1810–1861, italienischer Staatsmann, war Freimaurer.

Chamisso, Adelbert von, 1781–1838, deutscher Dichter, war Mitglied einer Berliner Loge.

Churchill, Sir Winston, 1874–1965, britischer Ministerpräsident, wurde am 24. Mai 1901 in die ›United Studholme Lodge No. 1591‹ in London aufgenommen. Nach seiner Rückkehr aus Südafrika schloß er sich der ›Rosemary Lodge No. 2851‹ an.

Sein Leben verdankte Churchill einem Bauernjungen, der ihn einige Jahre vor seiner Aufnahme aus dem Lochfield-See in Schottland vor dem Ertrinken gerettet hatte. Churchill hatte beim Schwimmen einen Krampf bekommen; der zufällig in der Nähe arbeitende Junge hörte den Schrei, zog den Touristen aus dem See und machte mit Erfolg Wiederbelebungsversuche. Einige Zeit später kam Churchill wieder in die Gegend und fragte seinen Retter, was er eigentlich für Lebensziele hätte. Der junge Mann gestand ihm, daß er gern Medizin studieren möchte, dafür aber kein Geld hätte. Churchills Familie bezahlte das Studium. Der junge Mann wurde Arzt, Forscher, Professor und entdeckte 1923 das Penicillin; es war Sir Alexander *Fleming,* ein eifriger Freimaurer.

Flemings Penicillin rettete noch einmal Churchill das Leben, als der Politiker vor der Konferenz von Jalta schwer erkrankte. – Kleine Taten, große Wirkungen. Übrigens muß hier auch der Auffassung widersprochen werden, Churchill habe sich vom Bund ›abgewandt‹. Sofern es sein Terminkalender erlaubte, hat er regelmäßig die Zusammenkünfte seiner Loge besucht.

Claudius, Matthias, 1740–1815, Dichter, Herausgeber des ›Wandsbeker Boten‹, wurde 1774 Mitglied der Hamburger Loge ›Zu den drei Rosen‹.

Clemens August, Herzog von Bayern, 1700–1761, Kurfürst von Köln, war bis zum Erscheinen der Bannbulle Clemens' XII. (1738) Freimaurer. Als ›Ersatz‹ soll er um 1740 den ›Mopsorden‹ gegründet haben.

Corinth, Lovis, 1868–1925, Maler, aufgenommen am 27.

März 1890 in die Loge ›In Treue fest Nr. 508‹, München. Schuf zahlreiche Bilder mit Szenen aus dem Logenleben.
Dehler, Dr. Thomas, 1897—1967, Vizepräsident des Deutschen Bundestages, Bundesjustizminister, aufgenommen 1926 in die Loge ›Zur Verbrüderung an der Regnitz Nr. 437‹ in Bamberg, hat als engagierter Freimaurer in der liberalen Politik gewirkt.
Devrient, Karl August, 1797—1872, berühmter deutscher Schauspieler, Schwager Friedrich Ludwig Schröders; aufgenommen 1844 in Hannover in die Loge ›Zur Ceder‹.
Doyle, Sir Arthur Conan, 1859—1930, Schriftsteller. 1893 in der ›Phoenix Lodge No. 257‹ in Portsmouth zum Meister erhoben. Schöpfer des ›Sherlock Holmes‹.
Dunant, J. Henri, 1828—1910, Schweizer Philanthrop, Gründer des Roten Kreuzes 1864, erhielt den Friedensnobelpreis; soll Freimaurer gewesen sein, allerdings ist ungesichert, welcher Loge er angehörte. Daher wird seine Zugehörigkeit heute eher bezweifelt.
Ferdinand, Herzog von Braunschweig-Lüneburg, 1721 bis 1792, Schwager Friedrichs des Großen, in dessen Loge 1740 aufgenommen, wurde 1772 Großmeister aller schottischen Logen in Deutschland. 1782 berief er den Konvent zu Wilhelmsbad ein.
Fichte, Johann Gottlieb, 1762—1814, Philosoph, 1794 in Rudolstadt (Loge ›Günther zum stehenden Löwen‹) affiliiert; schrieb 16 Briefe an Constant über Philosophie der Freimaurerei.
Fleming, Sir Alexander, 1881—1955, Entdecker des Penicillins. 1925 Meister vom Stuhl der ›Santa Maria Loge Nr. 2692‹, 1936 Meister vom Stuhl der ›Misericordia Loge Nr. 3286‹, 1942 1. Großschaffner der Vereinigten Großloge von England. 1948 Altgroßaufseher der Vereinigten Großloge von England.
Ford, Henry, 1863—1947, Gründer der Ford-Werke. Am 28. Dezember 1894 in der ›Palestine Lodge No. 357‹ zum Meister erhoben. Kurz vor seinem Tod 1947 schloß er sich der ›Zion Lodge No. 1‹ an, als sein Schwager R. Bryant dort Meister vom Stuhl wurde. 1903 begann Henry Ford mit der

Produktion von Serienmotoren. Er entwickelte eine neue Methode zur Beschäftigung ungelernter Arbeiter. Wie sehr er sich in sein Werk vertieft hatte, zeigt seine Erhebung zum Freimaurermeister. Die Arbeit wurde unterbrochen, seine Mitarbeiter in Overalls bauten den Tempel der ›Palestine Lodge No. 357‹ in der Werkhalle auf. Die Feier wurde von Männern in Arbeitskleidung geleitet. Nach der Zeremonie wurde nicht gefeiert, sondern man ging wieder an die Arbeit. Ford gab 1914 bekannt, daß seine Angestellten in Zukunft jährlich eine Ausschüttung von 10 bis 30 Millionen Dollar erhalten sollen. Als der Krieg in Europa tobte, charterte er auf eigene Kosten ein Schiff und fuhr 1915 mit Brüdern nach Europa, um Friedensvermittlungen zu versuchen, leider vergebens.

Franklin, Benjamin, 1706−1790, amerikanischer Politiker und Naturforscher, 1731 aufgenommen in die Loge ›Zum heiligen Johannes vor Jerusalem‹, war auch Mitglied der Loge ›Les neuf Sœurs‹ in Paris.

Freiligrath, Ferdinand, 1810−1876, deutscher Dichter und Freiheitssänger, aufgenommen 1842 in Worms in die Loge ›Zum wiedererbauten Tempel‹.

Friedrich II., der Große, 1712−1786, preußischer König, wurde am 14. August 1738 in Braunschweig in die Hamburger Loge ›Absalom zu den drei Nesseln‹ aufgenommen, brachte die Freimaurerei nach Berlin, nahm dort selbst seinen Bruder Wilhelm auf und bewilligte u. a. die Gründung der späteren Großen National-Mutterloge ›Zu den drei Weltkugeln‹.

Friedrich III., 1831−1888, deutscher Kaiser, wurde 1853 von seinem Vater, Wilhelm I., in die Freimaurerei eingeführt, übernahm 1860 das Amt des Ordensmeisters der Großen Landesloge und 1861 das Protektorat über die altpreußischen Großlogen. In einer bemerkenswerten Rede am 24. Juni 1870 prägte er den Satz: »Es gibt nur *eine* Freimaurerei« und rief die deutsche Bruderschaft zur Einigkeit auf.

Gable, Clark, 1901−1960, Schauspieler, war Mitglied der ›Beverly Hills Lodge No. 528‹.

Gambetta, Leon, 1838−1882, französischer Staatsmann, war

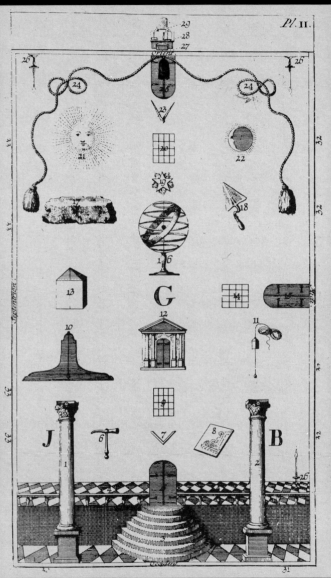

35 Symbolvielfalt auf einer alten ›Arbeitstafel‹ (1745)

36 Winkel und Zirkel, das ›typische‹ Freimaurersymbol

37 Türbuckelschild mit freimaurerischen Symbolen der Loge ›Zu den drei Disteln‹, Mainz

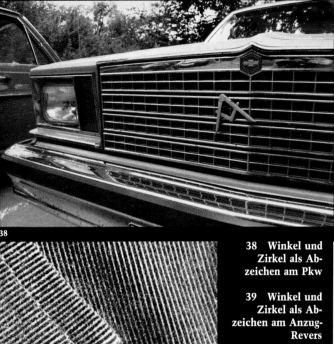

38 Winkel und Zirkel als Abzeichen am Pkw

39 Winkel und Zirkel als Abzeichen am Anzug-Revers

40 Wanderbrief. Derartige reichverzierte Dokumente weisen den Gesellen beim Besuch anderer Logen aus.

I T N O T G A O T U

The Supreme Grand and Royal Chapter of Royal Arch Masons of England.

To all whom it may Concern.

These are to certify That the excellent Brother John Lloyd Wharton who hath in the Margin signed his Name is a regular ROYAL ARCH MASON admitted into the mysteries of the Order on the 28 day of January A.L.5819 by the Chapter attached to the Lodge N° 124 Meeting at Durham called Concord Chapter and is registered in the Books of the Supreme Grand Chapter on the 1st day of April A.L.5819

In Testimony whereof I have subscribed my Name and affixed the seal of the Supreme Grand Chapter at London this 28th day of April A.D. 1819 A.L. 5819

Omnes Quorum Intererit.

Hæ literæ certiores faciant Fratrem eximium John Lloyd Wharton cujus chirographum in margine conspicuum est ad mysteria Arcus Regalis legitime admissum esse die 28° Januarii Anno Lucis 5819 in capitulo numerato 124 conveniente Durham et nomen ejus in codices summi Capituli relatum esse Londini die 1° Aprilis Anno Lucis 5819 Quod attestor nomine meo subscripto et sigillo summi Capituli apposito die 28° Aprilis A.D. 1819 A.L. 5819

John Hervey G.S.E.

seit 1869 Mitglied der Loge ›La Réforme‹ in Marseille, später auch der Loge ›Clemente Amité‹ in Paris.

Garibaldi, Giuseppe, 1807–1882, italienischer Staatsmann und Freiheitsheld. 1844 in der französischen Loge ›Les Amis de la Patrie‹ in Montevideo aufgenommen. 1864 Großmeister von Italien.

Georg VI., 1895–1952, König von England, aufgenommen im Dezember 1919 in die ›Naval Lodge No. 2612‹ in London. Im Jahr 1922 1. Großaufseher der Vereinigten Großloge von England, 1924–1938 Provinzialgroßmeister von Middlesex, 1936 Großmeister von Schottland und Altgroßmeister von England.

Glenn, John, geb. 1921, Astronaut, Mitglied der ›Canaveral Lodge No. 339‹, umkreiste 1962 als erster Mensch im Raumschiff dreimal die Erde.

Gneisenau, August Neidhardt, Graf von, 1760–1831, preußischer General und späterer Generalfeldmarschall. Wurde am 17. März 1788 Mitglied der Loge ›Zu den drei Felsen‹.

Goethe, Johann Wolfgang von, 1749–1832, wurde am 23. Juni 1780 in die Loge ›Amalia‹ in Weimar aufgenommen. Wirkte 1809 bei der Aufnahme des Kanzlers von Müller und Wielands mit. Schuf eine ganze Reihe von Logengedichten, die in den meisten Ausgaben unter ›Loge‹ zusammengefaßt sind, darunter ›Symbolum‹, ›Dank des Sängers‹, ›Verschwiegenheit‹ und ›Trauerloge‹. Freimaurerische Bezüge und Anklänge u. a. in ›Wilhelm Meisters Lehrjahre‹ und ›Wanderjahre‹. Im ›Großkophta‹ verarbeitete Goethe die Verirrungen der Freimaurerei seiner Zeit kritisch.

Hahnemann, Samuel Christian, 1755–1843, Begründer der Homöopathie, aufgenommen 1777 in die Loge ›Zu den drei Seeblättern‹ in Hermannstadt/Siebenbürgen; von 1817–1820 Mitglied der Loge ›Minverva‹ in Leipzig.

Haydn, Joseph, 1732–1809, Kapellmeister des Fürsten Nikolaus von Esterhazy, berühmt als Komponist von Oratorien und Symphonien; 1785 in die Loge ›Zur wahren Eintracht‹ in Wien aufgenommen in Anwesenheit Mozarts.

Herder, Johann Gottfried, 1744−1803, bedeutender Denker, Humanitätsphilosoph, 1776 auf Veranlassung Goethes nach Weimar als Generalsuperintendent, Hofprediger und Oberkonsistorialrat berufen. 1766 in Riga in die Loge ›Zum Schwert‹ aufgenommen. Seine ›Briefe zur Beförderung der Humanität‹ sind neben vielen anderen Schriften und Briefen für die deutsche Freimaurerei von besonderer Bedeutung.

Iffland, August Wilhelm, 1759−1814, größter deutscher Schauspieler seiner Zeit, Dichter von Theaterstücken, zuletzt Generaldirektor aller königlichen Schauspiele in Berlin, durch Schröder in Hamburg in die Loge ›Emanuel zur Maienblume‹ aufgenommen.

Kipling, Joseph Rudyard, 1865−1936, populärer englischer Schriftsteller, war im Kolonialdienst tätig, als Lufton mit Genehmigung des Distriktsgroßmeisters 1886 in die Loge ›Hope and Perseverance‹ in Labore aufgenommen, 1888 Mitglied der alten Loge ›Independence with Philanthropy‹. Die Freimaurerei hat seine Dichtungen wesentlich beeinflußt. Bezüge sind in vielen seiner Romane und Erzählungen zu finden, so u. a. in seinem Erfolgsroman ›Kim‹. Die freimaurerische Erlebniswelt findet sich eindrucksvoll in ›The Mother Lodge‹ (Die Mutterloge) wieder (S. 152 ff.).

Lessing, Gotthold Ephraim, 1729−1781. Wurde 1771 in Hamburg in die Loge ›Zu den drei Rosen‹ aufgenommen. Die freimaurerische Humanitäts- und Toleranzidee ist in seinen Werken in besonderer Vollendung zum Ausdruck gebracht. Freimaurer-Gespräche ›Ernst und Falk‹, ›Erziehung des Menschengeschlechts‹. Die ›Ringparabel‹ in seinem Drama ›Nathan der Weise‹ hat den Rang eines Lehrbildes der Weltfreimaurerei.

Leuschner, Wilhelm, 1890−1944, Politiker, Gewerkschaftsführer und Mitverschwörer des 20. Juli 1944. Aufgenommen am 7. Februar 1923 in die Loge ›Johannes der Evangelist zur Eintracht Nr. 266‹ in Darmstadt. Am 29. September 1944 von den Nationalsozialisten ermordet.

Lichnowsky, Felix, Fürst von, 1814−1848, bekannter Politiker des Paulskirchen-Parlaments, war Mitglied einer Pariser Loge, wird als Besuchender der Loge in Ratibor erwähnt, war anwesend, als Franz Liszt 1841 in der Loge ›Zur Einigkeit‹ in Frankfurt a. M. aufgenommen wurde. Sieben Jahre später wurde er beim Frankfurter Septemberaufstand ermordet.

Lindbergh, Charles, 1902−1974, Flugpionier. Aufgenommen am 9. Oktober 1926 in die ›Keystone Lodge No. 243‹, St. Louis.

Liszt, Franz, 1811−1886, weltberühmter Pianist und Komponist, aufgenommen am 18. September 1841 in die Loge ›Zur Einigkeit‹ in Frankfurt a. M.; Bürgen waren der Komponist Wilhelm Speyer und Fürst Felix von Lichnowsky.

Lortzing, Albert, 1801−1851, Opernkomponist, aufgenommen 1826 in die Loge ›Zur Beständigkeit und Eintracht‹ in Aachen. 1834 von der Loge ›Balduin zur Linde‹, Leipzig, affiliiert. Komponierte schöne Freimaurerlieder.

Loewe, Carl, 1796−1869, Komponist zahlreicher Balladen und kirchlicher Musikwerke; aufgenommen in die Loge ›Zu den drei Zirkeln‹ in Stettin 1829; ›Die Uhr‹ wurde zum ersten Mal im Bruderkreis vorgetragen.

Luckner, Felix, Graf von, 1881−1966, Seeoffizier, Schriftsteller und Forschungsreisender, bekannt durch seine kühnen Kreuzerfahrten mit dem ›Seeadler‹ im Ersten Weltkrieg, gehörte der Loge ›Zur goldenen Kugel‹ in Hamburg an.

Mozart, Wolfgang Amadeus, 1756−1791, wurde 1784 in die Wiener Loge ›Zur Wohltätigkeit‹, die später mit der Loge ›Zur neugekrönten Hoffnung‹ vereinigt wurde, aufgenommen. Er besuchte regelmäßig die Loge ›Zur wahren Eintracht‹, deren bedeutender Meister vom Stuhl Ignaz von Born war. Born gab für Schikaneder das Vorbild der Figur des Sarastro in der ›Zauberflöte‹ ab. Außer dieser für die Freimaurerei bedeutenden Oper schuf Mozart auch zahlreiche logenbezogene Werke, so die ›Maurerische Trauermusik‹, Kantaten und Lieder. Auf Veranlassung Mozarts trat auch sein Vater Leopold der Freimaurerei bei. Im Gesamtwerk Mozarts spielt die Freimaurerei eine bedeutende Rolle, seine freimaurerischen Kompositionen sind bereits kurz nach seinem Tode für sich gesammelt erschienen und heute auch als Schallplatten im Handel.

Ossietzky, Carl von, 1889–1938, Journalist, Schriftsteller, Herausgeber der ›Weltbühne‹, wurde 1919 in die Hamburger Loge ›Menschentum‹ aufgenommen. Ossietzky wurde als leidenschaftlicher Kämpfer für Frieden und Weltbürgertum bereits 1933 von den Nationalsozialisten ins Konzentrationslager verschleppt, wo er 1938 umkam. Er erhielt 1935 den Friedensnobelpreis – sehr zum Ärger seiner Unterdrücker.

Scharnhorst, Gerhard David von, 1755–1813, wurde 1779 in die Göttinger Loge ›Zum goldenen Zirkel‹ aufgenommen, 1801 schloß er sich in Berlin der Loge ›Zum goldenen Schiff‹ an. Als Generalstabschef war Scharnhorst Reorganisator des preußischen Heeres.

Schröder, Friedrich Ludwig, 1744–1816, Schauspielhausdirektor, wurde 1774 in die Hamburger Loge ›Emanuel zur Maienblume‹ aufgenommen. Später Großmeister der Großen Loge von Hamburg. Reformator der deutschen Freimaurerei und Schöpfer des nach ihm benannten, noch heute in vielen deutschen und überseeischen Logen gebräuchlichen ›Schröderschen Rituals‹. Mitbegründer des Freimaurer-Krankenhauses, des ältesten gemeinnützigen Krankenhauses der Hansestadt Hamburg (›Elisabeth-Krankenhaus‹).

Scott, Robert F., 1868–1912, britischer Seeoffizier und Südpolforscher, Entdecker des König-Eduard-VII.-Landes, wurde 1901 in die Loge ›Drury Lane Nr. 2127‹ in London aufgenommen.

Sibelius, Jan, 1865–1957, finnischer Komponist, wurde 1922 in Helsinki aufgenommen und ist Mitbegründer der Loge ›Suomi‹ Nr. 1. Komponierte für die Großloge von Finnland eine besondere Ritualmusik.

Stresemann, Gustav, 1878–1929, deutscher Staatsmann, Reichsaußenminister, Reichskanzler, Friedensnobelpreisträger, wurde 1923 in die Loge ›Friedrich der Große‹ in Berlin aufgenommen, Ehrenmitglied der Großen Nationalmutterloge ›Zu den drei Weltkugeln‹. Stresemann erregte weltweites Aufsehen mit der unverkennbar freimaurerisch geprägten Antrittsrede vor dem Völkerbund: »Der göttliche Baumeister hat die Menschheit nicht als ein gleichförmiges Ganzes geschaffen ... Es kann nicht der Sinn einer göttlichen Weltordnung sein, daß die Menschen ihre nationalen Höchstleistungen gegeneinander kehren und damit die allgemeine Kulturentwicklung immer wieder zurückwerfen ...«

Tucholsky, Kurt, 1890—1935, politischer Journalist und Schriftsteller, wurde 1924 in Berlin in die Loge ›Zur Morgenröte‹ aufgenommen, schloß sich schon bald darauf in Paris der Loge ›L'Effort‹ an. Im Jahre 1933 stellte ihm seine französische Loge Anschriften in der Schweiz zur Verfügung. Daraus wird heute geschlossen, daß sich Tucholsky auch dort einer Loge anschließen wollte. Sein Verhältnis zu seiner Mutterloge in Berlin war jedenfalls, so neuere Erkenntnisse aus Briefen und Äußerungen französischer Freunde, nur ›kurz und distanziert‹.

Washington, George, 1732—1799, erster Präsident der Vereinigten Staaten, wurde 1752 in die ›Fredericksburg Lodge‹ in Virginia aufgenommen. 1788 wurde er Meister vom Stuhl der ›Alexandria‹-Loge, die er auch dann weiter leitete, als er bereits Präsident war. Seinen Amtseid leistete er auf die Bibel der ›St. John's Lodge No. 1‹. Die Grundsteinlegung für das Kapitol vollzog Washington nach freimaurerischem Brauchtum. Die von ihm dabei benutzte Kelle fand wiederum Verwendung, als Freimaurer 1923 den Grundstein für das ›Washington Memorial‹ legten. Dieses 1932 eingeweihte Wahrzeichen Alexandrias in der Nähe der US-Hauptstadt im Bundesstaat Virginia wird auch heute noch von den Logen unterhalten und enthält eine umfangreiche freimaurerische Ausstellung.

Wilhelm I., 1797—1888, deutscher Kaiser, wurde am 22. Mai 1840 in die Große Landesloge aufgenommen und übernahm das Protektorat über die drei altpreußischen Großlogen. Setzte sich für verstärkte soziale Außenarbeit der Freimaurerlogen ein.

Schillernde Gestalten

Bei der Betrachtung von Namen im Zusammenhang mit der Freimaurerei muß schließlich auch eine Spezies erwähnt werden, die besonders schillernd hervorgetreten ist und deren Namen allein die Phantasie nicht nur ihrer Zeitgenossen beflügelt haben.

Hierzu gehören:

Cagliostro, Alexander, Graf von (tatsächlicher Name Josef Balsamo), geboren 1743, verstorben 1795 im Gefängnis.
Einer der größten und wohl auch geistreichsten Hochstapler des 18. Jahrhunderts, der seine Bedeutung neben zweifellos vorhandenen medialen Fähigkeiten der Leichtgläubigkeit und dem mystischen Bedürfnis des Adels seiner Zeit verdankte. Gemeinsam mit seiner Frau, Lorenza Feliciane, verstand er es, durch sein imponierendes Auftreten jahrelang als Magier, Heilkünstler und Prophet die sogenannte gute Gesellschaft in seinen Bann zu ziehen.
Cagliostro wurde wahrscheinlich 1777 in die Londoner Loge ›L'Espérance‹ aufgenommen. Schon 1775 hatte er seinen sogenannten ›Ägyptischen Ritus‹ gegründet, in den auch Frauen aufgenommen wurden. Er gründete Logen seines Systems in Den Haag, Mitau und Riga. Seine größten Erfolge sollten ihm aber in Frankreich beschieden sein. Von 1780 bis 1785 richtete er zahlreiche ›Ägyptische‹ Logen ein und konnte einen Teil der französischen Freimaurer für sich gewinnen. Erst nachdem er unschuldig in die sogenannte ›Halsbandaffäre‹ verwickelt worden war, wurde er aus Frankreich ausgewiesen, und sein Stern begann zu sinken. In England, wohin er sich zunächst gewandt hatte, erntete er nur noch Spott. Nach längerem fruchtlosem Umherirren versuchte er 1789 in Rom Fuß zu fassen, doch am 27. Dezember 1789 wurde er von der Inquisition verhaftet und nach einem langen Prozeß wegen Häresie, Zauberei und Freimaurerei zum Tode verurteilt. Pius VI. wandelte am 7. April 1791 das Urteil in lebenslängliche Haft um. Davon wurde er am 26. August 1795 durch den Tod erlöst.

Casanova, Giacomo, geb. 1725 in Venedig, gestorben 1789 in Dux in Böhmen. Der Liebesabenteurer war in Wahrheit einer der welterfahrensten Männer seiner Zeit. Wie kaum ein anderer hatte er sein Jahrhundert scharfsinnig erfaßt. 1758 war er in Lyon Freimaurer geworden. »Seine Memoiren sind das vollendetste, ausführlichste Gemälde nicht allein der sittlichen und der Gesellschafts-Zustände des Jahrhunderts, welches der Französischen Revolution voranging, sondern auch der Spiegel des Staatslebens, der Kirche, der Nationen, der Denkweise, der Vorurteile, der Stände, der Philosophie, also des innersten Lebens-Zeitalters.« *(F.W. Barthold)*

Saint-Germain, Graf von, auch Graf Weldon. Ein Abenteurer des 18. Jahrhunderts, dessen Herkunft im dunkeln liegt. Er gab vor, 1000 Jahre alt zu sein und über Zauberkräfte zu verfügen. Seine Gegner behaupteten, er sei ein portugiesischer Jude. Große Sprachkenntnisse, eine edle, vornehme Erscheinung und Gewandtheit im Benehmen erleichterten ihm den Zutritt zu adligen Kreisen und ließen ihn das Vertrauen Ludwigs XV. gewinnen. Seinen eigenen Angaben zufolge soll er auch in die Freimaurerei eingeführt worden sein. Nach einem abenteuerlichen Leben verbrachte er seine letzten Jahre beim Landgrafen Karl von Hessen auf Schloß Gottorp. Dort ist er am 27. Februar 1784 gestorben.

Nicht-Freimaurer

Merkwürdig, aber wahr: Immer wieder wird von bestimmten Persönlichkeiten aus Politik, Kultur und Geistesgeschichte hartnäckig *behauptet,* sie seien Freimaurer. Hier eine kleine Übersicht solcher Fälle von *Nicht*-Freimaurern:

Keine Freimaurer waren bzw. sind:
Hans Apel, MdB, Bundesminister der Verteidigung a. D. (die gewöhnlich gutunterrichtete ›Frankfurter Allgemeine Zeitung‹ macht ihn in einem Artikel ihrer Ausgabe vom 14. Oktober 1980 zum Freimaurer). Ebensowenig sind Willy

Brandt, Karl Carstens, Hans-Dietrich Genscher und Walter Scheel Freimaurer, was gelegentlich in extremistischen Zeitungen behauptet wird.

Im Gegensatz zu den in der antimaurerischen Literatur nach dem Ersten Weltkrieg aufgestellten Behauptungen waren Clemenceau, Erzberger, Hugenberg, Liebknecht, Lloyd George, Rathenau, Scheidemann und Wilson keine Freimaurer. Auch die Mörder des Thronfolgers von Österreich, Princip und Gabrinowitsch, waren niemals Freimaurer.

Es blieb dem ›P. M.-Magazin‹, Hamburg, in seiner Ausgabe vom 15. Februar 1981 vorbehalten, ausgerechnet den spanischen Diktator General Franco, einen der größten Freimaurergegner, der noch nach dem Zweiten Weltkrieg Spanier nur wegen ihrer im Ausland erworbenen Logenmitgliedschaft zu Zuchthausstrafen verurteilen ließ, zum Freimaurer zu ernennen.

Trotz einiger gegenteiliger Hinweise steht nach Forschungen französischer Wissenschaftler nunmehr übrigens auch fest, daß Napoleon I. nicht dem Bund angehört hat.

MEINE MUTTERLOGE

von Rudyard Kipling

Rundle, der Bezirkswachtmeister,
Und Beazley, vom Bahnerverband,
Donkin, Gefangenenaufseher,
Und Achmann, der Intendant
Und Blake, der Oberschaffner,
(War Meister im doppelten Sinn),
Er saß mit Krämer Eduljee
im selben Laden drin.

Draußen: »Herr«, »Wachtmeister«,
Ein dienstbeflissen Gesicht!
Doch drinnen nur: »Mein Bruder!«
Mit Rang- und Titelverzicht.
Die Waage und der Winkel
Macht alles Ungleiche gleich,
Und ich war zweiter Schaffner
In jener Loge Bereich.

Der Rechnungsführer Bola,
Jud Saul, der Aden entstammt,
Der Zeichner Din Mohammed,
Vom Feldvermessungsamt,
Und Babu Chuckerbutty,
Und Amir Singh, der Sikh,
Und Schuppenverwalter Castro,
Einst römischer Katholik.

Im Monat eine Arbeit,
Dann saß man rauchend beisamm'.
Ein festlich Mahl gab's höchstens
Wenn einer Abschied nahm.
Dann saßen wir und sprachen
Von des einen Gottes Land,
Und jeder sprach von dem Seinen,
So wie er es verstand.

Ein jeder kam zu Worte
Und keiner brach den Bann,
Bis mit dem Ruf der Vögel
Der neue Tag begann.
Ergötzlich war's. Wir gingen
Und tauschten noch zu Haus'
Mit Gott, Mohammed und Schiwa
im Bett die Gedanken aus.

Wie oft in Königs Diensten
Ermattete mein Fuß!
Wie oft in fremde Logen
Bracht' ich der Loge Gruß!
Vom Bergland hoch im Norden
Ans Meer, bis Singapur.
Ich wollt', ich stände wieder
Vor meiner Mutter Tor.

Der Tempel war eigentlich dürftig,
Die Loge ein kahler Bau,
Doch unsere Alten Pflichten,
Die nahmen wir haargenau.
Und schau ich träumend rückwärts,
Kommt immer mir's in den Sinn:
Wir lebten vielleicht wie Heiden
Und doch war Gott mittendrin.

Ich wollt', ich säh' sie wieder,
Die Brüder weiß und braun.
Ich wollt', ich könnt' noch einmal
Die Mutterloge schaun.
Den schläfrigen Tempelhüter
Und das alte Logenheim:
Ich wollt', ich kehrte in Ehren
Zu meiner Mutter heim!

Draußen: »Herr«, »Wachtmeister«,
Ein dienstbeflissen Gesicht!
Doch drinnen nur: »Mein Bruder!«
Mit Rang- und Titelverzicht!
Die Waage und der Winkel
Macht alles Ungleiche gleich.
Und ich war zweiter Schaffner
In jener Loge Bereich!

ANDERE LOGEN:
FREIMAURERÄHNLICHE
ORGANISATIONEN
UND BRUDERSCHAFTEN

Anlaß zu Verwechslungen mit regulären Freimaurerlogen gaben in der Geschichte oft (und geben noch heute) nach Form und Zielsetzung ähnliche, zuweilen aber auch gegensätzliche Organisationen. Nachstehend eine alphabetische Übersicht der wichtigsten von ihnen.

B'nai Brith (›Unabhängiger Orden B'nai Brith‹)

Ein 1843 in New York gegründeter Orden, der nur Männer jüdischen Glaubens aufnimmt. Er vertritt ausschließlich die Interessen der jüdischen Bürger und will an deren Vervollkommnung arbeiten. Der Orden hat drei Grade, Erkennungszeichen und ein eigenes Ritual. Frauen werden nicht aufgenommen, jedoch haben viele Logen angeschlossene Frauenvereinigungen und Jugendbünde. Der Orden hat keinerlei Zusammenhang mit der Freimaurerei.

Nach dem Zweiten Weltkrieg erhielt der Orden von der Bundesrepublik Deutschland Entschädigungsleistungen für seine Verluste während des Dritten Reiches. Es wurden ihm auch seine Grundstücke zurückerstattet. Darauf erfolgten Neugründungen in West-Berlin und Frankfurt am Main; der Initiator dieser Wiedergutmachung war Theodor Heuss. Die karitativen Leistungen des Ordens sind vorbildlich.

Columbus-Ritter (›Knights of Columbus‹)

In Connecticut 1882 gegründeter Orden in der Absicht, Katholiken vom Beitritt zur Freimaurerei abzuhalten durch ein ähnliches Brauchtum unter katholischer Flagge.

Die Columbus-Ritter kennen vier Grade, Zeichen, Wort, Griff. Sie tragen Uniformen und widmen sich vornehmlich der Wohltätigkeit. Während des Ersten Weltkrieges waren sie hinter der Front für amerikanische katholische Soldaten tätig. Zeitweise bestanden zur Freimaurerei korrekte, ja freundschaftliche Beziehungen, die aber immer wieder durch Eingriffe der Kirche gestört wurden.

1967 kam es zu aufsehenerregenden Aufrufen zur Zusammenarbeit zwischen Columbus-Rittern und Freimaurern in den Vereinigten Staaten.

Druiden (›United Ancient Order of Druids‹)

Die Druidenlogen wurden 1781 in London gegründet und nennen sich seit einer Reorganisation im Jahr 1833 ›Vereinigter Alter Orden der Druiden‹. Die Überlieferung knüpft an die alten englisch-irischen Druidengebräuche an; die Rituale sind sehr freisinnig gehalten. Der Orden widmet sich der Geselligkeit und der Karitas. Die Zusammenkünfte der Druiden heißen Haine. Der erste Großhain wurde 1849 in London gegründet. Es werden drei Grade bearbeitet: Der Ovatengrad, Grad der Erkenntnis und des Wissens, dient der Einführung; der folgende Bardengrad soll das Kunstverständnis wecken und pflegen; der Druidengrad beschäftigt sich mit der Ethik des Ordens.

Ein Hainvorsitzender (›Edel-Erz‹) erhält, wenn er sein Amt verläßt, den Titel Ex-Erz und damit das Recht auf Wahl in den Distriktshain, dessen Vorsitzender Edel-Groß-Erz heißt. Wenn dieser wiederum sein Amt niederlegt, heißt er Ex-Edel-Groß-Erz, und aus diesen Würdenträgern werden die Repräsentanten für die Großhaine gewählt. Deren Vorsitzender, Hoch-Edel-Groß-Erz, fügt seinem Titel nach dem Rücktritt von seinem Amte wieder das Prädikat Ex an. Aus den Trägern dieses Titels werden die Hocherzkapitel gebildet, welche die Delegierten für die Weltloge bestimmen.

Diese Weltloge wurde 1908 in München gegründet mit dem Ziel, alle Druiden der ganzen Welt in nähere Verbindung miteinander zu bringen, den Mitgliedern Hilfe in der Not zu gewähren und internationalen Frieden und internationale Eintracht zu fördern. Viel bedeutet ihnen als Versammlungsort ihres Jahrestreffens das uralte Druiden-Heiligtum ›Stone henge‹ in England.

Freidenker (Freireligiöse Gemeinden)
In manchen Kreisen der Bevölkerung werden Freidenker und Freimaurer zuweilen gleichgesetzt. Daß die Freimaurerei von ihren Mitgliedern die Anerkennung eines göttlichen Prinzips (Allmächtiger Baumeister aller Welten) verlangt, wird dabei geflissentlich übersehen.
 Es gab und gibt allerdings Freimaurer, die Mitglieder von freireligiösen Gemeinschaften sind, denn deren Wahlspruch ›Frei sei der Geist und ohne Zwang der Glaube‹ kann auch von einem Freimaurer akzeptiert werden.

Guttempler-Orden
1852 wurde in New York dieser Orden gegründet, dessen Hauptziel Abstinenz von alkoholischen Getränken ist.
 Organisiert sind die Guttempler in örtlichen Logen. Papst Leo XIII. erließ 1883 für Katholiken ein Beitrittsverbot, weil er zu Unrecht Zusammenhänge mit der Freimaurerei vermutete. Ritual und Organisation sind allerdings der Freimaurerei angenähert.
 Die Mitglieder des Ordens sollen Weltbrüder sein; Frauen werden ebenfalls aufgenommen und die Rituale geheimgehalten.

Illuminaten-Orden
Diese Bewegung gründete in den 70er Jahren des 18. Jahrhunderts in Bayern der Ingolstädter Professor Adam Weishaupt (1748–1830). Die Idee kam ihm, als er das Wirken der Rosenkreuzer unter seinen Studenten sah. Weishaupt hatte das Jesuiten-Kollegium und die Rechtsfakultät der Universität Ingolstadt absolviert und wollte eine ›Geheime Weisheitsschule‹ ins Leben rufen; deshalb gründete er am 1. Mai 1776 mit vier Mitgliedern den ›Orden der Illuminaten‹. Die Mitglieder gaben sich Pseudonyme. Der Orden wuchs schnell heran und zählte schließlich zu seinen Mitgliedern Goethe, den Herzog Karl August von Weimar, den Herzog Ferdinand von Braunschweig, Graf Mirabeau, den Freiherrn von Dalberg, den Generalpostmeister von Thurn und Taxis etc.

Weishaupt wurde erst 1777 in eine Freimaurerloge aufgenommen und traf dann auf den Freiherrn Adolph von Knigge, der bald eine führende Rolle bei den Illuminaten spielte. Knigge schuf einen neuen Ordensplan, der verschiedene Stufen umfaßte. Bald setzte ein Kesseltreiben gegen die Illuminaten ein, man bedachte sie mit allen möglichen Verdächtigungen. Weishaupts Nachfolger, Graf Stolberg, verfügte die Einstellung der Ordenstätigkeit; 1785 erlosch der Orden. 1906 gründete auf Initiative von Theodor Engel, dem Historiker, der über den Illuminaten-Orden geschrieben hatte, Theodor Reuss den ›Neuen Illuminaten-Orden‹ und schuf dessen Lehrplan und Organisation. Zunächst wurde das Brauchtum vom alten Illuminaten-Orden übernommen, doch gründete Engel schon bald unabhängige, sogenannte frei arbeitende Illuminaten-Logen, etwa die Loge ›Adam Weishaupt zur Pyramide‹ in Berlin-Schöneberg. Diese Logen hatten mit Freimaurerlogen nichts zu tun. In die höheren Grade wurden allerdings nur Freimaurermeister aufgenommen. Ein abgespaltener, nordamerikanischer Zweig des Ordens lehnte jede Verbindung mit Freimaurerorganisationen ab.

Ordenssitz war Berlin mit Theodor Engel als Ordensmeister. 1933 wurde der Illuminaten-Orden aufgelöst. Heute bearbeitet noch eine Gruppe in der Schweiz die Illuminatengrade.

Odd Fellows (›Independent Order of Odd Fellows‹)

Die Herkunft dieses Ordens ist nicht genau nachweisbar. Das Gedankengut scheint der Freimaurerei entlehnt zu sein. Bei ständiger Erschwerung der Erlangung des Meistergrads in den alten Bauhütten seien immer mehr Gesellen überzählig geblieben, für deren Versorgung im Krankheitsfalle niemand aufkam, die also hilfsbedürftig waren. Diese hätten nun einen Verband gegründet, der zwar ideelle Ziele verfolgte, daneben aber auch eine Berufskrankenkasse ins Leben rief, in die jeder einzuzahlen hatte, um im Krankheitsfalle für sich und seine Familie ein Existenzminimum zu sichern. Bei den amerikanischen Logen der Odd Fellows, denen hauptsächlich Arbeiter angehören, spielt diese Versicherung eine große Rolle.

Es gibt allerdings noch eine andere Deutung, nach der Schauspieler, die nach der Vorstellung kostümiert zusammengekommen seien, also ›Sonderbare Gesellen‹, die Gründer gewesen seien (demnach nicht ›Odd‹ im Sinne von ›überzählig‹).

Die erste Großloge wurde 1803 in London gegründet. 1806 wurde die Idee nach Amerika verpflanzt und von T. Wildey propagiert. Dieser erhielt einen Freibrief für eine Großloge in den Vereinigten Staaten. Unter der ›Morgan-Affäre‹ litt auch dieser Orden. 1843 erklärte sich die amerikanische Großloge als unabhängig. Karitativ sehr engagiert, entwickelte sich der Orden rasch, griff 1870 auf Deutschland über und breitete sich von dort in vielen europäischen Ländern aus.

Es gab einen Einweihungsgrad und drei eigentliche Logengrade. Der Zweck des Ordens wird bei der Aufnahme vom ›Obermeister‹ so erläutert: »Die Odd Fellows sind eine Genossenschaft, die sich durch ein heiliges und unverletzliches Band vereint hat, als treue Freunde und Brüder sich in allen Verhältnissen des Lebens zu erkennen und als solche zu zeigen, und die sich verbunden haben, solange Ehre, Pflicht und Gewissen es erlauben, in Glück und Unglück einander beizustehen, die Notleidenden zu fördern, den Kranken zur Hilfe zu eilen, die Witwen und Waisen ihrer verstorbenen Brüder zu unterstützen und denselben nach Kräften ihren Rat und Schutz angedeihen zu lassen. Wohltun mag mithin als einziger Zweck der Odd Fellows betrachtet werden.«

Rosenkreuzer

Um die Mitte des 19. Jahrhunderts bildete sich, vor allem in deutschen Landen, ein Mysterienbund, der sich als ›Orden der Gold- und Rosenkreuzer‹ bezeichnete. Ende der 50er Jahre des 18. Jahrhunderts trat dieser Orden als christliche Sekte auf, wurde aber bereits 1764 in Prag aufgehoben. Ordensreformen erklärten die Bibel als Richtschnur, gaben aber auch an, die Gesellschaft habe die Freimaurerei erfunden und verstünde als einzige deren Symbole. Das System, in das nur ein Meistermaurer aufgenommen werden konnte, kannte neun Grade: 1. Junior oder Zelator, 2. Theoreticus, 3. Practicus, 4. Philosophus, 5. Adeptus minor, 6. Adeptus major, 7. Adeptus exeptus (Erkenntnis vom Stein der Weisen, Kabbala), 8. Magister, 9. Magus, Inhaber der höchsten Führerschaft. Im 1. Grad wird das Probejahr bestanden, im 2. Alchimie und im 4. Naturkunde studiert.

Man beschäftigte sich mit Alchimie, Mystik und theosophischen Anschauungen. Das Ritual sollte Kabbala mit Alchimie vereinigen. Die Aufnahmezeremonien waren dabei den freimaurerischen angenähert, doch wurden absoluter Gehorsam und volle Offenheit verlangt. Die Führer des Bundes gaben an, den ›Stein der Weisen‹ zu besitzen. Das Zentrum der Bewegung war lange Zeit Wien. Unter dem Staatsminister Johann Christoph von Wöllner, einer eher finsteren Figur, wurde dann Berlin zum Zentrum.

Die ›Große National-Mutterloge ‚Zu den drei Weltkugeln'‹ bildete einige Zeit den Mittelpunkt dieser Bewegung, der sich auch viele Freimaurer anschlossen. Immerhin führte der Versuch, sich den Wilhelmsbader Konvent unterzuordnen, zu keinem Erfolg; dagegen führte der Orden einen erfolgreichen Kampf gegen die Illuminaten, die er im Kampf um die Nachfolge der ›Strikten Observanz‹ auszustechen versuchte. Die Illuminaten verschwanden zwar, aber auch die Rosenkreuzer hatten ihren Höhepunkt überschritten. 1785 richtete sich das Edikt Kaiser Josephs II. auch gegen sie; 1787 mußten sie ihre Arbeiten einstellen, und zu Beginn des 18. Jahrhunderts hörte jede Ordenstätigkeit auf.

Gegenwärtig existieren wiederum verschiedene Rosenkreuzergruppen.

Die ›Societas Rosicruciana in Anglia‹ wurde 1866 in England von Wentworth Little gegründet. Der Orden übernahm die Grade der Gold- und Rosenkreuzer, führte aber eigene Rituale mit christlichem Charakter ein. Die Mitglieder beschäftigten sich mit Kabbala, Astrologie, Alchimie und Theosophie.

AMORC (Antiquus Mysticus Ordo Rosae Crucis). Dieser

Orden, von Dr. H. Spencer Lewis gegründet, führt seinen Ursprung auf Echnaton zurück und will in Amerika seit 1697 tätig sein. Er hat seinen Sitz in San José in Kalifornien und einen Ableger auch in Baden-Baden. Es besteht kein Zusammenhang mit der Freimaurerei.

Ausblick

Wir stehen vor großen Herausforderungen. Zum einen geht der Fortschritt, dem wir ein nie geahntes Übermaß an zivilisatorischen Errungenschaften verdanken, mit einem technologischen Bewußtsein Hand in Hand, dem nur das noch als wirklich gilt, was greifbar, unmittelbar nützlich und technisch zu verwerten ist. Das bewirkt, daß – zumindest in den Wohlstandsdemokratien des Westens – die großen Ideen der Menschheit – Freiheit, Humanität und Gerechtigkeit – zunehmend als unwirklich, als bloße Worte erscheinen. Damit aber verliert zugleich der Wille, diese Ideen in der Gesellschaft zu verwirklichen, die Substanz. Persönliche Freiheit ist für viele hierzulande zu einer eher langweiligen Selbstverständlichkeit geworden. Max Horkheimer und Theodor W. Adorno haben schon vor Jahrzehnten in ihrem philosophischen Standardwerk ›Dialektik der Aufklärung‹ warnend herausgestellt: »Wer nicht weiß, was Freiheit bedeutet, setzt sich auch politisch praktisch nicht mehr für sie ein.« (Und es ist zu ergänzen: Wem Menschlichkeit nur ein Schlagwort ist, der wird auch stumpf gegen die Verkümmerung menschlicher Werte vor seiner Haustür und sieht den Niedergang des Humanen nicht einmal in seiner nächsten Nähe!)

Zum anderen aber ist der Glaube an den Fortschritt verbreiteten Zweifeln gewichen. Neue Ängste gebären neue Intoleranz. Es zeigt sich, daß das überwunden geglaubte Mittelalter immer noch lebendig, wenn nicht gar mit neuer Kraft auferstanden ist. Zunehmende Gewalt, Rassenwahn, Völkerhaß und Verteufelungen des 20. Jahrhunderts lassen das erkennen.

›Der Spiegel‹ meint: »Nicht nur die Sehnsucht nach Troubadours und großen Gefühlen hält das Mittelalter lebendig. Es ist nie wirklich überwunden worden: Sein Geister- und Dämonenglaube, seine Heilssehnsucht und seine Höllenschrecken holen die Menschen immer wieder ein, die Siege der aufklärenden Vernunft sind nie vollständig, sind stets aufs äußerste gefährdet. Denn jeder schleppt im Grunde der Seele Mittelalterlich-Irrationales ebenso mit sich herum wie unbewußte Kindheitsprägungen – schwer, beides voneinander zu unterscheiden.«

Der Mensch zweifelt an sich selbst. In nachdenklichen Untersuchungen kann man Fragen wie diese lesen: »Geht der Homo sapiens an seinem Exzessivorgan Hirn zugrunde, so wie einst der Säbelzahntiger in eine Sackgasse der Evolution geraten ist?« Aussteigerbewegungen und Sekten aller Couleur vermehren sich. »Die Aufklärung entläßt ihre Kinder« oder »Der Verstand ist der eigentliche Wahnsinn«, so oder ähnlich lauten Überschriften verschiedenster Betrachtungen zu einer Zeiterscheinung, die schon Hermann Hesse die »Flucht aus der Qual der Mündigkeit« und »das infantile Zurückfliehen ins Paradies, den Unwillen, Kindlichkeit aufzugeben und die Welträtsel hinzunehmen und zu bewältigen« genannt hat. Man sieht Rückmarschtendenzen allerorten: Die einen wollen ins vorindustrielle Zeitalter, die anderen in dumpfe Mystik und Aberglauben, viele gar in Formen totaler Unterwerfung.

Der Mensch möchte »seiner gefährlichen Intelligenz Zügel anlegen« (Laurence J. Peter). Das ist weise gedacht. Doch muß er deshalb an seinen Verstandesfähigkeiten zweifeln, allen Fortschritt verfluchen und zurück ins Mittelalter wollen?

Es ist Zeit für eine neue Aufklärung! Der Mensch muß das Vertrauen in seine Fähigkeiten, genau gesagt, in seine Fähigkeit, die Probleme der Welt zu lösen, wiederfinden. Dazu wollen Freimaurer ihren Beitrag leisten. Logen sollen Räume der Selbstfindung sein. Freimaurerei macht dem Menschen Mut zu sich selbst und stärkt sein Selbstvertrauen. Die Logen der Zukunft werden mehr sein als nur Geselligkeitsvereine mit Brauchtumspflege und einigem geistigen Anspruch. Sie werden aufklärerischen Geist und esoterisches Erleben verbinden und nicht nachlassen in dem unermüdlichen Versuch, den Menschen über Selbsterkenntnis zu Selbstverantwortung und vernunftsbezogenem Leben aus eigener Kraft zu ermutigen. Sie wollen den erkennenden Menschen, der die universale Ordnung begreift und annimmt, der in rationaler Humanität sein Leben verantwortlich gestaltet.

»Wir wollen«, so hat der große Liberale und Freimaurer Thomas Dehler gesagt, »den Menschen, der menschliche Würde verkörpert, der seiner Entwicklung, seiner Verantwortung für sich, für seine Familie, für die Gemeinschaft eingedenk ist, sich dieser Verantwortung in keinem Augenblick zu entziehen versucht, sondern sie bewußt trägt, der nicht aus dumpfen Trieben handelt, keinen billigen Parolen, keinen Halbwahrheiten erliegt, der nicht auf Wunder hofft, sondern der dem Satz vertraut ›Hilf dir selbst, dann hilft dir Gott!‹, der weiß, daß die Freiheit besteht, wenn sie mit der Kraft des Willens, mit Redlichkeit, mit Mut, mit Festigkeit vertreten wird.«

Freimaurer sind keine Weltverbesserer. Sie sind Menschenveränderer. Es geht ihnen um den einzelnen und das, was er als sein Leben verwirklicht. Nicht die Menschheit im ganzen, nicht das System, nicht die Gesellschaft stehen im Vordergrund freimaurerischer Bemühungen, sondern der einzelne Mensch.

Karl Jaspers hat geschrieben: »Wir sollen die Weltgeschichte im ganzen nicht zu unserer Sorge machen. Sie ist nicht unsere Aufgabe, denn niemand steht über ihr, hätte sie zu gestalten in der Hand. Wir müssen gegenwärtig leben in Sorge um das, was wir sind und wirklich tun können im unendlichen Horizont der Möglichkeiten: Klar erkennen, was in unserer Macht liegt und was nicht, das schafft uns den Raum unserer wirklichen Freiheit. Und dieser liegt immer zuerst in dem, was wir als unser Leben alle Tage verwirklichen. Darin liegt das wesentliche des Menschseins auch für die Zukunft!«

Die Gesellschaft – davon sind die Freimaurer also überzeugt – kann nur über den einzelnen und das, was er als sein Leben verwirklicht, humaner werden. Sie nennen ihre geduldige, auf Evolution ausgerichtete Arbeit den ›Tempelbau der Menschheit‹ und glauben, daß diese Arbeit gegenüber anderen Methoden und Systemen einen großen Vorzug hat: Man muß nicht auf geänderte gesamtgesellschaftliche Voraussetzungen warten – man kann sie sofort anwenden: Würde heute jeder damit beginnen, in seinem Umfeld, in seiner Familie, im Berufsleben, in der Nachbarschaft für mehr Menschlichkeit, mehr Geduld, mehr Verständnis, mehr Achtung vor dem Andersdenkenden zu sorgen – es könnte schon morgen weniger Angst in der Welt sein!

»Echte Freundschaft zu stiften unter Menschen, die einander sonst ständig fremd geblieben wären« – diese alte freimaurerische Aufgabe ist heute notwendiger denn je. Es gehört zur Erklärung der vielbeklagten Vereinsamung in der Massengesellschaft, daß reine, von Interessenbestimmung freie Freundschaft unter Menschen immer seltener wird, zudem geht es um die Selbsterziehung des einzelnen zu einem verantwortlich handelnden und mit der Ordnung der Welt in Harmonie lebenden Menschen. Von wesentlicher Bedeutung bei der Lösung dieser Aufgabe sind noch immer die alten Formen, das Brauchtum, das schlichte Ritual der maurerischen Zusammenkünfte. Sie helfen nicht nur, eine Atmosphäre der Freundschaft hervorzubringen und den Alltag mit seinen Belastungen zu vergessen. Sie helfen auch, durch Weisung und Beschränkung, aus dem Meer der Erkenntnisse das für den Menschen und seine Zukunft Wesentliche herauszuloten. Sie bereichern die menschliche Existenz um ein besonderes Feld des Kulturellen und des Geistigen. Und darin liegt für viele Menschen unserer Tage das Glück einer Erfahrung, die einmalig ist.

In dieser Zeit bedeutender Umwälzungen, die zu einer Infragestellung vieler überkommener Werte geführt hat, treten Freimaurer ein für ein Menschenverständnis, das durch Selbstvertrauen und Selbstverantwortung geprägt ist. Ihnen ist es nicht um die Konservierung der Vergangenheit zu tun, sondern um die Einlösung der vergangenen Hoffnungen (Horkheimer/Adorno). Sie selbst begreifen sich als die Aufgerufenen, Bürgersinn und Verantwortung im täglichen Leben zu praktizieren, den Dienst am Mitmenschen zu stärken und in Worten und Taten an einer besseren Welt zu bauen, einer Welt, die nicht mehr zerrissen ist von sinnloser Trennung nach Hautfarben, Religionen oder Weltanschauungen. Sie arbeiten daran, dem Willen zur Vernunft neue Freiräume der Bewährung zu erschließen. Den vielen zerstörerischen Ideologien der Gegenwart setzen sie geduldig die uralte Idee des Bauens, des Fügens von Stein auf Stein entgegen. Und mit allen Menschen guten Willens wehren sie sich dagegen, die Hoffnung auf eine menschlichere Welt aufzugeben. Gerade weil der Fortschritt so viele neue Fragen aufgeworfen hat, bedarf es neuer Kräfte, die an den Sieg der menschlichen Vernunft glauben und die sich tätig dafür einsetzen.

ANHANG

Dokumentation

Die Deutsche Bischofskonferenz zum Verhältnis katholische Kirche und Freimaurerei in Deutschland (April 1980):

I. Ausgangslage

1. Die Gespräche

Zwischen der katholischen Kirche und der Freimaurerei in Deutschland fanden in den Jahren 1974 bis 1980 offizielle Gespräche im Auftrag der Deutschen Bischofskonferenz und der Vereinigten Großlogen von Deutschland statt.

2. Der Auftrag

Die Deutsche Bischofskonferenz hatte der Gesprächsgruppe folgenden Auftrag gegeben:
a) Feststellung von Veränderungen innerhalb der Freimaurerei in Deutschland.
b) Prüfung der Vereinbarkeit von Zugehörigkeit zur katholischen Kirche und gleichzeitig zur Freimaurerei.
c) Im Falle einer bejahenden Beantwortung der obigen Frage publizistische Vorbereitung der Öffentlichkeit auf die veränderte Situation.

3. Die Situation bei den Freimaurern

Die deutsche Freimaurerei ist aus der nationalsozialistischen Verfolgung ungefähr auf ein Viertel reduziert hervorgegangen; dadurch mögen Wandlungen im Hinblick auf eine gewisse Offenheit anderen gesellschaftlichen Gruppen gegenüber bewirkt worden sein.

Aufgrund dieser Situation hat sich dann auch das Interesse der Freimaurerei an einer Bereinigung ihres Verhältnisses zu den christlichen Kirchen ergeben.

4. Das 2. Vatikanum und die Enzyklika ›Ecclesiam Suam‹

Im 2. Vatikanischen Konzil hat sich die Kirche aufgemacht zum Dialog mit allen Menschen ›guten Willens‹, zum Gespräch mit jeder Gruppierung, die dazu Bereitschaft zeigt.

Diese Absicht, welche sich in verschiedenen Konzilstexten dokumentiert, hat dann Paul VI. in seiner Antrittsenzyklika ›Ecclesiam Suam‹ weitergeführt, theoretisch umfassender unterbaut und praktische Richtlinien dazu gegeben. Vor allem hat er die verschiedenen Kreise genannt, mit denen der Dialog aufzunehmen ist: angefangen in der eigenen Gemeinschaft bis hin zu denen, die nicht an Gott glauben.

Schon während des Konzils und in zunehmendem Maße danach wurde der Dialog mit der Freimaurerei für notwendig erkannt.

II. Verändertes Meinungsbild

1. Das humanitäre Anliegen

Die von der Kirche zumal im 2. Vatikanum geforderte richtig verstandene Freiheit des Menschen im privaten, religiösen und öffentlichen Leben ergab eine Gesprächsbasis mit der Freimaurerei, sofern sie sich in ihrer humanitären Haltung für die menschliche Freiheit verpflichtet fühlt. Ähnliches ist bezüglich des Eintretens für die Menschenrechte zu sagen.

2. Die Wohltätigkeit

Die deutsche Freimaurerei unterhält Anstalten bruderschaftlicher Hilfe und menschlicher Wohltätigkeit. Sie unternimmt Hilfsaktionen gegenüber leidenden Menschen. Da die karitative Gesinnung und Tätigkeit zur Kirche wesentlich gehört, wurden auch hier gewisse Berührungspunkte gesehen.

3. Symbolverständnis

In unserer nüchternen Zeit suchen manche Menschen in den Symbolen und Riten der Freimaurerei eine gewisse Erfüllung sonst unbefriedigter Bedürfnisse.

In der katholischen Kirche haben Symbole und Riten ihren angestammten Platz. Von hier aus wird darum ein Berührungspunkt und eine Verständnisbasis vermutet.

4. Freimaurerische Einzelpersönlichkeiten

Die Integrität, Qualifikation, Haltung und persönliche Meinung von freimaurerischen Einzelpersönlichkeiten, die bei verschiedenen Anlässen inner- und außerhalb eines kirchlichen Rahmens auftraten, haben ebenfalls eine positive Meinungsbildung der Loge gegenüber begünstigt.

5. Gemeinsam gegen Materialismus

Von freimaurerischer Seite gab es immer wieder Bekundungen der Bereitschaft, den Kampf gegen die materialistische Ideologie und die sich daraus ergebenden menschlichen Konsequenzen auch gemeinsam mit den christlichen Kirchen zu führen.

6. Ein neues Verhältnis?

Vor allem die unter den obigen Nummern 1–5 angeführten Punkte ließen die Meinung aufkommen, die Freimaurerei habe sich so sehr gewandelt, daß die frühere Stellungnahme der Kirche überholt sei und jeder Katholik problemlos einer Freimaurerloge zugehören könne.

7. Öffentlichkeitsarbeit

Die genannte Meinung einer selbstverständlichen Vereinbarkeit der Zugehörigkeit zur katholischen Kirche und zur Freimaurerei wurde durch eine umfangreiche Öffentlichkeitsarbeit in Form von Akademietagungen, offenen Logensitzungen, Buchpublikationen, Zeitungs- und Zeitschriftenartikeln verbreitet.

8. ›Die kopernikanische Wende‹

Der obengenannten Meinung kam ein gewisses, wenn auch falsches Verständnis des jüngsten Konzils entgegen, das infolge der Öffentlichkeitsarbeit auftauchte. Nach dieser Ansicht hat das Konzil in einer wahrhaft kopernikanischen Wende den Leitbegriff einer objektiven Wahrheit in der Kirche beseitigt und durch den der menschlichen Würde ersetzt. Es besteht somit ein Verhältnis der Nähe zwischen katholischer Kirche und Freimaurerei.

III. Die Reaktion der Kirche

1. Das Prüfungsverfahren

All die oben angeführten Unternehmen waren nicht geeignet, die anstehenden Fragen wirklich sachgerecht zu untersuchen und zu einer fundierten und tragfähigen Antwort zu kommen. Entscheidend ist hier nicht die Integrität, Meinung und Haltung einzelner Freimaurer, denn diese ist völlig der Subjektivität überlassen. Um zu einer wirklich sachgerechten Prüfung der anstehenden Frage zu kommen, war es vielmehr notwendig, das Wesen der Freimaurerei, so wie es sich in den Vereinigten Großlogen von Deutschland vorfindet, zu untersuchen. Unabhängig von allen subjektiven Auffassungen manifestiert sich das objektive Wesen in den offiziellen Ritualien der Freimaurerei. Deshalb wurden diese Dokumente einer sorgfältigen und langwierigen Prüfung (von 1974 bis 1980) unterzogen, und zwar die Ritualien der ersten drei Grade, in deren Text die Freimaurer Einblick gewährten, wenngleich die Gespräche sich nicht nur auf die Ritualien bezogen.

2. Der unveränderte Standpunkt der Freimaurerei

Die fundamentale Infragestellung der Kirche durch die Freimaurerei hat sich nicht gewandelt. Diese Tatsache wird besonders deutlich, wenn wir zur Kenntnis nehmen, welch konkretes Selbstverständnis und welche geistige Grundlage, welche Gegenwartskonzeption und welche Zukunftsperspektive die Freimaurer sich selbst in dem erst nach Abschluß der Gespräche in diesem Jahr veröffentlichten Papier ›Thesen bis zum Jahr 2000‹ als mutiges und kämpferisches Programm gegeben haben. Darin ist die objektive Geltung der geoffenbarten Wahrheit grundsätzlich verneint und durch diesen Indifferentismus eine Offenbarungsreligion vom Prinzip her ausgeschlossen. Schon die 1. und wohl wichtigste These besagt: »Systeme weltanschaulich-religiöser Art, die alleinige Verbindlichkeit beanspruchen können, gibt es nicht« (Das deutsche Freimaurer-Magazin ›humanität‹, 1980, Nr. 1, Einlage nach S. 20).

3. Atmosphärische Verbesserung – Praktische Zusammenarbeit

Verbessert und verändert gegenüber früheren Jahrhunderten hat sich der Ton, die Art und die Ebene der Austragung der Differenzen. Gab es früher Feindseligkeiten und Beschimpfungen, so ist die

Diskussion heute auf eine sachliche Ebene gehoben. Betont muß auch werden, daß die Gespräche in einer guten Atmosphäre der Offenheit und Objektivität verliefen. Verschiedene unhaltbare Vorurteile konnten ausgeräumt werden.

Die katholische Kirche weiß sich heute zu gemeinsamem Handeln mit anderen Religions- und Weltanschauungsgemeinschaften verbunden, wenn es sich um die Verwirklichung humanitärer und karitativer Ziele handelt. Insoweit solche Ziele bei den Freimaurern im Vordergrund stehen, ist die katholische Kirche zu gemeinsamem und unterstützendem Handeln bereit. Dadurch darf aber nicht der Eindruck entstehen, als habe die Kirche Grund, ihre warnende und ablehnende Haltung zur Freimaurerei für überholt zu halten.

4. Das Ergebnis der Gespräche

Hatten bei der schon vorausgegangenen Diskussion des 1. Grades durch die evangelische Kirche ernste Bedenken nicht ausgeräumt werden können, so mußte die katholische Kirche bei der Überprüfung der ersten drei Grade grundlegende und unüberwindliche Gegensätze feststellen.

Die Freimaurerei hat sich in ihrem Wesen nicht gewandelt. Eine Zugehörigkeit stellt die Grundlagen der christlichen Existenz in Frage:

Die eingehenden Untersuchungen der freimaurerischen Ritualien und der freimaurerischen Wesensart, wie auch ihres heutigen unveränderten Selbstverständnisses machen deutlich:

Die gleichzeitige Zugehörigkeit zur katholischen Kirche und zur Freimaurerei ist unvereinbar.

Im folgenden werden einige der vielen Diskussionsgegenstände und Argumente aufgeführt, welche zu dem Ergebnis geführt haben. Andere nicht minder wichtige wurden von der Kommission ebenfalls erörtert.

IV. Gründe der Unvereinbarkeit

1. Die Weltanschauung der Freimaurer

Die Weltanschauung der Freimaurer ist nicht verbindlich festgelegt. Es überwiegt die humanitäre und ethische Tendenz. Die textlich festgelegten Ritualbücher mit ihren Worten und Symbolhandlungen bieten einen Vorstellungsrahmen, den der einzelne Freimaurer mit seiner persönlichen Auffassung ausfüllen kann. Eine gemeinsame verbindliche Ideologie ist hier nicht festzustellen.

Dagegen gehört der Relativismus zur Grundüberzeugung der Freimaurer.

Das als objektive Quelle anerkannte ›Internationale Freimaurerlexikon‹ erklärt zu dieser Frage: »Die Freimaurerei dürfte das einzige Gebilde sein, dem es auf die Dauer gelungen ist, Ideologie und Praxis weitgehend von Dogmen freizuhalten.

Die Freimaurerei kann daher als eine Bewegung aufgefaßt werden, die relativistisch eingestellte Menschen zur Förderung des Humanitätsideals zusammenzufassen trachtet« (Eugen Lennhoff – Oskar Posner, Internationales Freimaurerlexikon, Wien 1975, Sp. 1300).

Ein Subjektivismus dieser Art läßt sich mit dem Glauben an das geoffenbarte und vom Lehramt der Kirche authentisch ausgelegte Gotteswort nicht in Einklang bringen. Außerdem erzeugt er eine Grundeinstellung, welche die Haltung des Katholiken zu Wort und Handlungen im sakramentalen wie auch im sakralen Geschehen der Kirche gefährdet.

2. Der Wahrheitsbegriff der Freimaurerei

Von den Freimaurern wird die Möglichkeit objektiver Wahrheitserkenntnis verneint. Während der Verhandlungen wurde besonders an das bekannte Wort von G. E. Lessing erinnert:

»Wenn Gott in seiner Rechten alle Wahrheit und in seiner Linken den einzig immer regen Trieb nach Wahrheit, obschon mit dem Zusatz, mich immer und ewig zu irren, verschlossen hielte und spräche zu mir: ›Wähle‹, ich fiele ihm mit Demut in seine Linke und sagte: ›Vater, gib! Die reine Wahrheit ist ja doch nur für Dich alleine!‹« (G. E. Lessing, Duplik, 1977, Ges. Werke, V, 100).

Dies wurde in den Gesprächen als für die Freimaurerei signifikant bezeichnet.

Die Relativität jeder Wahrheit stellt die Basis der Freimaurerei dar. Da der Freimaurer jeden Dogmenglauben ablehnt, duldet er auch in seiner Loge kein Dogma (vgl. Dr. Th. Vogel in KNA vom 11.2.1960, S. 6).

Vom Freimaurer wird daher verlangt, ein freier Mann zu sein, der »keine Unterwerfung unter Dogma und Leidenschaft kennt« (Lennhoff – Posner, Sp. 524 f.).

Das bedingt die grundsätzliche Verwerfung aller dogmatischen Positionen, die in dem Satz des Freimaurerlexikons zum Ausdruck kommt: »Alle Institutionen auf dogmatischer Grundlage, als deren hervorstechendste die katholische Kirche gelten kann, üben Glaubenszwang aus« (Lennhoff – Posner, Internationales Freimaurerlexikon, Wien 1975², Sp. 374).

Ein derartiger Wahrheitsbegriff ist vom Standpunkt weder der natürlichen Theologie noch der Offenbarungstheologie mit dem katholischen Wahrheitsbegriff vereinbar.

3. Der Religionsbegriff der Freimaurer

Das Religionsverständnis der Freimaurer ist relativistisch: alle Religionen sind konkurrierende Versuche, die letztlich unerreichbare Gotteswahrheit auszusagen. Denn dieser Gotteswahrheit angemessen ist nur die vieldeutige, der Interpretationsfähigkeit des einzelnen Maurers überlassene Sprache der maurerischen Symbole. Nicht umsonst ist der religiöse Disput innerhalb der Loge den Angehörigen der Loge streng untersagt. In den Alten Pflichten von 1723 heißt es unter I: »Der Maurer ist als Maurer verpflichtet, dem Sittengesetz zu gehorchen, und wenn er die Kunst recht versteht, wird er weder ein engstirniger Gottesleugner noch ein bindungsloser Freigeist sein.

In alten Zeiten waren die Maurer in jedem Lande zwar verpflichtet, der Religion anzugehören, die in ihrem Lande oder Volke galt, heute jedoch hält man es für ratsamer, sie nur zu der Religion zu verpflichten, in der alle Menschen übereinstimmen, und jedem seine besonderen Überzeugungen selbst zu belassen.« (Die Alten Pflichten von 1723, Hamburg 1972, S. 10)

Der Begriff der Religion, »in der alle Menschen übereinstimmen«, impliziert eine relativistische Religionsauffassung, die sich mit der Grundüberzeugung des Christentums nicht zur Deckung bringen läßt.

4. Der Gottesbegriff der Freimaurer

In den Ritualien findet sich der Begriff des ›Großen Baumeisters aller Welten‹ an zentraler Stelle.

Er ist, bei allem Willen zu religionsumgreifender Offenheit, eine deistisch geprägte Konzeption.

Danach gibt es keine objektive Erkenntnis von Gott im Sinne des personalen Gottesbegriffes des Theismus. Der ›Große Baumeister aller Welten‹ ist ein neutrales ›Es‹, undefiniert und offen für jedwedes Verständnis. Jeder kann hier seine Gottesvorstellung einbringen, der Christ wie der Moslem, der Konfuzianer wie der Animist oder der Angehörige irgendeiner Religion. Der Weltenbaumeister gilt den Freimaurern nicht als ein Wesen im Sinne eines personalen Gottes; deshalb genügt für sie ein beliebiges religiöses Empfinden für die Anerkenntnis des ›Baumeisters aller Welten‹.

Diese Imagination eines im deistischen Abseits thronenden Weltenbaumeisters entzieht der Gottesvorstellung der Katholiken und seiner Antwort auf den ihm väterlich und herrscherlich ansprechenden Gott den Boden.

5. Freimaurerischer Gottesbegriff und Offenbarung

Die Gottesvorstellung der Freimaurerei läßt den Gedanken an eine Selbstoffenbarung Gottes, wie er von allen Christen geglaubt und festgehalten wird, nicht zu. Eher noch wird durch die Vorstellung des ›Großen Weltenbaumeisters‹ das Gottesverhältnis auf eine vordeistische Position zurückgeworfen.

Ebenso steht die ausdrückliche Herleitung des Christentums von der astralen Urreligion der Babylonier und Sumerer in vollem Widerspruch zum Offenbarungsglauben (vgl. Ritual II, S. 47).

6. Die Toleranzidee der Freimaurer

Aus diesem Wahrheitsbegriff leitet sich auch die spezifische Toleranzidee der Freimaurerei ab. Der Katholik versteht unter Toleranz die den Mitmenschen gegenüber geschuldete Duldsamkeit. Bei den Freimaurern jedoch herrscht die Toleranz gegenüber Ideen, wie gegensätzlich zueinander sie auch sein mögen.

Wieder ist auf Lennhoff – Posner zu verweisen: »Aus dem Relativismus läßt sich der Standpunkt der Freimaurer zu den Problemen der Welt und Menschheit ableiten ... Der Relativismus unterbaut die Toleranz mit Vernunftsargumenten. Die Freimaurerei ist eine der Bewegungen, die vom Ausgang des Mittelalters an als Reaktion gegen die Unbedingtheit der Kirchenlehre und den politischen Absolutismus, als Reaktion gegen den Fanatismus jeder Art entstanden sind ...« (Sp. 1300)

Eine Toleranzidee dieser Art erschüttert die Haltung der Katholiken in der Glaubenstreue und in der Anerkennung des kirchlichen Lehramts.

7. Die Ritualhandlungen der Freimaurer

In ausführlichen Gesprächen und Erklärungen wurden die drei Ritualien des Lehrlings-, des Gesellen- und des Meistergrades erörtert. Diese Ritualhandlungen zeigen in Wort und Symbol einen sakramentsähnlichen Charakter. Sie erwecken den Anschein, als würde hier unter Symbolhandlungen objektiv etwas den Menschen Verwandelndes bewirkt. Inhalt ist eine symbolhafte Initiation des Menschen, die ihrem ganzen Charakter nach in einer deutlichen Konkurrenz zu seiner sakramentalen Umwandlung steht.

8. Die Vervollkommnung des Menschen

Nach Ausweis der Ritualien geht es in der Freimaurerei letztlich um eine ethische und geistige Optimierung des Menschen.

Im Meisterritus heißt es: »Welche Tugenden muß ein wahrer Meister besitzen? Reinheit des Herzens, Wahrheit in Worten, Vorsicht in Handlungen, Unerschrockenheit bei unvermeidlichen Übeln und unermüdlichen Eifer, wenn es gilt, Gutes zu tun« (Ritual III, S. 66).

Hier konnte das Bedenken nicht ausgeräumt werden, daß die ethische Vervollkommnung verabsolutiert und so von der Gnade gelöst wird, daß kein Raum für die Rechtfertigung des Menschen im christlichen Verständnis bleibt.

Was sollen sakramentale Heilsvermittlung in Taufe, Buße und Eucharistie denn noch bewirken, wenn bereits durch die drei grundlegenden Grade die in den Ritualien ausgesagte Erleuchtung und Todesüberwindung erzielt wird?

9. Die Spiritualität der Freimaurer

Die Freimaurerei stellt an ihre Mitglieder einen Totalitätsanspruch, der eine Zugehörigkeit auf Leben und Tod abfordert. Auch wenn man davon ausgeht, daß der in den drei Graden beschrittene Weg in erster Linie das Ziel einer Bewußtseins- und Charakterbildung verfolgt, bleibt doch die Frage, ob der Sendungsanspruch der Kirche es zuläßt, daß Formung solcher Art von einer ihr fremden Institution übernommen wird.

In diesem Totalitätsanspruch aber wird die Unvereinbarkeit von Freimaurerei und katholischer Kirche besonders deutlich.

10. Unterschiedliche Richtungen innerhalb der Freimaurerei

Es gibt innerhalb der Freimaurerei neben der überwiegenden Zahl der Logen mit humanitärer, ›gottgläubiger‹ Grundtendenz Extreme, wie die atheistische Bruderschaft des ›Grand Orient de France‹ auf der einen Seite, die auch einige Logen in Deutschland besitzt, und die in Deutschland bestehende ›Große Landesloge‹ auf der anderen Seite. Letztere nennt sich auch ›Christlicher Freimaurerorden‹ (vgl. Lennhoff – Posner, Sp. 1157).

Diese ›christliche Freimaurerei‹ liegt aber keinesfalls außerhalb der freimaurerischen Grundordnung; hier wird nur eine größere Möglichkeit intendiert, Freimaurerei und subjektive christliche Gläubigkeit miteinander zu vereinen. Eine theologisch zulässige Verwirklichung muß jedoch verneint werden, weil die Grundtatsachen der Offenbarung des menschgewordenen Gottes und seine Gemeinschaft mit den Menschen nur als mögliche Variante der freimaurerischen Weltansicht verstanden und überdies nur von einem kleinen Teil der Maurer geteilt werden.

11. Freimaurerei und katholische Kirche

So wichtig die Unterscheidung zwischen kirchenfreundlicher, neutraler und kirchenfeindlicher Freimaurerei auch sein mag, ist sie im vorliegenden Zusammenhang doch irreführend, denn sie legt nahe, daß für Katholiken eine Mitgliedschaft lediglich bei der kirchenfeindlichen nicht in Frage käme.

Nun hat sich die Untersuchung gerade auf jene Freimaurerei erstreckt, welche der katholischen Kirche gegenüber wohlgesonnen ist; aber selbst hier mußten die unüberwindlichen Schwierigkeiten festgestellt werden.

12. Freimaurer und evangelische Kirche

Gespräche haben 1973 auch auf dieser Ebene stattgefunden. Die evangelischen Gesprächsteilnehmer haben in ihrer Schlußerklärung vom 13. Oktober 1973 zwar die Möglichkeit einer Doppelmitgliedschaft dem ›freien Ermessen des einzelnen überlassen‹.

Beachtlich aber ist, was hier in Ziff. 5 festgestellt ist: »Es war für die kirchlichen Gesprächspartner nicht möglich, sich über das Ritual in seiner Bedeutung und in seiner Erlebnisqualität eine abschließende Meinung zu bilden.

Dabei bewegte sie die Frage, ob das Ritualerlebnis und die Arbeit des Maurers nicht die Rechtfertigung aus Gnaden in ihrer Bedeutung für den evangelischen Christen mindern könnten« (Information Nr. 58 der Evangelischen Zentralstelle für Weltanschauungsfragen, 58/74, Seite 19).

41 Fuß des Garibaldi-Denkmals in Rom mit Winkelmaß und Zirkel.

42 Ludwig van Beethoven, der keiner Loge angehörte, komponierte dieses Lied ›Maurerfragen‹ für die Loge in Bonn.

43 Mozarts ›Zauberflöte‹ gilt als ›Freimaureroper‹ (Foto: Salzburger Festspiele/Rabanus)

44 Freimaurerische Symbole auf Briefmarken (Brasilien und England)

45 Blick in den Tempel einer Freimaurerloge

46 Bundespräsident Prof. Dr. Karl Carstens empfing 1981 eine Delegation deutscher Freimaurer.

47 Buchautor Jürgen Holtorf im Gespräch mit Bundespräsident Karl Carstens anläßlich des Freimaurer-Empfangs.

V. Abschließende Stellungnahme

Mag auch die Freimaurerei aufgrund der in der nationalsozialistischen Ära erlittenen Verfolgung eine Wandlung im Sinn einer größeren Offenheit gegenüber anderen gesellschaftlichen Gruppen durchgemacht haben, so ist sie doch in ihrer Mentalität, ihrer Grundüberzeugung und ihrer Tempelarbeit sich völlig gleich geblieben. Die aufgezeigten Gegensätze rühren an die Grundlagen der christlichen Existenz. Die eingehenden Untersuchungen der freimaurerischen Ritualien und Geistigkeit machen deutlich: Die gleichzeitige Zugehörigkeit zur katholischen Kirche und zur Freimaurerei ist ausgeschlossen.

Soweit die Erklärung im vollständigen Wortlaut. Ihrer nahmen sich in der Folgezeit sachkundige und kritische katholische Autoren in stärkerem Maße an als freimaurerische. Die Betroffenheit auf freimaurerischer Seite führte eher zu einer Reaktion des Schweigens.

Unter den katholischen Stellungnahmen fiel durch besondere Gründlichkeit und Sachkenntnis die des Paters Alois *Kehl* auf, veröffentlicht in ›UNA SANCTA‹, der Zeitschrift für ökumenische Begegnung, Nr. 1/1981, erschienen im Kyrios-Verlag Meitingen und Freising.

Diese Äußerung des sachkundigen Paters wird hier nun ebenfalls im vollständigen Wortlaut wiedergegeben. Sie ist vermutlich die gründlichste Stellungnahme überhaupt in der aktuellen Auseinandersetzung zum Ende des Dialogs der Deutschen Bischofskonferenz mit den deutschen Freimaurern.

*

Stellungnahme zur Erklärung der Deutschen Bischofskonferenz zum Verhältnis katholische Kirche und Freimaurerei in Deutschland

Von Pater Dr. Alois Kehl (kath.)

Am 12. Mai 1980 hat die (katholische) Deutsche Bischofskonferenz eine Erklärung zum Verhältnis katholische Kirche und Freimaurerei in Deutschland herausgegeben. Ihr folgenschwerer Kernsatz lautet: »Die gleichzeitige Zugehörigkeit zur katholischen Kirche und zur Freimaurerei ist unvereinbar.« Die Begründung dafür kann jedoch nicht unwidersprochen bleiben. Zum rechten Verständnis dessen, was in der ›Erklärung‹ wie auch in dieser Stellungnahme über die Freimaurerei gesagt wird, sind zunächst einige allgemeine Bemerkungen nötig.*

I. Allgemeine Bemerkungen

1. Notwendige Unterscheidungen

a) Die Freimaurerei ist nicht eine einheitliche, zentral geleitete Gemeinschaft. Begnügt man sich mit einer ganz allgemeinen Charakterisierung, dann läßt sich folgendermaßen unterscheiden: die anglo-amerikanische Freimaurerei ist mehr gesellig, wohltätig, wenig öffentlichkeitsscheu; die romanische Freimaurerei, zu der auch der ›Grand Orient de France‹ gehört, war (das hat sich in den letzten Jahren gewandelt) aufgrund der politischen Entwicklung der betreffenden Länder stark politisch und antiklerikal engagiert; die skandinavische und die deutsche Freimaurerei ist mehr ethisch-spekulativ orientiert.

---

* Inzwischen sind mehrere kritische Stellungnahmen erschienen: David Seeber, Freimaurerei: entschiedenes Nein der Bischöfe, Herder-Korrespondenz, 34. Jg. (1980), S. 274 f.; Wilhelm Quenzer, Freimaurerei und die Deutschen Katholischen Bischöfe, Materialdienst aus der Evang. Zentralstelle für Weltanschauungsfragen der EKD, 43. Jg. (1980), S. 248 ff.; Reinhold Sebott. Die Freimaurerei und die Deutsche Bischofskonferenz, Stimmen der Zeit, 106. Jg. (1981), S. 75–87.
Positive Würdigungen der Freimaurer durch katholische Autoren: M. Dierickx SJ, Freimaurerei – Die große Unbekannte, Hamburg ³1975; A. Mellor, Unsere getrennten Brüder – die Freimaurer, Graz/Wien/Köln 1964; ders., Art. Freimaurerei, in: Sacramentum Mundi II, S. 99–105; R. F. Esposito, Le buone opere dei laicisti, degli anticlericali e dei framassoni (Die guten Werke der Laizisten, der Antiklerikalen und der Freimaurer), Rom 1970; G. Caprile, Cattolici e Massoneria. Un'importante dichiarazione sulla scomunia (Katholiken und Freimaurerei. Eine bedeutsame Erklärung bezüglich der Exkommunikation), in: Civiltà Cattolica 125/IV (1974), S. 159–162; R. Appel – H. Vorgrimler, Kirche und Freimaurer im Dialog, Frankfurt a. M. 1975; A. Kehl, Warum Dialog zwischen Katholiken und Freimaurern?, Hamburg 1978; J. A. Ferrer Benimeli – G. Caprile, Massoneria e Chiesa Cattolica – ieri, oggi e domani (Freimaurerei und katholische Kirche – gestern, heute und morgen), Rom 1979. Der Dialog zwischen der katholischen Kirche und den Freimaurern in Italien 1969 bis 1979 wird ausführlich dokumentiert in R. F. Esposito, La riconciliazione tra la Chiesa e la Massoneria (Die Aussöhnung zwischen der katholischen Kirche und der Freimaurerei), Ravenna 1979, seine Fortsetzung in G. Caprile – R. F. Esposito – M. Riquet, Noi Cattolici – noi Massoni (Wir Katholiken – Wir Freimaurer), Rom 1980.

b) Die Freimaurerei ist nicht wie die Kirche von oben nach unten, also hierarchisch, sondern von unten nach oben, also demokratisch, organisiert. Die einzelne Loge am Ort ist souverän, alle übergeordneten Zusammenschlüsse von Logen dienen nur der Verwaltung und der Koordination. Unter der umfassenden Dachorganisation der ›Vereinigten Großlogen von Deutschland – Bruderschaft der deutschen Freimaurer‹ (VGLvD) haben sich die deutschen Einzellogen zu drei Großlogen zusammengeschlossen:
- die ›Großloge der Alten Freien und Angenommenen Maurer von Deutschland‹ (GL A. F. u. A. M. v. D.);
- die ›Große Landesloge der Freimaurer von Deutschland‹ (GLL F. v. D.), auch ›Freimaurerorden‹ (FO) genannt;
- die ›Große National-Mutterloge zu den drei Weltkugeln‹ (GNML 3 WK).

Die GL A. F. u. A. M. v. D. arbeitet auf einer sehr breiten und allgemeinen weltanschaulichen Basis, weshalb sie auch die ›humanitäre‹ Maurerei genannt wird, während die beiden andern Großlogen, vor allem der FO, die christliche Weltanschauung zugrunde legen und darum als ›christliche‹ Maurerei bezeichnet werden.

c) Unter einer anderen Rücksicht kann man innerhalb der Freimaurerei die sogenannte Johannismaurerei und die Hochgradmaurerei unterscheiden. Während die Johannismaurerei mit ihren drei Graden Lehrling (I), Geselle (II) und Meister (III), fußend auf der Steinmetzsymbolik, die Grundlage der ganzen Freimaurerei bildet und das ganze Gedankengut schon in sich erfaßt, sucht die Hochgradfreimaurerei dies in weiteren Graden, in Anlehnung an die Tradition des alten kirchlichen Templerordens, also mit Hilfe der Rittersymbole, weiter zu entfalten. Dabei wird in den einzelnen Graden nicht ein Geheimwissen vermittelt, das man etwa anderswoher nicht gewinnen könnte, vielmehr sind diese einzelnen Grade, wie hoch man auch aufsteigen mag, Stufen eines psychologisch wohldurchdachten Weges der Selbsterziehung, indem auf jeder Stufe ein bestimmter Aspekt des menschlichen Lebens oder Verhaltens in symbolischem Ritual ganz konkret in den Brennpunkt des Bewußtseins gerückt wird.

d) Als ›regulär‹ bezeichnet man solche Logen, die von der Mutterloge der gesamten Freimaurerei in England anerkannt sind;

Logen, denen diese Anerkennung versagt ist, weil sie das eine oder andere Grundprinzip der Freimaurerei nicht verwirklichen, werden ›irregulär‹ genannt. Sie können darum nicht als repräsentativ für die Freimaurerei gelten.

2. Zu einigen oft mißverstandenen Phänomenen

Es gibt in der Freimaurerei einzelne Phänomene, die einem Außenstehenden nicht ohne weiteres verständlich sind. Wahrscheinlich kann man nur durch engeren Kontakt mit den Freimaurern und lange Einfühlung in die freimaurerische Gedankenwelt zu einem sachgerechten Verständnis kommen.

Dann aber leuchten diese Phänomene in ihrer Sinnhaftigkeit ein und erweisen sich als positive Elemente, die die Freimaurerei in ihrer Eigenart hervorheben. Einige dieser Schwierigkeiten seien genannt:

a) Ein Außenstehender, zumal wenn er vom scholastischen Denken mit seinen klaren Definitionen herkommt, wird leicht Anstoß nehmen an einer Verschwommenheit und Unbestimmtheit in der Deutung tragender freimaurerischer Begriffe. Wenn man einen Freimaurer fragt, was die Freimaurerei unter Humanität, Toleranz u. ä. versteht, wird er keine alle Freimaurer verpflichtende Definition bieten können. Denn die Freimaurerei ist eine brüderliche Gemeinschaft, kein philosophisches System, das eine genaue und konsequente Sprachregelung zur Abgrenzung gegen andere nötig hat. Definitionen schließen aus, grenzen ab. Gerade das wollen die Freimaurer nicht, vielmehr suchen sie möglichst viele Meinungen einzuschließen, um so den Graben zwischen den Systemen, ob religiöser, weltanschaulicher oder politischer Art, weder durch unkritische Vermischung der Auffassungen noch durch Verpflichtung auf eine einzige der Freimaurerei eigene Lehrmeinung, im menschlichen und brüderlichen Miteinander zu überbrücken. Dazu genügt eine allgemeine Übereinstimmung bezüglich der tragenden Begriffe, wie sie sich aus unserer Kultur, die wesentlich christlich geprägt ist, ergibt. Besonders katholische Beobachter wünschen sich gern ein freimaurerisches ›Lehramt‹, damit man das ureigen Freimaurerische besser fassen könne.

Das ist ein Mißverständnis. Das ureigen Freimaurerische ist eben diese Offenheit.

b) Eine Folge davon ist, daß man als Außenstehender nur schwer zu den eigentlich ›freimaurerischen‹ Auffassungen gelangt. Denn wenn man mit einem Freimaurer spricht, wird man dessen persönliche Auffassung zu hören bekommen, die er wohl auch als Nichtfreimaurer vertreten würde und die mit den Auffassungen anderer Freimaurer möglicherweise nicht übereinstimmt. Darin liegt begründet, daß man – je nachdem, welches Ergebnis man im Auge hat – auch die entsprechenden ›Beweise‹ in freimaurerischen Äußerungen findet.

Der Außenstehende muß anerkennen, daß diese Verschiedenheit in religiösen, weltanschaulichen, politischen Meinungen in der brüderlichen Gemeinschaft der Freimaurer unangetastet und unharmonisiert bestehen bleibt, ohne daß sich eine freimaurerische Autorität anmaßt, sie als richtig oder falsch zu beurteilen oder auch sie deswegen gelten zu lassen, weil sie allesamt als gleichviel wert oder unwert betrachtet werden. Insofern ist die ›Toleranz gegenüber Ideen‹, die die ›Erklärung‹ (IV, 6) den Freimaurern vorwirft, Ausdruck einer Achtung vor dem Bruder, der die Idee hat, nicht Folge eines philosophischen Relativismus, der überhaupt keine absolute Wahrheit gelten läßt. Es wird vielmehr ein Freiraum geschaffen, in dem jeder einzelne seine Überzeugung leben kann, ohne deshalb von einem andern, der vielleicht anderer Überzeugung ist, diskriminiert zu werden. Gerade das ist etwas Imponierendes bei den Freimaurern, daß trotz anderer Überzeugung in manchmal wesentlichen Fragen die Brüderlichkeit nicht zerstört wird.

c) Da wir solch reich ausgestaltete und tief symbolische Rituale wie die bei den Freimaurern vollzogenen heutzutage und hierzulande nur noch im religiösen Bereich kennen, fällt es dem Außenstehenden schwer, den nichtreligiösen Charakter der freimaurerischen Rituale anzuerkennen. Darum kann sich die ›Erklärung‹ nicht von dem Mißverständnis lösen, die Freimaurerei sei doch, allen gegenteiligen offiziellen und inoffiziellen Beteuerungen der Freimaurer zum Trotz, eine Religionsgemeinschaft. Sie ist es nicht. Von der Intention der Institution Freimaurerei her – auch im System des Freimaurerordens – sind die Rituale ethisch zu interpretieren, als eine sehr treffende und tief beeindruckende stufenweise – bis in die Hochgrade hinein – Anregung und Einübung eines bewußten ethischen Lebens.

Das schließt nicht aus, daß ein einzelner Bruder diesen Ritualen eine tiefere, religiöse Dimension gibt. Diese religiöse Interpretation ist für den einzelnen möglich, aber nicht von der Freimaurerei intendiert.

3. Zu den von der ›Erklärung‹ zitierten literarischen Quellen

a) Die ›Erklärung‹ stützt sich in ihrer Darstellung und Beurteilung der Freimaurerei weitgehend auf das ›Internationale Freimaurerlexikon‹ von E. Lennhoff und O. Posner, das »als objektive Quelle anerkannt« bezeichnet wird. Zu diesem Lexikon ist zu sagen: Es stammt aus dem Jahre 1932 und ist 1975 lediglich unverändert nachgedruckt worden. Man kann es also nicht einfach als repräsentativ für die heutige Freimaurerei in Anspruch nehmen. Es war auch schon damals nicht repräsentativ, gibt vielmehr nur die Sicht der beiden Autoren wieder, die im Lexikon selbst nicht einmal harmonisiert ist, wo sie auseinanderging. Die beiden Verfasser bemerken selbst dazu im Vorwort (S. 6): »Das Handbuch hat daher trotz aller redlichen Bemühungen seiner Verfasser persönliche Färbung. Es erscheint weder im Auftrag einer freimaurerischen Behörde noch ist es einer solchen zur Begutachtung oder Genehmigung vorgelegt worden. Die volle Verantwortlichkeit tragen daher ausschließlich die beiden Verfasser. Sie schildern den Freimaurerbund, wie sie ihn sehen, sie fühlen sich aber nicht berechtigt, in seinem Namen zu sprechen.«

Dieses Lexikon in seinen weltanschaulichen Aussagen als repräsentativ für die Freimaurerei zu nehmen, bedeutet das gleiche, als wenn man einzig Küng oder Lefèbvre als repräsentativ für die gegenwärtige katholische Theologie betrachtet. Wenn man aber schon dieses 50 Jahre alte Lexikon zugrunde legt, sollte man nicht nur solche Passagen zitieren, die zum eigenen Konzept passen, sondern auch solche, die für die Freimaurerei sprechen und erlauben, ihre Positionen positiv zu beurteilen.

b) Zur Verdeutlichung der unveränderten Infragestellung der Kirche durch die Freimaurerei zitiert die ›Erklärung‹ die ›Thesen bis zum Jahr 2000‹. Hierbei handelt es sich jedoch ausdrücklich nur um ein Diskussionspapier, für dessen Inhalt – wie eigens darauf vermerkt ist – ganz und einzig die beiden Verfasser verantwortlich zeichnen. Es ist der Versuch, etwas zur gegenwärtigen Situation der Menschen auszusagen, was nach erfolgter

Durchsprache in den einzelnen Logen die Zustimmung möglichst aller Freimaurer der GL A. F. u. A. M. v. D. finden könne. Die äußerst heiße Diskussion um diese Thesen innerhalb der Bruderschaft, von der sich Wichtiges in den Heften 1–3/ 1980 des Deutschen Freimaurer Magazins ›humanität‹ auch Außenstehenden zugänglich niedergeschlagen hat, zeigt, daß dieser Versuch gescheitert ist, wenn auch die Diskussion selbst ihren Wert hatte. Der Freimaurerbund ist eben seinem Wesen nach eine ›brüderliche Gemeinschaft von Ungleichgesinnten‹, wie man scherzhaft, aber voll zutreffend, gesagt hat. Das ist seine sympathische Stärke nach innen, aber gleichzeitig seine Schwäche nach außen.

Vor allem die 1. These, die in der Erklärung unter III, 2 zitiert ist, wurde in der Diskussion kritisiert, weil diese dogmatische Aussage dem Wesen der Freimaurerei widerspricht. Die These lautet: »Philosophische Ideen und Systeme weltanschaulich-religiöser Art, die alleinige Verbindlichkeit beanspruchen, gibt es nicht.« Diese These steht auch im Gegensatz zur These 20, die eine echt freimaurerische Haltung ausdrückt: »Die Freimaurerei hütet sich davor, in den letzten philosophischen Grundfragen dogmatische Positionen zu beziehen.« In Heft 2/80 (März – April 1980) der ›humanität‹ ist übrigens der Stellenwert der ›Thesen‹ klar ausgesprochen (S. 7): »Die Großloge A. F. u. A. M. v. D. betont, daß es sich bei den ›Thesen bis zum Jahr 2000‹ um keine offizielle Verlautbarung – sondern um eine Ausarbeitung von Gedanken handelt, die weder in Form noch Inhalt endgültig ist.« In Heft 3 (Mai – Juni 1980) der gleichen Zeitschrift, das den Verfassern der ›Erklärung‹ natürlich noch nicht vorlag, aber jetzt hinzugezogen werden muß, heißt es S. 36: »... daß diese Thesen keineswegs – was ohnehin vielfach mißverstanden worden war – ein Programm oder gar ›neue Alte Pflichten‹ für die deutsche Freimaurerei darstellen oder vorbereiten sollen ...« Auf S. 30 wird angemerkt, daß gut zwei Drittel von 160 Einsendungen zu den ›Thesen‹ diese »in ihrer vorliegenden Form allenfalls als Denkimpulse zur Behandlung innerhalb der Bruderschaft geeignet« sein lassen. »Dazu, daß sich die Freimaurerei auf bestimmte Aussagen festlegt und damit dogmatisiert, darf es nicht kommen.«

c) Dagegen nimmt die ›Erklärung‹ nicht Kenntnis von dem, was die Freimaurer heute in offiziellen Dokumenten über sich und ihr Verhältnis zur Religion sagen. (Es würde ja nicht schwerfallen, aus den Taten und Äußerungen einzelner Katholiken, auch von Bischöfen und Päpsten, einschließlich amtlicher und offizieller Verlautbarungen, Gründe zusammenzustellen, die die katholische Kirche für jeden denkenden Menschen unannehmbar machen. Gegen eine solche Argumentation, die es ja schon gibt, wehren wir Katholiken uns zu Recht und verlangen, daß man die katholische Kirche nach ihren idealen Werten, nicht nach deren kümmerlicher Verwirklichung in der Praxis beurteile. Dann darf man aber nicht die gleiche Methode der Beurteilung von katholischer Seite auf andere Gemeinschaften, in unserm Fall die Freimaurer, anwenden.)

d) Auch auf die ›Lichtenauer Erklärung‹ wird nicht Bezug genommen. Seitens des Sekretariates der Bischofskonferenz wurde inzwischen erklärt, daß diese keinerlei kirchliche Autorisierung erhalten habe, weder von einer Bischofskonferenz noch von einer römischen Behörde, und auch nicht von Kardinal König als dem Präsidenten des römischen Sekretariates für die Nichtglaubenden unterzeichnet sei. Immerhin ist sie aber das Ergebnisdokument offizieller freimaurerisch-katholischer Gespräche. Wenn sie nun von katholischer Seite abgelehnt wird, muß man um so mehr fordern, daß auch nur offiziell anerkannte Verlautbarungen der Freimaurer als Belege für die Gründe der Unvereinbarkeit verwendet werden.

e) Erwähnt sei auch, daß mehrere andere Bischofskonferenzen – z. B. die Skandinavische, die von England und Wales sowie die Holländische – offenbar nicht den gleichen Standpunkt einnehmen wie die deutsche ›Erklärung‹. Und noch 1980 brachte Radio Vatikan zwei Interviews, in denen die Befragten – am 27. Januar der Historiker Don Rosario F. Esposito und am 2. März Giovanni Caprile, Mitarbeiter bei der Civiltà Catolica – mit Bezug auf den diesbezüglichen Brief von Kardinal Seper vom Juli 1974 betonten, daß ein Katholik durchaus Freimaurer sein könne, wenn nur die entsprechende Loge nicht kirchenfeindlich sei.*

---

* Vgl. Herder-Korrespondenz, 34. Jg. (1980), S. 275. Vgl. R. Appel–H. Vorgrimler, Kirche und Freimaurer im Dialog, Frankfurt a. M. 1975, S. 54 f.; Analecta Aartsbisdom Utrecht, April 1980, S. 122–127. (Der Kernsatz lautet hier, S. 125:

f) Wenn die ›Erklärung‹ u. a. von ›Akademietagungen‹ spricht, durch die die »Meinung einer selbstverständlichen Vereinbarkeit der Zugehörigkeit zur katholischen Kirche und zur Freimaurerei« verbreitet worden sei, muß betont werden, daß es sich hier um Veranstaltungen katholischer Akademien handelt, nämlich um Seminare, die seit 1977 jährlich einmal Freimaurer und Katholiken, die nicht Freimaurer sind, unter dem Dach der Bischöflichen Akademie Aachen für zwei bis drei Tage zusammenführen zur Aussprache über beide Seiten interessierende Probleme und zu persönlicher Begegnung. Diese Tagungen in Aachen machten Schule. So lud auch die Katholische Akademie Trier im März 1980 erstmals zu einer solchen mehrtägigen Begegnung ein. Wer diese Tagungen miterlebt hat, kann das Urteil ›unvereinbar‹ der Deutschen Bischofskonferenz kaum verstehen.**

II. Zu den in der ›Erklärung‹ genannten Gründen der Unvereinbarkeit

1. Die Weltanschauung der Freimaurer

Hier haben die Verfasser der ›Erklärung‹ sehr gut beobachtet: »Die Weltanschauung der Freimaurer ist nicht verbindlich festgelegt. Es überwiegt die humanitäre und ethische Tendenz. Die textlich festgelegten Ritualbücher mit ihren Worten und Symbolhandlungen bieten einen Vorstellungsrahmen, den der einzelne Freimaurer mit seiner persönlichen Auffassung ausfüllen kann. Eine gemeinsame verbindliche Ideologie ist hier nicht festzustellen.«
Wenn das aber so ist, dann kann also auch der katholische Freimaurer seine gläubige und katholische Weltanschauung unbeschadet bewahren und dem Vorstellungsrahmen einfügen. Diese richtige Einsicht in das Wesen der Freimaurerei halten die Verfasser der ›Erklärung‹ dann freilich nicht durch. Schon in der nächsten Zeile heißt es nämlich: »Dagegen gehört der Relativismus zur Grundüberzeugung der Freimaurer.«

»Entsprechend dem Brief von Kardinal Seper kann darum angenommen werden, daß in den Niederlanden Laien, die Mitglieder der Freimaurerei werden oder sind, deshalb nicht im Kirchenbann sind, weil feststeht, daß in den Niederlanden die Freimaurerei nicht gegen die Kirche tätig ist.«) Vgl. R. Sebott, Die Freimaurerei und die Deutsche Bischofskonferenz, a.a.O., S. 79.
** Tagungsbericht liegt vor in der Reihe ›trierer protokolle‹ (Veröffentlichungen der Katholischen Akademie Trier), 12/1980.

Wenn das so wäre, hätten wir hier also doch ein Element einer Ideologie und ein verbindliches philosophisches Dogma. Aber diese Behauptung, für die nur die persönliche Auffassung von Lennhoff und Posner im schon erwähnten ›Internationalen Freimaurerlexikon‹ angeführt wird, ist falsch und kann deshalb auch den Freimaurern nicht angelastet werden.

Wenn das Zweite Vatikanische Konzil den nichtkatholischen Kirchen und sogar den nichtchristlichen Religionen respektvolle Toleranz entgegenbringt, wie die Konzilsdokumente zur Genüge ausweisen, bedeutet das noch nicht das Bekenntnis der katholischen Kirche zum religiösen Relativismus.

Warum gestehen die Verfasser der ›Erklärung‹ diese Toleranz nicht auch den Freimaurern zu, ohne sie deswegen des Relativismus zu verdächtigen?

2. Der Wahrheitsbegriff der Freimaurerei

Die ›Erklärung‹ sagt: »In der Freimaurerei wird die Möglichkeit objektiver Wahrheitserkenntnis verneint.« Wäre dies so, stünde es im Widerspruch zum oben unter Grund 1 festgestellten Fehlen einer verbindlichen Weltanschauung und Ideologie. Aber es ist nicht so! Die Freimaurerei hat keinen eigenen Wahrheitsbegriff. Der einzelne Freimaurer kann sich dem philosophischen System anschließen, das ihm beliebt, und auch an eine geoffenbarte Wahrheit glauben, ohne darin beeinträchtigt zu werden.

Es ist nicht wahr, daß der Freimaurer den Dogmenglauben ablehnt oder ablehnen muß; vielmehr lehnt die Freimaurerei es ab, ihrerseits Dogmen, d. h. für alle verbindliche Sätze, aufzustellen, weil sie dann ihrem Ziel nicht nachkommen könnte, eine Stätte der Einigung zu sein und ein Mittel, wahre Freundschaft unter Menschen zu stiften, die sich sonst wegen ihrer unterschiedlichen politischen, philosophischen oder religiösen Überzeugungen stets fremd geblieben wären (so die ›Alten Pflichten‹, Kap. I*). Wer dagegen in die katholische Kirche eintritt, muß deren Lehre annehmen. Insofern ist der Satz richtig, den die ›Erklärung‹ aus dem Freimaurerlexikon (Sp. 374) zitiert: »Alle Institutionen auf dogmatischer Grundlage, als

---

* Vgl. den Text in Ziff. VII der ›Lichtenauer Erklärung‹. Die ›Alten Pflichten‹ von 1723 sind gleichsam das für alle Freimaurer verbindliche Grundgesetz. Die von der GL A. F. u. A. M. v. D. herausgegebene Übersetzung ist 1966 im Bauhütten-Verlag Frankfurt (jetzt Hamburg) erschienen.

deren hervorstechendste die katholische Kirche gelten kann, üben Glaubenszwang aus.« Doch hätte man ehrlicherweise nicht den nächsten Satz unterschlagen dürfen, wenn man schon das Freimaurerlexikon anführt: »Die Freimaurerei kennt keine Dogmen, nimmt aber die Anhänger der verschiedensten religiösen, politischen und nationalen Dogmen auf, insofern die sich der Pflicht der Toleranz unterwerfen. Sie ist adogmatisch, nicht antidogmatisch, wie vielfach behauptet wird.«

Leider ist auch der letzte Satz zum Stichwort ›Dogma‹ im genannten Lexikon durch diese ›Erklärung‹ bestätigt: »Die dogmatische Einstellung der Freimaurerei ist die Hauptquelle der vom Katholizismus gegen sie gerichteten Anfeindungen.« Wenn es in der ›Erklärung‹ heißt, daß vom Freimaurer verlangt werde, ein freier Mann zu sein, der »keine Unterwerfung unter Dogma und Leidenschaft kennt« (Freimaurerlexikon, Sp. 524 f.), dann hätte einem unvoreingenommenen Beobachter spätestens mit der Lektüre des angeführten Stichwortes ›Dogma‹ auffallen können, daß ›Dogma‹ im Sprachgebrauch des Lexikons nicht im speziellen katholisch-theologischen Sinn verwendet wird, sondern in der allgemeinen Bedeutung, die auch von ›politischen und nationalen Dogmen‹ reden lassen kann. So ist hier konkret gemeint, daß ein Freimaurer sich nicht blindlings den etwa vom Marxismus, Faschismus, Nationalismus usw. propagierten Lehren hingeben soll. Außerdem sollte ein Theologe beachten, daß auch der christliche Glaube etwas mit der Vernunft zu tun hat und nicht mit blinder Unterwerfung.

Da also die Freimaurerei keinen eigenen Wahrheitsbegriff hat, kann hier auch keine Unvereinbarkeit mit dem katholischen Wahrheitsbegriff konstatiert werden.

3. Der Religionsbegriff der Freimaurer

»Das Religionsverständnis der Freimaurer ist relativistisch.« So sagt die ›Erklärung‹ und verweist zum Beleg dafür auf die ›Alten Pflichten‹, Kap. I. Der dort gebrauchte Begriff der »Religion, in der alle Menschen übereinstimmen«, impliziere eine relativistische Religionsauffassung. Das ist nicht der Fall. Denn eine »Religion, in der alle Menschen übereinstimmen«, gibt es bisher noch nicht und ist am wenigsten von den Freimaurern entdeckt worden. In diesem Sinne aufgefaßt wäre der Ausdruck Unsinn. Zu verstehen ist er vielmehr im Sinne des allgemeinsten Nenners, in dem die verschiedensten Religionen übereinstimmen: Katholiken, Protestanten, Christen allgemein, Juden, Moslems, Hindus, Gottgläubige stimmen alle darin überein, daß sie an ein göttliches Wesen glauben, und genau das ist die Forderung, die die Freimaurerei an ihre Mitglieder stellt, wobei sie »jedem seine besonderen Überzeugungen selbst« beläßt, wie an der angeführten Stelle in den ›Alten Pflichten‹ ausdrücklich betont wird.

Man kann die Haltung der Freimaurerei zur Religion so formulieren: Die Freimaurerei ist keine Glaubensgemeinschaft, sondern nur eine Gemeinschaft von Glaubenden. Und damit steht sie nicht im Gegensatz zu einer Grundüberzeugung des Christentums, wie die ›Erklärung‹ behauptet. In freimaurerischen ›Mitteilungen für Aufnahmesuchende‹ heißt es:

»Die Freimaurerei fordert von ihren Mitgliedern ausdrücklich volle Hingabe an die ihnen zur tröstlichen Überzeugung gewordenen religiösen Lehren und Bekenntnisse, ohne nach den Verschiedenheiten zu fragen, wenn sie nur überhaupt dem sittlichen Zweck des menschlichen Daseins nicht widersprechen.«

4. Der Gottesbegriff der Freimaurer

Die Freimaurerei hat keinen Gottesbegriff; er kann darum auch keine »deistisch geprägte Konzeption« sein, wie die ›Erklärung‹ behauptet. Dazu hätte man im Freimaurerlexikon folgende Aussage finden können (Sp. 1302 f.): »Der freimaurerische Gottesbegriff, symbolisiert als Allmächtiger Baumeister aller Welten, gewährt den verschiedensten Auslegungen Spielraum. Die angelsächsische und deutsche Freimaurerei faßt ihn zweifelsohne im theistischen Sinn auf, man könnte fast sagen im Sinne des persönlichen Gottesbegriffes.«

Man darf hier den freimaurerischen Verfassern nicht negativ anlasten, daß sie die Ausdrücke Gottesvorstellung, Gottesbegriff nicht im philosophisch exakten Sinn verwenden, sondern synonym mit Symbol gebrauchen. Die Verfasser der ›Erklärung‹ dagegen verstehen Gottesbegriff exakt philosophisch, was notwendig zu Fehlschlüssen führt: »Der ›Große Baumeister aller Welten‹ ist ein neutrales ›Es‹, undefiniert und offen für jedwedes Verständnis.«

Wenn der G. B. A. W. ein ›neutrales Es‹ ist, dann ist er damit definiert; dann ist er damit nicht mehr offen für jedwedes Verständnis; dann kann eben nicht mehr jeder seine eigene Gottesvorstellung einbringen, gleich welcher Religion er ist; dann würde damit ein Glaubensbekenntnis zum ›neutralen Es‹ gefordert, und es könnte niemand mehr in den Freimaurerbund aufgenommen werden, der ein anderes Glaubensbekenntnis hat. Der G. B. A. W. ist vielmehr von den Freimaurern nur als Symbol gedacht, das zwar gedeutet wird: Gott, aber dessen Inhalt offen bleibt für die gläubige Überzeugung des einzelnen.

Diese »Imagination eines im deistischen Abseits thronenden Weltenbaumeisters« ist also eine haltlose Unterstellung von seiten der Verfasser der ›Erklärung‹. Wenn ein Freimaurer gefragt würde, welchen Gottesbegriff die Freimaurerei habe, würde er antworten müssen: »Die Freimaurerei hat keinen Gottesbegriff, aber ich habe einen.«

5. Freimaurerischer Gottesbegriff und Offenbarung

Nach dem im Vorigen zum ›Gottesbegriff‹ Gesagten ist die folgende Behauptung der ›Erklärung‹ nicht richtig: »Die Gottesvorstellung der Freimaurerei läßt den Gedanken an eine Selbstoffenbarung Gottes, wie er von allen Christen geglaubt und festgehalten wird, nicht zu.« Damit wird von den Verfassern der ›Erklärung‹ einfachhin all den gläubigen evangelischen und katholischen Christen in der Bruderschaft der Freimaurer das Christsein abgesprochen.

Wenn die Verfasser der ›Erklärung‹ weiter sagen: »Ebenso steht die ausdrückliche Herleitung des Christentums von der astralen Urreligion der Babylonier und Sumerer in vollem Widerspruch zum Offenbarungsglauben«, haben sie mit dieser Kritik auf den ersten Blick recht, denn in der Erklärung des Flammenden Sterns, die im Ritual II (der GL A. F. u. A. M. v. D.), d. h. bei der Beförderung zum Gesellen, verlesen wird, heißt es wörtlich: »Wir begegnen diesem geheimnisvollen Zeichen, auch Stern des Mikrokosmos genannt, bereits in der sumerisch-babylonischen Hochkultur, aus deren astraler Urreligion die großen monotheistischen Religionen Vorderasiens – Judentum, Christentum und Islam – hervorgegangen sind.«

Doch sollte man hier auch bedenken, daß man das Christentum, wenn man es schon aus der sumerisch-babylonischen Astralreligion ›hervorgegangen‹ sein läßt, nicht auch schon notwendig als von ihr ›gezeugt‹ betrachten muß. Das Gewand der antiken Kultur, das man dem Christentum, vor allem in seiner katholischen Ausprägung, bis heute in Liturgie, Brauchtum und Theologie ansieht, steht nicht im Gegensatz zu seinem übernatürlichen Ursprung. Man kann darum diese mißverständliche Ausdrucksweise auch richtig interpretieren, denn der ganze Kontext zeigt, daß hier nur dargestellt werden soll, in welch alter Traditionskette die Freimaurer stehen, wenn sie Sonne, Mond und Sterne als Symbole verwenden: Abraham, der Stammvater des israelitischen Volkes, stammt aus dem sumerisch-babylonischen Ur. Das Christentum ist hervorgegangen aus dem alten Israel; die ersten Christen in Palästina betrachteten sich durchaus als gläubige Juden (Judenchristen), erst Paulus vollzog den Bruch, als er die Heiden ohne Beschneidung in die christlichen Gemeinden aufnahm und sich damit durchsetzte. Die christliche Kirche ist von der chaldäischen Sternverehrung noch zusätzlich beeinflußt über den Hellenismus, der viele Elemente dieser Astralreligion aufgenommen hatte. Über das christliche Mysterium von Sonne und Mond z. B. hat Hugo Rahner in seinem Buch ›Griechische Mythen in christlicher Deutung‹ ausführlich gehandelt. Man sollte den Freimaurern nachsehen, daß sie hier keine wissenschaftlich exakte Formulierung gewählt haben. Die inkriminierte Bemerkung im Ritual ließe sich von freimaurerischer Seite leicht korrigieren.

6. Die Toleranzidee der Freimaurer

Der Unterschied zwischen der katholischen und der freimaurerischen Toleranzidee wird in der ›Erklärung‹ darin gesehen, daß der Katholik darunter »die den Menschen gegenüber geschuldete Duldsamkeit« sieht, die Freimaurer jedoch die »Toleranz gegenüber Ideen« praktizieren, »wie gegensätzlich zueinander sie auch sein mögen.« Abgesehen davon, daß eine irrige Auffassung nie als platonische Idee existiert, sondern nur in dem einzelnen Menschen, der sie hegt, ist diese Gegenüberstellung falsch. Die Freimaurerei als solche läßt die vielen, auch gegensätzlichen Auffassungen nicht deshalb zu, weil sie gleichgültig sind oder die Wahrheit doch nicht zu erkennen ist, sondern weil sie im Respekt vor der persönlichen Überzeugung ihr Urteil suspendiert. Der einzelne Freimaurer jedoch hat seine eigene Auffassung, die naturgemäß zur Folge haben kann, daß er die Auffassungen anderer Brüder in der Loge, die der seinen widerstreiten, ablehnen muß. Was ihn aber als Freimaurer auszeichnet, ist, daß er dem Bruder, dessen Auffassung er nicht teilt, trotzdem seine brüderliche Achtung nicht versagt. Das ist genau die Haltung der Toleranz, die das Zweite Vatikanische Konzil von uns Katholiken gegenüber allen Andersdenkenden fordert. Wenn die Kirche die Gewissensfreiheit anerkennt, ist Toleranz die notwendig damit verbundene Haltung. Da die freimaurerische Toleranzidee der des Konzils entspricht, kann sie »die Haltung des Katholiken in der Glaubenstreue und in der Anerkennung des kirchlichen Lehramts« nicht erschüttern.

Die Verfasser der ›Erklärung‹ scheinen die Vorstellung zu haben, daß ein Katholik, wenn er Freimaurer wird, sich aus dem Bereich des kirchlichen Lehramtes wegbegibt in den Bereich eines freimaurerischen Lehramtes. Das ist unsinnig, weil es kein freimaurerisches ›Lehramt‹ gibt, wie die ›Erklärung‹ unter Grund 1 selbst feststellt. Die Mitgliedschaft in der Freimaurerei behindert in keiner Weise die Anerkennung des kirchlichen Lehramtes.

7. Die Ritualhandlungen der Freimaurer

Da die Spendung der Sakramente in der katholischen Kirche sich unter Symbolen vollzieht, also Symbolhandlung ist, muß notwendig jede andere Symbolhandlung ›sakramentsähnlichen Charakter‹ haben, wie das die Verfasser der ›Erklärung‹ den Ritualhandlungen der Freimaurer zuschreiben: »Sie erwecken den Anschein, als würde hier unter Symbolhandlungen objektiv etwas den Menschen Verwandelndes bewirkt.«

Gerade über diesen Punkt, die Wirkung der Rituale, habe ich mich oft in Diskussionen und privaten Gesprächen mit Freimaurern unterhalten. Das Ergebnis: Die Ritualhandlungen wirken nicht magisch, auch nicht religiös-sakramental (ex opere operato), sondern psychologisch, d. h.,sie drücken etwas im Symbol aus, was der Initiand glaubt, und machen ihm dies gleichsam sinnenfällig erlebbar. Wenn darum im Meistergrad Tod und Wiederbelebung symbolisch dargestellt werden, dann kann das dem einen zum Erlebnis machen, daß er sich nun um eine neue ethische Haltung bemühen muß, um ein ›neues Leben‹, wie das ja auch in manchen katholischen Orden bei der Einkleidung oder der Profeß durch Symbolhandlungen versinnbildlicht wird. Man kann aber einen gläubigen Christen nicht daran hindern, sich in dieser Symbolhandlung an seine religiöse Überzeugung vom Tod als dem Wandel zum ewigen Leben erinnert zu sehen. Die Ritualhandlung bewirkt also nach der Auffassung der Freimaurer ontologisch nichts, sondern ist Ausdruck der inneren Überzeugung dessen, der sie erlebt.

Die katholischen Theologen wehren sich zu Recht gegen einen methodischen Fehler, der in der vergleichenden Religionswissenschaft nicht selten gemacht wird, daß nämlich phänomenologisch gleichen Handlungen auch der gleiche Sinn und die gleiche Bedeutung unterstellt werden. Warum machen aber die Verfasser der ›Erklärung‹ den Freimaurern gegenüber genau diesen Fehler, indem sie die freimaurerischen Ritualhandlungen nur von ihrem Sakramentsverständnis her beurteilen? Es gibt daneben auch andere Denk- und Wirkungskategorien, die durchaus ihre Berechtigung haben.

8. Die Vervollkommnung des Menschen

Die ›Erklärung‹ sagt: »Hier konnte das Bedenken nicht ausgeräumt werden, daß die ethische Vervollkommnung verabsolutiert und so von der Gnade gelöst wird, daß kein Raum für die Rechtfertigung des Menschen im christlichen Verständnis bleibt.«

Die Freimaurerei sagt nirgendwo, daß sie die Gnade von ihrem Bemühen um sittliche Vervollkommnung ausschließt, aber sie rekurriert nicht darauf, weil ihr das aufgrund ihres Verzichts auf religiöse Lehren nicht zusteht. Im übrigen aber hätten die Verfasser der ›Erklärung‹ sehen können, daß die Ritualhandlungen mit Gebeten an den Allmächtigen Baumeister der Welten um Segen für das Tun begleitet werden.

Die freimaurerische Haltung ist durch sichere Lehren der katholischen Kirche gedeckt.* Darum ist die folgende rhetorische Frage der ›Erklärung‹ unsinnig: »Was sollen sakramentale Heilsvermittlung in Taufe, Buße und Eucharistie noch bewirken, wenn bereits durch die drei grundlegenden Grade die in den Ritualien ausgesagte Erleuchtung und Todesüberwindung erzielt wird?« Einerseits liegen Taufe, Buße und Eucharistie gewöhnlich vor der Aufnahme in die Bruderschaft der Freimaurer.

Andererseits erzielen die Rituale jene ›Erleuchtung‹, die jedes Symbol erzielen kann; aber daß durch den Symbolritus die Todesüberwindung ›erzielt‹ werden kann, glaubt kein Freimaurer. Doch kann durch die Symbolhandlung sehr wohl der schon vorhandene Glaube an eine persönliche Überwindung des Todes gestärkt werden und, wo dieser Glaube noch nicht vorhanden ist, zumindest eine Hoffnung geweckt werden.

---

* Vgl. M. Schmaus, Katholische Dogmatik III, 2 (München ⁵1956), S. 282: »Die Kirche lehrt also, daß auch der gefallene Mensch mit seinen natürlichen Kräften ohne übernatürliche Gnade Gottes Dasein erkennen und sittlich Gutes tun kann.« Diese Lehre ergibt sich aus der kirchlichen Verwerfung der entgegengesetzten Lehren (des Baius und Quesnel).

So kann der katholische Freimaurer durchaus den Weg der menschlichen Vervollkommnung mit seinem Bruder zusammen gehen. Er hat sogar aufgrund seiner katholischen Glaubenshaltung noch besondere Hilfen für diesen Weg: eine neue Motivation und die Unterstützung der Gnade.

9. Die Spiritualität der Freimaurer

Die ›Erklärung‹ sagt:»Die Freimaurerei stellt an ihre Mitglieder einen Totalitätsanspruch, der eine Zugehörigkeit auf Leben und Tod abfordert.« Was ein ›Totalitätsanspruch‹ ist, kann man an der katholischen Kirche ablesen: Denken (Glauben) und Gewissen haben sich nach der Lehre der Kirche (nicht nur nach den unfehlbaren Glaubenssätzen) auszurichten; wer in die katholische Kirche einmal durch die Taufe aufgenommen ist, auch wenn er sie als Säugling empfangen hat, kann nie mehr austreten. Sollte er es aber trotzdem versuchen, wird ihm die ewige Verdammnis angedroht.

Demgegenüber heißt es in der ›Freimaurerischen Ordnung‹ der Großloge der Alten Freien und Angenommenen Maurer von Deutschland in den ›Freimaurerischen Grundsätzen‹ Art. 2, 2: »Glaubens-, Gewissens- und Denkfreiheit sind den Freimaurern höchstes Gut.« Daß dies nicht leere Worte sind, macht ein Blick in freimaurerische Veröffentlichungen offenkundig. Es ist der Grund dafür, daß die Verfasser der ›Erklärung‹ die Möglichkeit haben, aus freimaurerischem Schrifttum Aussagen auszuwählen, die in ihr negatives Konzept passen.

Außerdem steht dieser Hinweis auf einen Totalitätsanspruch wieder in Widerspruch zu dem in Grund 1 der ›Erklärung‹ Gesagten, wo ja gerade die Unverbindlichkeit der freimaurerischen Weltanschauung den Freimaurern zum Vorwurf gemacht wird.*

---

* Die ›Freimaurerischen Grundsätze‹ lauten nach der Ausgabe der Freimaurerischen Ordnung der GL A. F. u. A. M. v. D. im Bauhütten-Verlag, Hamburg 1977:
Art. 1. Die Großloge der Alten Freien und Angenommenen Maurer von Deutschland ist ein Zusammenschluß von Freimaurerlogen. In ihrer Bruderschaft lebt die Überlieferung früherer deutscher Großlogen fort.
Art. 2. (1) In den Mitgliedslogen der Großloge arbeiten Freimaurer, die in bruderschaftlichen Formen und durch überkommene rituelle Handlungen menschliche Vervollkommnung erstreben. In Achtung vor der Würde jedes Menschen treten sie ein für die freie Entfaltung der Persönlichkeit und für Brüderlichkeit, Toleranz und Hilfsbereitschaft und Erziehung hierzu.
(2) Glaubens-, Gewissens- und Denkfreiheit sind den Freimaurern höchstes Gut.

Andererseits ist die Freimaurerei kein Kegel- oder Sportklub, dessen Beitritt nichts besagt. Vielmehr ist die ›Königliche Kunst‹, das ständige Bemühen um Selbsterziehung und menschliche Vervollkommnung, mit Hilfe der Mittel, die die Bruderschaft zu bieten hat, eine Lebensaufgabe. Darum heißt es in den oben zitierten ›Freimaurerischen Grundsätzen‹ Art. 4, 2: »Mit seiner Aufnahme schließt der Freimaurer mit seinen Brüdern einen Bund fürs ganze Leben.« Wer diesen Bund aus irgendeinem Grund aufkündigen will, kann dies jederzeit tun und wird in allen Ehren entlassen. Man kennt ja auch in den katholischen Ordensgemeinschaften ›ewige Gelübde‹, die ihrer Intention nach eine Zugehörigkeit zur Ordensgemeinschaft ›auf Leben und Tod‹ beinhalten, in der Praxis aber gelöst werden können, ohne daß dies in der feierlichen Formulierung der Gelübde erwähnt wird.

Es ist völlig unsinnig, hier von einer Konkurrenz zum »Sendungsanspruch der Kirche« zu sprechen, wie die Verfasser der ›Erklärung‹ vermuten, was sie zu dem Urteil führt: »In diesem Totalitätsanspruch aber wird die Unvereinbarkeit von Freimaurerei und katholischer Kirche besonders deutlich.«

10. Unterschiedliche Richtungen innerhalb der Freimaurerei

Sie gibt es, bedingt durch die Geschichte der Freimaurerei. Wenn freilich der ›Grand Orient de France‹ aufgrund dessen, daß er in seiner Arbeit auf alle religiösen, auch symbolischen, Aussagen verzichtet, in der ›Erklärung‹ eine »atheistische Bruderschaft« genannt wird, ist das ein recht vermessenes Urteil. Der Verzicht einer Ge-

---

Freie Meinungsäußerung im Rahmen der Freimaurerischen Ordnung ist Voraussetzung freimaurerischer Arbeit.
Art. 3. (1) Die Freimaurer sind durch ihr gemeinsames Streben nach humanitärer Geisteshaltung miteinander verbunden; sie bilden keine Glaubensgemeinschaft.
(2) Sie sehen im Weltenbau, in allem Lebendigen und im sittlichen Bewußtsein des Menschen ein göttliches Wirken voll Weisheit, Stärke und Schönheit. Dieses alles verehren sie unter dem Sinnbild des Großen Baumeisters aller Welten.
Art. 4. (1) Die Freimaurer nehmen in ihrer Bruderschaft ohne Ansehen des religiösen Bekenntnisses, der Rasse, der Staatsangehörigkeit, der politischen Überzeugung und des Standes freie Männer mit gutem Ruf als ordentliche Mitglieder auf, wenn sie sich verpflichten, für die Ziele der Freimaurer an sich selbst zu arbeiten und in den Gemeinschaften, in denen sie leben, zu wirken.
(2) Mit seiner Aufnahme schließt der Freimaurer mit seinen Brüdern einen Bund fürs ganze Leben.
Art. 5. Die Großloge und ihre Mitgliedslogen nehmen in konfessionellen oder parteipolitischen Auseinandersetzungen nicht Stellung.

meinschaft auf solche religiösen Aussagen bedeutet noch nicht, daß die Mitglieder auch Atheisten sein müssen.

Im übrigen hat der ›Grand Orient de France‹ im Zusammenhang mit der deutschen Freimaurerei aus dem Spiel zu bleiben, weil er innerhalb der Freimaurerei als irregulär gilt, da er grundlegende Prinzipien der internationalen Freimaurerei nicht anerkennt. Man beurteilt die katholische Kirche ja auch nicht nach den nichtkatholischen Denominationen.

Die sogenannte ›christliche Freimaurerei‹ steht auf dem Boden der Lehre Christi, wie die ›humanitäre Freimaurerei‹ den Glauben an Gott voraussetzt, beide ohne Einschränkung auf eine bestimmte Konfession oder Religion. Sie wird in der ›Erklärung‹ als unvereinbar mit der katholischen Glaubenshaltung abgelehnt. Begründung: »Eine theologisch zuverlässige Verwirklichung (der subjektiven christlichen Gläubigkeit) muß jedoch verneint werden, weil die Grundtatsache der Offenbarung des menschgewordenen Gottes und seine Gemeinschaft mit den Menschen nur als mögliche Variante der freimaurerischen Weltansicht verstanden und überdies nur von einem kleinen Teil der Maurer geteilt werden.«

Hier scheint wieder deutlich durch, daß die ›christliche Freimaurerei‹ als Religionsgemeinschaft verstanden ist, die genau dem dogmatischen Verständnis der katholischen Kirche entsprechen muß, damit sie für den Katholiken annehmbar ist. Guten Willens kann man die ›christliche Freimaurerei‹ aber auch anders verstehen: Eigentlich brauchte sie gar keine religiöse Grundlage zu haben, um zur Humanität zu erziehen. Wenn sie sich nun auf eine christliche Grundlage stellt, wenn auch bewußt ohne Übernahme der speziellen Dogmen einer bestimmten christlichen Kirche, dann ist das etwas außerordentlich Positives.

Im Zeitalter der Ökumene, wo in katholischen Kirchen ökumenische Wortgottesdienste gehalten werden, in denen katholische und nichtkatholische Christen angesprochen werden, sollten katholische Theologen Verständnis dafür aufbringen, daß in der ›christlichen Freimaurerei‹ Christen der verschiedenen christlichen Bekenntnisse wie auch evtl. kirchenfreie Christen miteinander beten und sich um eine christliche und menschliche Lebensgestaltung bemühen. Warum soll man den Freimaurern an ökumenischer Haltung nicht zugestehen, was man beispielsweise an Taizé bewundert?

11. Freimaurerei und katholische Kirche

Der Brief des Präfekten der Glaubenskongregation vom 18. Juli 1974 stellt ausdrücklich fest, daß dem Katholiken nur die Mitgliedschaft in einer Gemeinschaft unter Strafe verboten ist, die sich als solche, als Institution, gegen die Kirche betätigt. Diese Entscheidung ist getroffen worden nach weltweiter Konsultation, die also ergeben hat, daß die Mitgliedschaft eines Katholiken in einer Loge, die sich als solche nicht gegen die Kirche betätigt, vereinbar ist mit der katholischen Glaubenshaltung.

Wenn die ›Erklärung‹ trotzdem gerade bei der Freimaurerei, »welche der katholischen Kirche gegenüber wohlgesonnen ist«, »unüberwindliche Schwierigkeiten« feststellen zu müssen glaubt, liegen diese nicht in der Sache, sondern im Unvermögen der Verfasser der ›Erklärung‹, das Phänomen Freimaurerei zu begreifen. Das wird durch die ›Erklärung‹ selbst bestätigt.

12. Freimaurer und evangelische Kirche

Die Verfasser der ›Erklärung‹ weisen zur Stütze ihres ›Ergebnisses‹ darauf hin, daß auch die offiziellen evangelischen Gesprächspartner der Freimaurer in einer Erklärung vom 13. Oktober 1973 bekannt haben, daß sie sich über das Ritual in seiner Bedeutung und in seiner Erlebnisqualität keine abschließende Meinung hätten bilden können. Das ist ein ehrliches Bekenntnis, das die Freimaurer akzeptieren können. Trotzdem aber wird die Möglichkeit einer Doppelmitgliedschaft in Loge und evangelischer Kirche dem freien Ermessen des einzelnen überlassen.

III. Ergebnis

Eine nähere Betrachtung der in der ›Erklärung‹ angeführten Unvereinbarkeitsgründe zeigt:

In der ›Erklärung‹ wird die Freimaurerei falsch dargestellt. Ihre Verfasser sind den Schwierigkeiten erlegen, die Phänomene der Freimaurerei richtig zu verstehen, und haben so ein fiktives Wesen der Freimaurerei konstruiert, aus dem sich dann tatsächlich eine Unvereinbarkeit mit katholischer Glaubenshaltung ergibt. Da aber die in der ›Erklärung‹ genannten Gründe mit der Freimaurerei, wie sie existiert und sich darstellt, nichts zu tun haben, trifft für sie auch die Schlußfolgerung der Unvereinbarkeit nicht zu.

Der tiefste Grund für die Fehlurteile scheint zu sein, daß entgegen allen Beteuerungen von freimaurerischer Seite die Verfasser der ›Erklärung‹ die Freimaurerei als Religionsgemeinschaft verstehen wollen. Zumindest hätten die Verfasser vor endgültiger Verabschiedung der ›Erklärung‹ die freimaurerischen Gesprächspartner ersuchen sollen, nachzuprüfen, ob die freimaurerischen Positionen richtig dargestellt sind. Die ›Erklärung‹ ist ein gutes Arbeitspapier für klärende Gespräche, da sie in den Gründen eine Reihe von Problemen aufzählt, die dem Nichtfreimaurer bei intensiverer Beschäftigung mit der Freimaurerei zunächst aufsteigen können. Der Irrtum der ›Erklärung‹ liegt darin, daß diese Probleme zu apodiktischen Urteilen gemacht werden, aus denen man weitreichende Schlußfolgerungen gezogen hat, die dann aber auf die reale Freimaurerei nicht zutreffen.

Literatur

Rolf Appel, Jens Oberheide: ›Was ist Freimaurerei?‹ Münster: Bauhütten Verlag 1970, [7]1985

Rolf Appel, Herbert Vorgrimler: ›Kirche und Freimaurer im Dialog‹ Frankfurt: Knecht Verlag 1975

Johannes Rogalla von Bieberstein: ›Die These von der jüdisch-freimaurerischen Weltverschwörung 1776–1945‹ Bern, Frankfurt: Lang Verlag 1976

Friedrich John Böttner: ›Zersplitterung und Einigung. 225 Jahre Geschichte der deutschen Freimaurerei‹, Hamburg: Absalom 1962

Charles von Bokor: ›Winkelmaß und Zirkel. Die Geschichte der Freimaurer‹, Wien: Amalthea Verlag 1980

Klaus Borchers: ›Mit Bibel, Winkelmaß und Zirkel. Was man über Freimaurer wissen sollte‹, Mönchengladbach: Boste Verlag [2]1980

J. W. Diener: ›Freimaurer im 20. Jahrhundert‹, Dinkelsbühl: dwl 38, 1968

Michel Dierickx: ›Freimaurerei – die große Unbekannte. Ein Versuch zur Einsicht und Würdigung‹, Münster: Bauhütten Verlag 1968, [3]1975

Friedrich-Wilhelm Haack: ›Freimaurer‹, München: Evangelischer Presseverband 1975

Jürgen Holtorf: ›Verschwörung zum Guten‹, Münster: Bauhütten Verlag 1974, [10]1990

August Horneffer: ›Freimaurerisches Lesebuch‹, Hamburg: Akazien Verlag 1951

Alois Kehl: ›Warum Dialog zwischen Katholiken und Freimaurern‹, Münster: Bauhütten Verlag 1978

Reinhart Kosseleck: ›Kritik und Krise. Ein Beitrag zur Pathogenese der bürgerlichen Welt‹, Freiburg, München: Alber Verlag 1959

Eugen Lennhoff: ›Die Freimaurer‹, Wien: Amalthea Verlag 1929; Wien: Löcker Verlag 1981

Eugen Lennhoff, Oskar Posner: ›Internationales Freimaurerlexikon‹, Wien: Amalthea Verlag 1932, Nachdruck 1975

Alex Mellor: ›Logen, Rituale, Hochgrade – Handbuch der Freimaurerei‹, Wien: Styria Verlag 1967

Alex Mellor: ›Unsere getrennten Brüder – die Freimaurer‹, Wien: Styria Verlag 1964

Ulrich von Merhart: ›Weltfreimaurerei – Ein Überblick von ihrem Beginn bis zur Gegenwart‹, Hamburg: Bauhütten Verlag 1969

Helmut Neuberger: ›Freimaurerei und Nationalsozialismus – Das Ende der deutschen Freimaurerei‹, 2 Bde., Münster: Bauhütten Verlag 1980

Friederike Praetorius: ›Freimaurerei – Geschichte, Chancen und Effektivität heute‹, Berlin: Treue-Information Nr. 57/58 1974. Mitteilungsblatt der Freimaurerloge ›Zur Treue‹
Wilhelm Quenzer: ›Königliche Kunst in der Massengesellschaft – Freimaurerei als Gruppenphänomen‹, Stuttgart: Information Nr. 58 der Evangelischen Zentralstelle für Weltanschauungsfragen 1974
Manfred Steffens: ›Freimaurerei in Deutschland – Bilanz eines Vierteljahrtausends‹, Flensburg: Wolff Verlag 1964; ²Hamburg: Bauhütten Verlag 1967
›Una Sancta‹ – Zeitschrift für ökumenische Begegnung. Heft 1/1981. Meitingen, Freising: Kyrios Verlag

Register

A

A. C. G. L. (Provinzialgroßlogen der Amerikanisch-Canadischen Freimaurer) 85
Absalom zu den drei Nesseln (Loge) 64, 70
Adorno, Theodor W. 162, 165
Aldrin, Edwin 139
Allmächtiger Baumeister aller Welten 28
Alte Pflichten 18
Alte Regeln 26
Alter und Angenommener Schottischer Ritus (AASR) 17
Alvear, südamerikanischer Freimaurer 21
American-Canadian Grandlodge 39
AMORC (Antiquus Mysticus Ordo Rosae Crucis) 160
Anderson, James 18
Antients (Loge) 32f
Appel, Rolf 113
Ashmole, Elias 17
Association Maconique Internationale (AMI) 75
Atatürk, Mustafa Kemal Pascha 139
Aufklärung 20, 163

B

B'nai Brith (Unabhängiger Orden B'nai Brith) 155
Baresch, Kurt 113
Basic Principles 29f
Bauhütte 15
Bechstein, Ludwig 139
Benesch, Eduard 139
Berlin, Irving 140
Bernhard, Henry 140
Bieberstein, Johannes Rogalla von 92
Bielfeld, Freiherr von 66
Bismarck, Otto von 78
Blücher, Gebhard L. von Wahlstadt 140
Blum, Robert 140
Blumenauer, Aloys 140
Bluntschli, Johann Caspar 79f, 141
Bolivar, Simon 21, 141
Börne, Ludwig 141
Bourgeois, Leon Victor 141
Brachvogel, Albert Emil 141
Brauchtum 23
Brehm, Alfred 141
Bröse, Richard 98
Bulgarien 61
Bulle »In eminenti« 13, 110, 112
Bund der Vereinigten Großlogen Deutschlands 80
Buscalioni, C. M. 51
Byrd, Richard E. 141

C

Cagliostro, Alexander Graf von 150
Caldas, südamerikanischer Freimaurer 21
Cap, Ferdinand 113

Capello-Prozeß 54
Carbonari, süditalienische
  Bewegung 51
Carus, Viktor 141
Casanova, Giacomo 151
Caspari, Otto 141
Cavour, Camillo Benso Graf von
  50, 52, 142
Chamisso, Adelbert von 142
Charters (Loge) 36
Churchill, Winston 142
Claudius, Matthias 142
Clemens August, Herzog von
  Bayern 142
Clemens V., Papst 17
Clemens XII., Papst 13, 70, 87
Code Napoléon 46
Codex Iuris Canonici 125
Columbus-Ritter (Knights of
  Columbus) 155
Corinth, Lovis 142

D

Danton 45
Dehler, Thomas 143, 164
Dermott, Laurence 32
Desagulier (Loge) 31, 37
Deutsche Bischofskonferenz 118
Deutsche Großloge 80
Deutsche National-Großloge 78
Deutscher Großlogenbund 78, 81
Deutscher Großmeistertag 77
Devrient, Karl August 143
Diderot, Denis 45
Dierickx, Michel 138
Distriktsmeister 25
Dombauhütte 9
Doyle, Sir Arthur Conan 143
Droit Humain (Loge) 29

Druiden (United Ancient Order
  of Druids) 156
Duke of Kent 9
Dunant, J. Henri 143

E

Eckleffsche Akte 70
Edinburgh, Herzog von 35
Eichmann, Adolf 90
Einweihungsbund 9
England 30
Erkenntnisstufe 24
Erkennungszeichen 16
Evangelische Zentralstelle für
  Weltanschauungsfragen 120,
  176
Exilgroßloge 76
Exkommunikation 125

F

Faschismus 50
Ferdinand von Braunschweig-
  Lüneburg 143
Feßler, Ignaz Aurelius 12
Fichte, Johann Gottlieb 143
Fleming, Alexander 142f
Ford, Gerald 43
Ford, Henry 143
Franklin, Benjamin 39f, 144
Frankreich 44
»freestone-mason« 15
Freidenker (Freireligiöse
  Gemeinden) 157
Freiligrath, Ferdinand 144
Freimaurer
– Begriff 15
– Bund zur aufgehenden Sonne
  (FzaS) 75

- Korrespondenz 58
- Verbot 87
Friedrich der Große 66
Friedrich II. 144
Friedrich III. 70, 79, 144
Fumagalli, Franco 113

G

Gable, Clark 144
Galambos, István 61
Gambetta, Leon 144
Garibaldi, Giuseppe 21, 50f, 145
Geheimbündelei 58
Geheimnis 11ff, 24
Gelli, selbsternannter »Großmeister« der Guppierung »P2« 57
Georg VI., König von England 145
Geselle 24
Giustiniani (Palazzo) 54
GLBFG (Provinzialgroßlogen der Britischen Freimaurer) 85
Glenn, John 145
Gneisenau, August Neidhardt Graf von 145
Goethe, Johann Wolfgang von 10, 21, 145
Gran Loggia d'Italia (Loge) 29
Grand Orient de Belgique (Loge) 28
Grand Orient de France (Loge) 28, 46, 48
Grande Loge Nationale Française (Loge) 48
Grande Loggia d'Italia (Loge) 55
Grande Oriente d'Italia (Loge) 52
Große Freimaurerloge »Zur Eintracht« 73

Große Landesloge 69
- von Sachsen 73
Große Loge
- von Hamburg 70, 93
- von Preußen 68
Große Mutterloge des Eklektischen Freimaurerbundes 72
Große National-Mutterloge »Zu den drei Weltkugeln« 66
Großloge
- »Deutsche Bruderkette« 75
- »Kaiser Friedrich Zur Bundestreue« 69
- »Zur Sonne« 74
- der Alten Freien und Angenommenen Maurer von Deutschland (GL A. F. u. A. M. v. D.) 179
- des Königreiches Hannover 71
- von Österreich 61
Großlogenbund 80
Großlogentag 80
Großmeister 25
- Konferenz 39
Guttempler-Orden 157

H

Haack, Friedrich-Wilhelm 11, 13f
Hahnemann, Samuel Christian 145
Hardenberg, Karl August Freiherr von 21
Harding, Warren Gamaliel 43
Hausner, Franz 61
Haydn, Joseph 145
Heidenstam, Verner von 85
Heimtücke-Gesetz 109

Herder, Johann Gottfried 21, 146
Himmler, Heinrich 90ff
Hintze, Wilhelm 71, 82
Hitler, Adolf 90
Hochgrade 27
Hochgradsystem 67
Hoede, Karl 113
Horkheimer, Max 162, 165
»humanitär« ausgerichtete Freimaurerei 27
humanität (Deutsches Freimaurer-Magazin) 170, 183

I

Iffland, August Wilhelm 146
Illuminaten-Orden 157f
Innerer Orient (Loge) 68
Irland 36f
Italien 50

J

Jackson, Andrew 41ff
Jaspers, Karl 164
Johannes XXIII., Papst 88
Johannislogen 24
Jordan, Etienne 67
Jugoslawien 61
Jurisdiktion 28

K

Kabbala 160
Kanada 39
katholische Kirche 13
Kehl, Alois 121, 177
Kellner von Zinnendorf, J. W. 67, 69
Kent, Herzog von 33

Kipling, Joseph Rudyard 146, 152
Kongregation für die Glaubenslehre 122
König, Kardinal 113
Konvent 86
Koselleck, Reinhart 20f
Ku-Klux-Klan 43

L

La Fayette, Marie Joseph 21
Landesgroßmeister 25
Lehrling 24
Lennhoff, Eugen 172
Leo XIII., Papst 111
Lessing, Gotthold Ephraim 20f, 146
Leuschner, Wilhelm 146
Lichnowsky, Felix Fürst von 146
Lichtenauer Erklärung 113, 184
Lindbergh, Charles 147
Liszt, Franz 147
Löberich, Karl Heinrich 75
Loewe, Carl 147
Loge d'Hambourg 64
Logenmeister 24
López de Ayala, Pero 21
Lortzing, Albert 147
Luckner, Felix Graf von 147
Ludendorff, Erich 57, 88ff
Ludendorff, Mathilde 91
Luttmann, Mathias 71

M

Madison, James 43
Magna Charta (Loge) 85f
Maienblume, Emanuel zur 77, 146
Martin, südamerikanischer Freimaurer 21

Masonic Service Association
(Loge) 43
Mazzini, Giuseppe 52
McKinley, William 43
Meister 24
Meister vom Stuhl 24
Mellor, Alex 117
Merhart, Ulrich von 65
Mexiko 39
Militärlogen 41
Miranda, südamerikanischer
Freimaurer 21
Moderns (Loge) 31, 33
Moira, Earl of 33
Monroe, James 43
Montagu, Herzog von 30
Morgan, William 42
Mother Kilwinning (Loge) 37
Mozart, Wolfgang Amadeus 99,
147
Mussolini, Benito 53
Muttergroßloge 26

N

Napoleon 46, 51
Nenezic, Zoran D. 62
Nordamerika 39

O

O'Higgins, südamerikanischer
Freimaurer 21
Oberg, Baron von 66
Oberheide, Jens 124
Odd Fellows (Independent Order
of Odd Fellows) 158f
Oehmen, Hans 83
Orden 93
Ossietzky, Carl von 148
Osteuropa 60

P

Paulskirche 71
Philipp der Schöne von Frankreich
17
Pilgrim Lodge (Loge) 35, 71
Polen 61
Posner, Oskar 172
Prichard, Samuel 31
Provinzialmeister 25
»P2« 57
»P2«-Skandal 11, 56

Q

Quatuor Coronati (Loge) 35
Quentzer, Wilhelm 89

R

Regel
– irreguläre 26
– reguläre 26
Regularität 27
Revere, Paul 41
Risorgimento 52
Ritual 15, 31, 42, 191
Rivadavia, südamerikanischer
Freimaurer 21
Roesli, Alfred 113
Roosevelt, Franklin D. 43
Roosevelt, Theodore 43
Rosenberg, Alfred 104
Rosenkreuzer 159
Royal York de l'Amitié (Loge) 68,
80
Royal-Arch-Grad 32
de Rozas, südamerikanischer
Freimaurer 21
Rumänien 61
Rußland 61

S

Saint-Germain, Graf von 151
San Martin, südamerikanischer Freimaurer 21
Santander, südamerikanischer Freimaurer 21
Sarry, Charles 64
Scharnhorst, Gerhard David von 148
Schicke, Rainer 61
Schottland 37
Schröder, Friedrich Ludwig 68, 77, 148
Schrödersches Ritual 73
Schwarz, Dieter 104
Scotland Yard 8
Scott, Robert F. 148
Sebott, Reinhold 110
Senat 85
Seper, Kardinal 184
Settegast, Hermann 69
Sibelius, Jan 148
Der Spiegel (Nachrichten-Magazin) 162
St. Mary's Chapel (Loge) 15, 38
Steffens, Manfred 19, 84
Stein, Friedrich Freiherr von 21
Stellvertretender Ausschuß 71
Steuben, Friedrich Wilhelm von 41
Stresemann, Gustav 148
Strikte Observanz (Loge) 67, 69
Suprême Conseil (Loge) 47
Symbolik 11, 15, 42
Symbolische Großloge
– von Deutschland 76
– von Ungarn 61

T

Taft, William Howard 43
Talleyrand, Charles Maurice de 45
Taxil, Leo 111
Tempelritter 17
Templer-Legende 17
Theosophie 160
Toleranz 112, 190
Tóth, Johannes B. de 113
Truman, Harry S. 43
Tschechoslowakei 61
Tschechoslowakische Großloge 62
Tucholsky, Kurt 149

U

Überstaatliche Mächte 88
Unabhängigkeitserklärung 22
Ungarn 61
United Grand Lodge of England 9, 26
Unvereinbarkeitserklärung 7, 121
USA 39
Uterharck, Eduard 106

V

Verein Deutscher Freimaurer 78
Vereinigte fünf Hamburger Logen 103
Vereinigte Großloge von Deutschland 11, 80
Vogel, Theodor 82, 113
Voltaire, François Marie 21, 45
Vonwiller, Rüdiger 113
Vorgrimler, Herbert 113, 123

W

Walter, Ernst 61, 113
Warrants (Loge) 36
Washington, George 22, 40ff, 149
Weltfreimaurerei 65
Werk-Logen 17
Wharton, Herzog von 31
Wieland, Christoph Martin 21
Wilhelm I. 149
Wilhelm II., Kaiser 91
Wilhelmsbader Konvent 27, 67

Y

York-Ritus 17

Z

Die Zauberflöte 99
Zeichen 16
Zöllner, Johann Friedrich 77
Zweites Vatikanisches Konzil 112

Edition Kultur & Wissen

Handbuch der Schreibkunst · ISBN 3-930656-44-2
Handbuch der Musik · ISBN 3-930656-43-4
Lexikon der klassischen Komponisten
ISBN 3-930656-46-9
Gitarren-Lexikon · ISBN 3-930656-45-0
Die schönsten Volkslieder · ISBN 3-930656-42-6
Die schönsten Lieder aus aller Welt
ISBN 3-930656-64-7
Die schönsten Kinderlieder · ISBN 3-930656-41-8
Deutsche Heldensagen · ISBN 3-930656-62-0
Die Logen der Freimaurer · ISBN 3-930656-58-2
Die Kunst des Handlesens · ISBN 3-930656-59-0

Edition Weltliteratur

Oscar Wilde: Erzählungen, Märchen, Gedichte, Das Bildnis des Dorian Gray · ISBN 3-930656-56-6
Esther Meynell: Die kleine Chronik der Anna Magdalena Bach   ISBN 3-930656-57-4

Edition Mein Lieblingsbuch

Grimms Märchen (Dornröschen und viele andere)
ISBN 3-930656-53-1
Grimms Märchen (Rotkäppchen und viele andere)
ISBN 3-930656-54-X
Deutscher Märchenschatz · ISBN 3-930656-63-9
Kinderspiele für das ganze Jahr · ISBN 3-930656-61-2

Das große Kräuterhandbuch · ISBN 3-930656-60-4